굿스피드의 조건

굿 스피드의 조건

결국 스피드가 기업을 살린다!

2017년 2월 3일 초판 1쇄 발행
2017년 5월 15일 초판 2쇄 발행

지 은 이 ｜ 강우란
펴 낸 곳 ｜ 삼성경제연구소
펴 낸 이 ｜ 차문중
출판등록 ｜ 제1991-000067호
등록일자 ｜ 1991년 10월 12일
주   소 ｜ 서울특별시 서초구 서초대로74길 4(서초동) 삼성생명서초타워 30층
전   화 ｜ 02-3780-8153(기획), 02-3780-8084(마게팅), 02-3780-8152(팩스)
이 메 일 ｜ seribook@samsung.com

ⓒ 강우란 2017
ISBN ｜ 978-89-7633-973-7 03320

삼성경제연구소 도서정보는 이렇게도 보실 수 있습니다.
홈페이지(http://www.seri.org) → SERI 북 → SERI가 만든 책

결국 스피드가 기업을 살린다!

굿스피드의 조건

| 강우란 지음 |

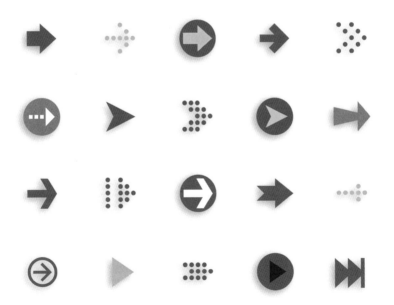

삼성경제연구소

'스피드'는 정말 탁월한, 경이로울 정도로 탁월한 잣대다. 스피드는 기업의 현재 경쟁력을 말해준다. 즉, 빠른 기업은 실적이 좋다. 실적 좋은 모든 기업을 들여다보면 그 안에 스피드가 있다. 스피드는 또 조직이 효율적이고 합리적으로 작동하고 있음을 말해준다. 완벽하고 이상적인 조직을 말하는 것은 아니다. 하지만 빠른 조직은 반드시 나름대로 강하고 튼튼하다. 그뿐 아니다. 놀랍게도 스피드는 유연하고 적응적이다. 세상이 바뀌고 환경이 바뀌면 스피드를 구현해내는 요소들도 바뀌어야 스피드를 낼 수 있다. 그래서 스피드는 현재 경쟁력 뿐만 아니라 미래 경쟁력까지 말해준다.

스피드는 본디부터 상대적인 개념이다. 스피드를 논하다 보면 당연히 시장이 나오고 고객이 나오고 경쟁자가 나온다. 그런 총체적인 판에서 우리는 스피드를 이야기한다. 우리는 경쟁사와 비교된다. 충분한 스피드라는 것은 정해져 있지 않다. 경쟁사보다 빠른 스피드가 있을 뿐이다. 상대의 스피드와 우리의 스피드, 현재의 스피드와 미래의 스피드를 비교해보면서 우리에게 필요한 스피드를 확보해나가야 한다.

이 책은 처음부터 끝까지 스피드를 논한다. 이 각도로 또 저 각도로도 보고, 가까이서 또 멀리서도 보고, 비판적으로 또 희망적으로도 보지만, 주제는 일관되게 스피드다. 이렇게 온전히 스피드에 대해서 이야기하는 책을 집필한 이유는 간단하다. 스피드가 우리에게 꼭 필요하기 때문이다. 물론 스피드가 기업 활동과 사업 성공에 꼭 필요하지 않았던 때는 없다. 하지만 스피드라는 강점으로 이만큼 성장한 한국 기업이 전례 없이 불확실하고 예측하기 어려운 시대를 맞아 주춤하고 있는 지금이야말로, 스피드에 대한 불신과 의구심이 싹트는 지금이야말로, 그리하여 스피드가 가장 필요한 때다.

우리에게 스피드는 '어쩔 수 없는' 선택이었을지도 모른다. 출발이 늦었고 역량과 지식이 상대적으로 부족한 우리로서는 앞서가는 선도자를 힘껏 뒤쫓아가는 것이 최선의 길이었을 것이다. 도달하기 어려운 목표를 세워놓고 무조건 매진하는 것이 단 하나의 현실적 전략이었을 수도 있다. 그러나 그 과정에서 우리는 스피드를 강점화했고, 그 결과 손꼽히는 '빠른 추격자'로 자리 잡을 수 있었다. 그런데 지금, 당연히 다음 단계라고 생각해온 '선도자'의 자리로 오르기는커녕 각고 끝에 얻어낸 '빠른 추격자' 위상마저 흔들리고 있다.

이 책은 현재 한국 기업의 가장 심각한 문제는 '지금까지 강점화해온 스피드'와 '지금부터 우리에게 절실히 필요한 스피드'를 구분하지 못하는 것이라고 주장한다. 불확실성을 헤쳐나가기 위해서는 스피드를 새롭게 해석해야 한다. 이 시대에서 선도자 스피드를 발휘하기 위해서는 새로운 유형의 스피드를 장착해야 한다.

지난 수년간 한국 기업들은 전통적 선도자들조차 방향 감각을 잃을 정도로 빠른 변화를 견디고 있다. 선도자가 믿음직스럽게 길을 보여주지 못하니 빠른 추격자로서는 이보다 더 당혹스러울 수가 없다. 게다가 신흥 추격자의 속도도 무섭다. 이러한 상황에서 한국 기업이 변해야 하는 것은 당연하다. 하지만 어떤 식으로 변해야 한다는 것일까? 혹시 다른 강점을 찾아야 하는 걸까? 이 책은 결코 '스피드'를 평가절하하거나 용도폐기해서는 안 된다고 단언한다. 변화가 빠른 세상일수록 스피드의 중요도가 더 높아지는 것은 당연하지 않을까?

답은 여전히 스피드다. 이 책은 불확실성 속에서도 세상이 엄연히 바뀌어가는 이른바 4차 산업혁명 시대에 우리가 발휘해야 하는 새로운 종류의 스피드를 제시한다. 그리고 이 스피드—실험 스피드, 3세대 스피드, 혁신 스피드, 선도자 스피드 등 여러 가지 이름으로 설명했지만 가리키는 것은 하나다—를 충분히 만들어낼 수 있다고 설득한다. 나아가 이 스피드로 이행하는 방법을 설명한다. 독자가 설득되어 새로운 스피드를 향한 노력을 시작해주길 기대하면서 말이다.

이 책은 5부로 구성된다. 1부 '스피드를 되묻는 5가지 질문'은 스피드의 중요성과 시의성에 천착한다. 어쩌면 식상하게 들릴 수도 있는 '스피드'가 왜 더없이 유용한 경영의 잣대인지를 묻고 답한다.

2부 '스피드의 재구성'은 스피드를 제대로 이해하기 위한 필수지식으로서 스피드를 이끌어내는 드라이버와 업종 특성에 따라 판이하게 구현되는 스피드 경영, 그리고 빠르기를 높일 수 있는 다양한 조직적 측면을 제시한다. 스피드의 3대 드라이버인 목표, 권한, 신뢰는 한국의 빠른 기업들이 중시한 강점이었으나 이제 취약 요인으로 변하였다. 2부는 한국 기업들이 이 3개 드라이버에 대한 관점을 전환하지 않는 한 스피드 발휘가 어려울 것임을 적시한다. 과거 수준의 목표, 권한, 신뢰로는 3세대 스피드를 발휘하기에 턱없이 부족하다.

3부 '지구상에서 가장 빠른 기업들'과 4부 '스피드 도전에 직면한 기업들'은 각각 인터넷 시대의 스피드 강자, 그리고 PC 시대나 그 전부터 존재해온 스피드 강자를 다룬다. 이 부분은 해당 기업의 전·현직 임직원과의 심층 인터뷰에 기초하여 작성되었다. 인터뷰를 글로 정리하면서 어느 정도 취사선택은 불가피했으나 될 수 있는 한 현장의 목소리를 그대로 담고자 노력하였다. 다소 정제되지 않은 느낌이 있을 수 있지만 구글과 애플과 아마존이 왜 빠른지, 반면 IBM, GE, MS, 인텔은 어떤 스피드 도전을 받고 있는지를, 이들 기업 조직 내부의 시각으로 여과 없이 전달하고 싶었다.

마지막으로 5부 '한국 기업, 어떻게 빨라질 것인가?'는 이 책의 핵심 메시지를 담고 있다. 한국의 대표적인 빠른 기업을 대상으로 한 설문조사와 통계 분석을 통해 스피드 요인을 도출하였고, 그 결과 한국의 빠른 기업들은 전략적 집중력으로 스피드를 발휘하지만 전략적 판단을 하기 어려운 불확실한 환경에서는 의사결정 스피드나 신사업 스피드 등에서 심각한 취약성을 드러내는 것으로 나타났다. 그렇다면 한국 기업이 어떤 선택을 해야 하는지를 이 부분에서 논의하고 정리한다.

이 책은 약 반년의 연구와 그 이상으로 길었던 생각 정리의 기간, 그리고 최종적으로 4개월의 집필 과정 끝에 나오게 되었다. 그동안 많은 사람의 도움이 있었다. 누구보다도 먼저 삼성전자 김동철 차장에게 고마움을 표하고 싶다. 김 차장은 이 연구 프로젝트를 처음부터 끝까지 함께해준 참여자였다. 특히 중간에 실증조사가 난관에 부딪히거나 다른 과제들로 인해 주의력이 분산될 때마다 이 연구의 의미를 내게 상기시킴으로써 용기를 북돋워주었다. 김동철 차장이 현업으로 복귀해 집필은 혼자 했지만 김 차장이 없었다면 연구조차 끝내지 못했을 것이다.

이 책은 주로 주말에 집에서 집필하였다. 가사와 책 쓰기 병행이 만만치 않았지만 그럼에도 곁에 가족이 있다는 것이 큰 힘이 되었다. 이 책 중 가장 먼저 작성한 부분이 프롤로그인데, 아버지가 첫 비평가였다. "이런 식으로 계속 쓰면 되겠다"라는 아버지의 미지근한 피드백에도 큰 칭찬이나 들은 듯 신나했던 것을 보면 이 책을 쓰겠다는 마음이 나한테 꽤나 강했던 것 같다. 하루에도 몇 번씩 돌아오는 식사 준비와 그 밖의 갖가지 방해(!) 속에서도 꿋꿋하게 작업을 할 수 있었던 것은 내 가족이 이 책의 완성을 진심으로 바랄 것이라는 믿음 덕분이었다. 존재 자체가 고마운 사람들이다.

마지막으로 삼성경제연구소에서 함께한 동료들에게 감사를 전하고 싶다. 나는 20년간 삼성경제연구소에서 일하면서 스피드가 무엇인지를, 어떤 위력을 발휘하며 또 자칫 방심하면 어떻게 하락할 수 있는지를 보았다. 그리고 내가 본 것을 함께 토론하고 답을 찾아가주는 멋진 사람들에게 둘러싸여 지냈다. 많은 동료 중에서도 이 책의 기획부터 발간까지 진두지휘를 해준 출판팀을 빼놓을 수 없다. 사실 출판팀이 기획해준 틀과 챕터 제목을 충실히 채우다 보니 어느새 책이 완성되었다고 말할 수 있다. 그리고 마무리에 이르기까지 출판팀의 세심한 지적과 카리스마 넘치는 코멘트가 책의 완성도를 높여주었다. 물론 이들의 탁월한 지도에도 불구하고 책 안에 아직 남아 있는 허점들은 전부 내 부족함 때문이다.

2017년 1월
문정동 AJ빌딩 사무실에서
강우란

'느리지만 좋은' 결정은 없다

"기업에 스피드는 핵심이다", "빨라야 살아남는다"라는 말에 대놓고 반대하는 사람은 별로 없다. 그만큼 우리가 무한경쟁이니, 글로벌화니, 와해적 혁신이니 하는 위협적 화두에 익숙해져 있기 때문일 것이다. 우리를 둘러싼 환경이 이러한데, 빠르지 않고 도대체 어떻게 견뎌낼 수 있단 말인가? 설상가상 이미 벌어지고 있는 4차 산업혁명의 본원적 특징 중 하나가 스피드라고 하니* 이제 스피드를 부정하는 것은 생각조차 할 수 없는 일이 되고 말았다.

그런데 흥미롭게도, 일견 스피드의 중요성에 대해 광범한 동의가 형성된 듯 보이지만 실상 그렇지만은 않다. 스피드에 대한 여러 가지

---

* 다보스 포럼(Davos Forum)의 상임의장 클라우스 슈밥(Klaus Schwab)은 4차 산업혁명이 스피드와 범위 그리고 융합으로 특징지어진다고 주장한다[클라우스 슈밥, 포린 어페어스 편 (2016), 《4차 산업혁명의 충격》. 김진희 외 역. 흐름출판].

오해가 여전히 뿌리 깊이 존재할 뿐 아니라, 오해까지는 아니라 해도 단편적으로만 이해하는 경우도 종종 있다. 지금 이 자리에서 스스로 테스트해보라. 만약 아래의 주장에 고개가 끄덕여진다면 독자는 스피드를 오해하고 있다.

> 스피드가 중요하다고 하는데, 아니 스피드만 중요한가? 퀄리티는 어떻게 할 건가? 퀄리티가 담보 안 된 스피드는 오히려 해가 될 수 있는 걸 왜 모르나? 퀄리티만 확보된다면 좀 느려도 상관없다.

물론 경영에서 스피드만 중요한 것은 아니다. 퀄리티도 당연히 중요하고, 퀄리티가 담보되지 못한 스피드는 지속가능하지 않다는 것도 맞는 말이다. 그런데 잘못된 부분이 있다. 바로 퀄리티만 확보되면 느려도 된다는 생각이다. 왜 이 생각이 틀렸을까? 그것은 바로 느리면 퀄리티라는 것도 없기 때문이다. 구글 창업자 래리 페이지Larry Page는 "느리면서 좋은 의사결정good slow decision이란 것은 없다. 빠르면서 좋은 의사결정good fast decision이 있을 뿐이다"*라고 말한 바 있는데 적확한 지적이다. 빠르다고 반드시 퀄리티가 좋으리라는 보장은

---

*2011년 9월 구글의 고객대회인 〈차이트가이스트(Zeitgeist, 시대정신) 컨퍼런스〉에서 한 말이다[〈http://www.huffingtonpost.com/2011/09/28/larry-page-google-zeitgeist-2011_n_984765.html〉. 동영상은 〈http://allthingsd.com/20110927/larry-page-on-speed-there-are-no-companies-that-have-good-slow-decisions/〉 참조].

그림 1 | 의사결정의 스피드와 질 ‖‖‖‖‖‖‖‖‖‖‖‖‖‖‖‖‖‖‖‖‖‖‖‖‖‖‖‖

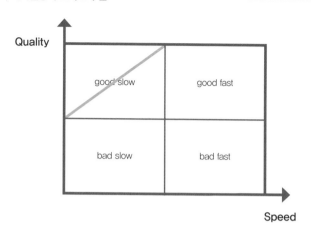

없지만, 느리면 퀄리티는 아예 없는 것이다. 시간이라는 가장 소중한 리소스를 낭비해가며 남보다 늦게 의사결정을 했다면 그 의사결정이 설령 필요한 단계를 모두 거쳤고 올바른 결론이었다 해도 이미 경쟁력 없는 의사결정, 다시 말해 퀄리티를 논할 수조차 없는 결정이 되고 말기 때문이다.

　도식적으로 정리해보면, 〈그림 1〉과 같이 기업은 '빠르고 좋은good fast' 의사결정을 할 수 있다. '느리고 나쁜bad slow' 결정을 하기도 하고, '빠르기만 할 뿐 퀄리티는 나쁜bad fast' 결정을 하기도 한다. 하지만 '느리지만 좋은 good slow' 의사결정은 애초 존재한다는 것이 불가능하다.

　다시 스피드에 대한 오해로 돌아가보면, 우리는 흔히 스피드가 경영에서 특정한 우선순위를 가지고 있다고 생각한다. "무조건 스피드다"는 스피드가 최우선순위라는 말일 것이다. 그렇다면 앞에서 예시한 "퀄리티만 확보된다면 좀 느려도 상관없다"는 스피드가 1순위는 아니라는 말이 된다. 하지만 순위 관점의 스피드는 오해이다. 이 책에서 제시하고자 하는 스피드는 경영의 우선순위가 아닌 필수이다. 그것도 경영의 모든 측면에서 요구되는 필수이다. 빠르지 않으면 좋은 의사결정이 나올 수 없는 것처럼, 스피드는 의사결정에서도, 실행에서도, 제품 개발에서도, 마케팅에서도, 조직 설계에서도, 전략 수립에서도, 인사 관리에서도, 기업의 사회공헌에서도 필수불가결한 요소이다. 그렇기 때문에 스피드를 최우선순위에 놓으려는 시도나 반대로 후순위화하려는 시도는 둘 다 스피드에 대한 기본적인 오해에서 출발한다고 할 수 있다.

그 외에도 스피드에 대한 오해는 많다. 예를 들어, "빠른 기업에서 근무하는 것이 더 피곤하다" 하는 우려도 오해이고, 경쟁사보다 먼저 시장에 제품을 내놓는 것time to market과 스피드를 등치시키는 것도 오해이다. 그렇다고 이 책에서 "스피드에 관한 몇 가지 오해"를 제시하지는 않을 것이다. 사실 책의 어딘가에 이런 소제목을 넣을까 생각해보기도 했다. 조목조목 열거해 반박하는 것이 때로는 상당히 효과적이기 때문이다. 하지만 결국 오해에 집중하기보다는 이해를 넓히고 깊게 하는 쪽을 택하기로 했는데, 그 이유는 2가지다.

첫째, 스피드는 오해만 불식시키면 되는 개념이 아니라 조직과 사업 그리고 환경에 대한 심도 있는 이해를 기반으로 할 때 비로소 본격적인 유용성을 가지기 때문이다. 앞서 말했듯이 스피드는 기업 경영에서 필수이다. 경영의 각 기능을 수행할 때 스피드는 기본으로 장착되어 있어야 한다. 이는 곧 스피드에 대한 이해 없이는 혼란과 실망에서 벗어날 수 없으며 종국에는 실패할 수밖에 없다는 뜻이다. 그런데 아쉽게도 스피드는 한번 장착했다고 그대로 계속 유지되지는 않는다. 스피드만큼 상대적인 개념도 없다. 지난번보다 빨라야 하고, 경쟁자보다 빨라야 한다.

그뿐인가? 스피드는 총체적인 개념이기도 하다. 특정 프로세스의 속도를 높였다고 기업 전체가 빨라지지는 않는다. 제도만 빨라져서 되는 것이 아니라 조직문화까지 빨라져야 한다. 조직 차원은 물론이고 팀과 개인 차원에서도 스피드에 대한 공감대가 만들어져야 하며, 한 차원이라도 빠지면 나머지 차원에 과부하가 걸려 자칫 불신을 초래하기 쉽다. 의사결정과 실행이 함께 움직이는 통합 스피드를 내야 하며 유기적인 피드백과 커뮤니케이션도 없어서는 안 된다. 조직을 총체적으로 바라볼 때 새로운 수준의 스피드가 가능해진다. 그래서 적어도 스피드에 있어서는, 오해에 대한 폭로가 얼마나 효과적이든 간에 깊이 있는 이해가 그보다는 훨씬 더 효과적일 수밖에 없다.

오해보다 이해에 집중하고자 하는 두 번째 이유는 순전히 재미 때문이다. 이 책에는 스피드를 연구하면서 내 자신에게 던졌던 수많은 질문들이 그대로 담겨 있다. 그 질문들을 숙고하고 답을 찾는 과정은 내게 커다란 즐거움과 재미를 선사했다. 〈그림 1〉을 다시 예로 들어 보자. '느리지만 좋은good slow' 의사결정이 성립 불능이라면 그 대척점에 있는 '빠르기만 할 뿐 퀄리티는 나쁜bad fast' 결정은 어떨까? 이 범주에 속한 결정은 얼마나 흔할까? 과거 연구자들은 의사결정의 속도와 질은 서로 반비례한다고 보았다! 서두를 경우 자칫 잘못된 판단을 내리기 쉽기 때문에 기업 경영은 신중한 속도deliberate speed를 유지해야 한다고 주장했으며, 고려해야 할 대안의 수가 많을수록 의사결정의 속도는 더욱더 느려져야 한다고 생각했다. 그런데 실제로 기업들이 내린 의사결정을 분석해보니 결과는 반대였다. 의사결정의 속도와 질은 반비례가 아니라 정비례 관계였다.* 게다가 대안의 수가 많을수록 의사결정은 오히려 빨라지고 질도 더 높았다. 어떻게 이것이 가능할까? 고려해야 할 대안이 많으면 의사결정에 걸리는 시간이 길어지는 것이 당연하지 않나?

답은 이렇다. 다수의 대안을 고려해야 하는 상황에서 기업은 이에 대응하기 위해 실시간 정보 분석력, 내외부 자문 프로세스, 복수 대안 도출 및 실행 역량을 강화한다. 이러한 준비 덕분에 소수의 대안만 고려하면 되던 시절에 비해 더 빠르고 더 정확해진 것이다. 빠른

---

* Eisenhardt, K. M. (1989). "Making Fast Strategic Decisions in High-velocity Environments". *Academy of Management Journal*, Vol. 32, No. 3, pp. 543-576; Judge, W. Q. & Miller, A. (1991). "Antecedents and Outcomes of Decision Speed in Different Environmental Contexts". *Academy of Management Journal*, Vol. 34, No. 2, pp. 449-463; Kownatzki, M., Walter, G., Floyd, S. W. & Lechner, C. (2013). "Corporate Control and the Speed of Strategic Business Unit Decision Making". *Academy of Management Journal*, Vol. 56, No. 5, pp. 1295-1324.

기업은 이래서 빠른 것이다. 그리고 이들은 퀄리티 높은 의사결정 덕분에 성공 가능성 또한 높다.

스피드는 역동적이다. 기업의 능동적 노력과 판단이 개입되기에 때때로 반反직관적이기도 하다. 우리로 하여금 "아니, 어떻게?"라고 반응하게 만든다. 오늘날의 스피드 경영이 과거와 다르고 그것을 이해해가는 과정이 재미있는 이유이다.

그럼 지금부터 스피드 이해의 여정을 떠나보자. 물론, 느리지만 좋은good slow 의사결정은 순전히 오해임을 최소한의 출발점으로 삼으면서 말이다.

1부

스피드를 되묻는 5가지 질문

나는 이 책에서 "한국 기업의 스피드를 바꾸자"라는 주장을 펼치려고 한다. 이러한 주장에 대해 효과적으로 설득하려면 스피드의 재미부터 공유하는 것이 우선일 것 같다. 스피드의 재미라는 것은 자꾸 생각할수록 새록새록 생긴다. 그래서 1부는 독자와 함께 손잡고 이리저리 다니면서 이것저것 만져보고 떠오르는 질문과 그에 대한 답을 찾아보는 장으로 정했다.

"스피드를 바꾸자"라고 하면 "스피드에도 종류가 있나?" 하는 의문이 단박에 들 것이다. 그렇다. 스피드에도 종류가 있다. 시대에 따라 흥하는 스피드의 종류가 변천을 겪어왔고 개념도 여러 가지다. 우리는 지금 '3세대 스피드'라는, 얼핏 보면 빠르지 않을 것 같으면서도 모아놓으면 '벌써 저기까지 가 있는' 그런 스피드가 흥하는 시대를 살고 있다. 그리고 한국 기업은 이 스피드를 이해하고 받아들이는 데 힘겨워하고 있다.

우리 각자가 스피드에 대한 지식과 고정관념을 가지고 있을 것이다. 그만큼 스피드는 우리에게 친숙한 단어이다. 그럼에도 한번 파헤쳐보고, 또 스피드의 종류에는 어떤 것들이 있는지 알아보자. 그러면서 객관화해보자. 우리가 알고 있다고 생각했던 스피드를 넘어서보자.

1장

왜 다시 스피드를
말해야 하는가?

한국 기업에 '스피드'는 익숙한 단어이다. 스피드 경영 혹은 속도 경영도 해봤고 잘한다는 소리도 들었다. 심지어 "한국 기업의 진정한 강점은 스피드"라는 평가를 받기도 하였다. 그런데 왜 새삼스럽게 스피드를 말하나? 그동안 스피드가 녹슬었나? 아니면, 총체적 난국에 직면한 한국 기업이 지금이야말로 스피드를 다시 한 번 외칠 때라는 뜻일까?

결론부터 말하자면 전혀 그런 뜻이 아니다. 우리가 이 시점에서 스피드를 고민해야 하는 이유는 2가지로 요약된다. 첫째, 환경이 바뀌어 기존의 스피드가 효력을 낼 수 없기 때문이다. 즉, 우리가 잘하던 스피드 발휘 방식이 더 이상 통하지 않게 된 것이다. 그리고 둘째, 너무 늦기 전에 지금까지의 스피드가 아닌 새로운 스피드를 찾아내야 하기 때문이다. 새로운 스피드를 찾아내지 못하면 현재 처한 어려움을 돌파하기 힘들다. '새로운 스피드', 그것을 찾아내야 하는 현실이 나로 하여금 이 책을 쓰게 만들었다.

자, 그럼 기업 스피드의 내용이 어떻게 바뀌어왔는지 그 변천사부터 살펴보자.

1세대 스피드,* 오퍼레이션 스피드

비즈니스 세계에서 '빠른 기업'이 칭송과 부러움의 대상이 된 것은 어제오늘의 일이 아니다. 하지만 조금만 더 주의 깊게 들여다보면 이 '빠른 기업'들이 모두 동일한 특성을 가지고 있는 것은 아님을 알게 된다. 즉, 시대와 사업 환경에 따라 "무엇이 빠르면 '빠른 기업'인가?" 의 답이 달라진다. 1970년대와 1980년대에는 각 기능의 프로세스가 빠르면 빠른 기업이었다. 낭비와 비효율 요소를 찾아낼 뿐 아니라 그 것을 팀 차원에서 자발적으로 개선하도록 하는, 탁월한 오퍼레이션 프로세스를 갖춘 기업이야말로 이 시대의 총아였다.

　이러한 오퍼레이션 스피드는 일본 기업들에 의해 주도되었다. 세계는, 특히 미국은, 일본 전자회사들이 어떻게 품목은 더 다양하고 품목당 수량은 더 적으면서도 종국에 가서는 더 많이 생산해내는지를 배우고자 혈안이 되었다. 오퍼레이션 스피드에 있어 궁극의 왕좌는 자동차 회사 도요타가 차지하는데, 연구자들은 도요타를 보면서 신제품 개발에서 생산까지의 '빠른 사이클 역량'**이 기업의 경쟁력을 좌우한다고 결론 내렸다. 이 책에서 나는 도요타를 집중적으로 조

---

* 1세대 스피드가 지나고 빠른 전략적 판단을 요하는 2세대 스피드가 도래했다는 기존 주장[Meyer, C. (2001. 4). "The Second Generation of Speed". *Harvard Business Review*]에 더해 나는 이 책에서 3세대 스피드를 제시한다.

** Bower, J. L. & Hout, T. M. (1988. 11/12). "Fast Cycle Capability for Competitive Power". *Harvard Business Review.*

명하지는 않겠지만 도요타의 프로세스는 지금도 배울 점이 많음을 인정한다. 도요타의 신제품 개발은 개발팀에 권한을 부여하고 초기부터 부품업체를 참여시킴으로써 미국 자동차 회사가 5년 걸리는 사이클을 3년으로 단축시켰다. 생산 자체의 사이클은 JIT_{Just-in-Time} 시스템과 유연한 다기능 팀을 통해 미국의 5일보다 3일 적은 2일로 단축하였다. 자동차 딜러 주문은 옵션 패키지 개수를 줄이고 오더 시스템을 자동화함으로써 미국 자동차 회사라면 5일이 걸리는 사이클을 무려 4일이나 줄여 1일 내로 스케줄에 반영되게 하였다. 이로 인한 부품업체의 이익은 무엇이었을까? 공장의 1일 생산 스케줄과 부품 주문을 매치시킴으로써 미국 자동차 회사와는 연 8회 재고 정산을 한 반면에 도요타는 그 2배인 연 16회 정산이 가능했다. 그만큼 부품업체 자금 회전이 원활할 수 있었다는 말이 된다.

프로세스 스피드가 효율화에만 머물렀다거나 개별 프로세스라는 바운더리 내로 한정되어 있었다고 평가한다면 공정치 않다. "일본 기업을 배우자!"라는 캐치프레이즈가 한창일 때 일본적 관행과는 전혀 다른 새로운 프로세스 혁신 구호가 등장했는데, 바로 그 유명한 리엔지니어링_{BPR; Business Process Reengineering}이다. 리엔지니어링 운동을 선언한 기고문의 자극적인 제목처럼,*** 리엔지니어링은 프로세스의

*** Hammer, M. (1990. 7/8). "*Reengineering* Work: Don't Automate, Obliterate". *Harvard Business Review*. pp. 104-112. 이 글이 발표된 지 채 3년도 지나지 않아 1993년 《포천》 500대 기업의 60% 이상이 리엔지니어링을 수행했거나 수행 계획을 수립해놓고 있다고 답할 정도로 그 열풍이 대단했다.

효율화나 자동화를 넘어 아예 프로세스 자체를 없애버릴 것을 권한다. 물론 그 프로세스가 필요 없다고 판단될 경우에 한해서이지만 말이다. 리엔지니어링의 핵심 메시지는 "가속화하라"가 아닌 "프로세스의 필요성을 기본부터 고민하고 점검하라. 만약 충분한 부가가치를 내지 않는다면 없애는 것이 맞다"라고 할 수 있다. 리엔지니어링이 감원을 부추겼다는 비판도 있지만, 몇 가지 중요한 기여를 한 것도 사실이다. 이를테면 첫째, 프로세스들이 지리적으로 조직 내부에 존치해야만 하는 것은 아님을 적시했다는 것, 즉 아웃소싱outsourcing이나 오프쇼링off-shoring도 가능함을 제시함으로써 조직 관점을 확장했다는 것, 둘째, 프로세스 효율화를 전사적 의사결정 수준으로 끌어올렸다는 것, 셋째, 마침내 미국 기업들을 오퍼레이션 스피드에 합류시키는 데 성공했다는 것 등이다.

2세대 스피드, 전략 스피드

기업들이 저마다 프로세스 효율화에 전력을 기울이면서 역설적으로 오퍼레이션 스피드의 어드밴티지는 줄어들기 시작했다. 오퍼레이션이 상향평준화되면서 기업 간 차별화 포인트를 찾기가 그만큼 어려워졌기 때문이다. 그러자 1990년대에 들어서면서 차별성은 전략적 의사결정에서 나오게 되었다. 회사 전체의 스피드에서 의사결정이 차지하는 비중이 높아졌으며, 특히 거대 전략grand strategy과 대형 의사 결정big decision이 중요해졌다. 기술technology도 다시 무대의 중앙으로 돌아왔다. 바야흐로 무한경쟁hypercompetition의 시대가 도래한 것이다. 거대 전략의 수립과 전개는 글로벌화와 맥을 같이하였다. 감이 빠른 기업들은 중국이 단순히 '세계의 공장'에 머무르지 않고 엄청난 잠 재력을 가진 시장임을 알아차렸다. 인도의 우수 인력을 활용하면 여러모로 득이 된다는 판단도 했다. 기업들은 과거 값싼 생산 기지로 만 간주되던 곳에 R&D, 마케팅, 디자인, 그리고 세련된 기업사회공헌 조직을 세우기 시작했다. 글로벌화를 향한 실행이 처음부터 쉽지는 않았다. 많은 시행착오가 있었고, 대규모 투자에도 불구하고 결국 철수를 결정하는 경우도 종종 발생했다. 글로벌화 노력은 효율과 단기성과 관점에서만 보면 부실한 투자 결정이었고 근거가 박약한 전략이었으나 중장기적으로는 고수익을 창출해냈다. 그 결과 1990년부터 2000년대 후반까지 미국의 다국적 기업들은 기존에 자신들이 GDP에서 차지하는 비중을 훨씬 상회하는 비율로 GDP 성장과 생산성 향상에 기여할 수 있었다.[*]

오퍼레이션 스피드의 기반이 프로세스라면 전략 스피드의 기반은 리더십이다. 특히 CEO를 중심으로 하는 고위 경영자의 직관과 판단

---

[*] 맥킨지 글로벌 인스티튜트 보고서에 따르면, 2007년 현재 미국 다국적 기업들은 미국 민간 부문 GDP에서 차지하는 비중이 23%인 반면 1990년 이래 실질 GDP 성장에 31% 기여하였으며 노동 생산성 증가 측면에서는 41% 기여하였다[McKinsey Global Institute (2010. 6). "Growth and Competitiveness in the United States: The Role of its Multinational Companies"].

력은 기업의 중장기적 방향 설정에 필수불가결하다. 글로벌 진출뿐 아니라 대규모 인수합병,* 인터넷 비즈니스와 모바일 확산, 주주 행동주의, 경제위기도 이 시기의 주요한 전략 드라이버였고 CEO는 이러한 변화에 선제적으로 대응한다는 면에서 기업을 이끄는 의사결정을 내려야 했다. 시기적으로 1세대 스피드에 비해 2세대 스피드가 처한 경영 환경의 변동성과 불확실성이 훨씬 높았고, 비즈니스 리더들은 그에 맞서 빠르고 단호한 의사결정의 필요성을 절감했다. 한편 CEO들은 의사결정 리스크를 줄이기 위해 내외부 전문가 집단의 면밀한 분석과 자문 지원을 받았다.

나는 이 2가지 상이한 스피드 세대를 대비하는 데 GE의 두 수장首長 이상으로 적절한 예시도 없을 것이라 생각한다. 전前 CEO인 잭 웰치 John Frances Welch Jr.는 20세기를 통틀어 가장 위대한 CEO로 평가받지만 사실 그는 오퍼레이션 스피드에 특화된 리더였다. 웰치가 주창한 경영 원칙들, 예를 들어 시장 1위나 2위가 아니면 퇴출이라는 의식, 워크아웃을 통한 조직 감량과 단순화, 그리고 6시그마는 모두 프로세스와 관련된다. 물론 이런 프로세스를 특정 기능에 한정시키지 않고 조직 운영의 대원칙으로 삼아 구성원의 사고방식까지 전환시켰다는 것은 웰치 리더십의 탁월성을 말해주는 것이리라. 그럼에도 그가

---

* 1993~2000년, 그리고 2003~2008년은 각각 제5차와 제6차 M&A 급등기로, 두 기간 모두 특히 해외 M&A가 활발하였다(〈https://en.wikipedia.org/wiki/Mergers_and_acquisitions〉).

GE 경영에서 가장 중시했던 스피드는 그 근저에 프로세스, 즉 오퍼레이션이 있었다는 것만은 분명하다.

반면, 현現 CEO 제프리 이멜트Jeffrey R. Immelt는 프로세스와 일정한 거리를 두려 했다. 6시그마를 강조하지 않았으며 워크아웃을 장려하지 않았다. 또한 새롭게 진출한 신사업이 워낙 많아 '시장 1위나 2위'라는 기준이 무의미했다. 그는 2세대 스피드, 즉 전략 스피드 시대의 한가운데에서 GE를 이끌었다. 물론 그가 전략 스피드를 추구했다는 것과 그 노력이 성공적이었다는 것은 별개이다. 이멜트 본인도 자신이 충분히 빨랐다고는 평가하지 않는데, 2015년《포천》지와의 대담에서 "재임 기간 가장 큰 실수는 무엇인가?"라는 질문에 "옳은 방향이 무엇인지를 알면서도 실천하는 데 너무 느렸다는 것"**이라고 대답할 정도였으니 말이다. 1세대 스피드에서 가장 빨랐던 회사가 다음 세대에서는 "평균 이상" 정도 수준의 스피드를 내는 데 그치는 것이 얼마든지 가능함을 GE가 실증한다.

3세대 스피드, 실험 스피드

2세대 스피드의 환경은 1세대에 비해 훨씬 더 변화무쌍하고 불확실

** "The Chat with Fortune and GE CEO Jeff Immelt" (2015. 6. 2). *Fortune*.

했다. 하지만 현재와 비교하면 2세대조차 안정적이고 예측 가능했다고 말할 수 있을지도 모르겠다. 그뿐인가? 수차례의 글로벌 경제위기에도 불구하고 지난 30년은 예외적인 고성과와 고수익의 시대였다. 향후 10년간 경쟁은 더욱 격화될 것이며 기업 성과와 투자 수익에 대한 우리의 눈높이도 낮추어야만 한다.* 다시 말해 이제 우리는 불확실성에 더해 저성장이라는 부담까지 짊어지고 가야 한다는 것이다.

물론 언제나 그렇듯이 기회도 있다. 우리 앞에 놓인 기회들은 4차 산업혁명이라는 타이틀 아래 집약되는데, 한마디로 정보통신에 한정되어 발전했던 디지털화가 물리적 환경으로 확산되면서 생기는 기회들을 말한다. 좀 더 세부적으로 보면 클라우드 컴퓨팅, 사물인터넷IoT; Internet of Things, 웨어러블wearable, 스마트 홈, 스마트 시티, 빅데이터, 자율운행자동차, 인공지능, 로봇, 3D프린팅, 뉴로테크놀로지neurotechnology, 클린 에너지clean energy 등이 주요 발전 방향이 될 것으로 예상된다. 당연히 크고 작은 수많은 기업들이 이 기회 속으로 뛰어들고 있다.

인류의 예측 능력이 지금보다 더 좋았던 적은 없다. 그럼에도 놓치고 있는 부분, 블랭크도 존재한다. 기업들은 바로 눈앞에 보이는, 손

---

* 2025년 전 세계 GDP에서 기업 이익이 차지하는 비중은 현재의 10% 수준에서 1980년 수준인 8% 이하로 돌아갈 것으로 예측된다[McKinsey Global Institute (2015. 9). "The New Global Competition for Corporate Profits"].

에 잡힐 것 같은 미래를 개척하고자 다양한 시도를 하지만 많은 실패도 따를 것이다. 기술의 실패는 물론이고, 물리적 환경 자체를 바꾸려는 시도이기 때문에 적용의 실패도 많을 것이다. 특히 4차 산업혁명의 발전 방향들은 서로 긴밀하게 연결되어 있기 때문에 다른 업종에서의 실패가 나의 실패로 이어지는 경우도 비일비재할 것이다. 빨리 보고, 빨리 행동으로 옮기고, 실패하면 곧바로 다음 시도로 옮겨가는 '스피드'가 핵심이 될 수밖에 없는 이유이다.

나는 3세대 스피드를 '실험 스피드'라고 부르겠다. 2세대 전략 스피드의 대형 의사결정은 이제 영향력이 감소할 것이다. 사안에 따라 중요한 경우도 있겠지만 한 기업의 생존과 성공에 결정적 작용은 하지 않을 것이다. 큰 그림이 그 기업의 미션과 정체성으로 존재하되, 대규모 전략적 의사결정은 길을 헤쳐나가는 작은 실험들로 대체될 것이다. 여기서 '실험'은 실험실에서의 실험을 의미하는 것은 아니다. 시도해보지 않는 한 도저히 알 수 없는 리스크를 찾아내고 해결책을 발견하고, 그럼으로써 경로를 개척해나가는 방식으로서의 실험을 의미한다. 미래에는 실험 스피드를 발휘하는 기업이 성공할 것이다.

1세대와 2세대 스피드에 익숙한 사람들은 3세대 스피드를 받아들이기가 쉽지 않으리라. 3세대 스피드가 '실패'를 본원적 요소로 가지고 있다는 점 때문에 불편할 것이다. 하지만 받아들이지 않으면 안 된다. 우리를 둘러싸고 있는 환경의 불확실성과 복잡성이 너무 커서 작은 시도들 없이는 의사결정을 해낼 수가 없기 때문이다. 이미 우리는 3세대 스피드를 갖추지 못한 기업들이 의사결정을 내리지 못한 채 시간만 낭비하는 사례들을 목격하고 있다. 세상을 바꾸겠다는 구글, 거침없이 진격하는 아마존, 이들은 모두 시도와 실패를 밥 먹듯이 한다. 그러면서 길을 찾는다.

2세대 스피드의 강자가 3세대 스피드에서도 빠를까? 강한 CEO 리더십, 직관력, 유능한 스태프 조직, 도전 정신, 잘 돌아가는 기계 같은 실행력이 2세대 스피드의 강자를 만들어냈다. 3세대 스피드는 오너십ownership 넘치는 개인들, 작고 열정적인 팀, 그리고 주어진 일을 완벽히 해내겠다는 '군기'가 아니라 실패하더라도 할 일을 스스로 찾아내겠다는 '자발성'이 핵심이다. 환골탈태의 각오 없이 2세대 강자가 3세대 스피드를 획득하기는 어려울 것이다. 그리고 그 각오를 빨리 행동으로 옮기지 않으면 너무 늦어버릴 것이다.

한 가지 짚고 넘어갈 점이 있다. 오퍼레이션과 전략 그리고 실험 스피드는 서로 배치되는 관계가 아니다. 2세대 전략 스피드의 강자는 모두 탁월한 오퍼레이션 스피드를 보유하고 있었다. 3세대 실험 스피드의 강자들은 전략을 담당 부서만이 아니라 회사 전체가 논의한다. 심지어 회사 밖의 제3자들과도 활발한 논의의 장을 펼친다. 문제는 시대가 바뀌었다는 것이다. 오퍼레이션만으로 스피드를 강점화할 수 있었던 시대, 그리고 빠른 전략적 결정으로 우위를 점할 수 있었던 시대는 지나갔다는 것이다. 1세대 강자는 오퍼레이션 스피드에 특화되어 있었기 때문에 2세대로 쉽게 나아가지 못했다. 2세대 강자들도 지금 주춤거리고 있다. 성공한 한국 기업들은 2세대 스피드의 강자들이다. 대개는 1세대 스피드와 2세대 스피드를 모두 보유하고 있다. 그리고 지금, 3세대 스피드를 잡아타느냐의 기로에 서 있다. 이것이 바로 우리가 다시 스피드를 말해야 하는 이유이다.

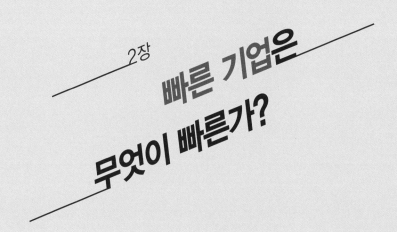

2장

빠른 기업은
무엇이 빠른가?

앞에서 우리는 기업이 오퍼레이션에서 빠를 수도 있고, 전략에서 빠를 수도 있으며, 또는 해답을 탐색해나가는 시도, 즉 실험에서 빠를 수도 있음을 살펴보았다. 이러한 구분은 특정 기업의 스피드 강점이 어디서 발현되는가를 판단할 때 유용하다. 하지만 여기서 조금만 더 생각해보자. 우리가 "그 회사는 전략이 빨라" 아니면 "그 회사는 전략보다는 오퍼레이션 쪽이 더 빠르지"라고 평가를 내릴 때 과연 '빠르다'라는 것이 정확히 무슨 뜻인지 알고 말하는 것일까? 또 만일 우리가 내린 평가에 남들도 동의한다면, 그들은 '어떤 식으로 빠르다'라는 것인지에 대해 공감대가 형성된 가운데 동의하는 것일까? 빨라지길 원한다면, 무엇보다도 '빠르다'라는 의미를 구체적으로 해부해볼 필요가 있다. 아는 만큼 바꿀 수 있기 때문이다.

'빠른 기업'의 모습

독자는 '빠른 기업' 하면 어떤 모습이 떠오르는가? 트렌드를 가장 먼저 포착하는 회사가 떠오를 것이고, CEO의 지시를 바로 실행에 옮기는 회사도 생각날 것이다. 신기술을 누구보다 앞서 개발하는 회사는 물론 빠른 회사일 테고, 고객의 니즈에 신속히 부응하는 회사도 빼놓을 수 없을 것이다. 환경 변화에 따라 변신을 거듭하는 회사에 대해서도 우리는 빠르다고 말한다. 모두 맞다. 이들 모두 빠른 기업이다. 그런데 이들의 빠르기가 모두 같은 것일까? 동일한 특징을 가지고 있을까? 곰곰이 생각해보면 빠르다는 것이 단지 한 가지 의미만은 아닌 듯하다. 한 가지이기는커녕 마치 단거리 선수로 성공하려면 장거리는 출전조차 단념해야 하는 것처럼, 여러 '빠르기'가 서로 충돌할 수도 있다. 이런 상이성은 빠르기를 의미하는 용어에서도 나타난다.

기업의 빠르기, 스피드일까? 벨로서티일까?

빠르기를 표현하는 가장 일반적인 용어는 '스피드speed'이다. 스피드는 '거리/시간'으로, 자동차가 1시간에 100km를 갔다면 스피드는 시속 100km가 되는 것이다(편의상 평균 스피드를 스피드라고 하자). 그런데 물리학에서는 '벨로서티velocity'라는 용어가 스피드와는 별개로 쓰인다. 스피드가 속력이라면 벨로서티는 속도. 스피드가 단위시간 내 이동 거리인 반면, 벨로서티는 단위시간 내 위치의 변화량을 의미한다. 거리와 위치 변화량, 무슨 차이가 있을까? 만약 자동차가 직선으로 쭉 뻗은 고속도로를 1시간 달렸다면 스피드와 벨로서티의 값은 같다. 움직인 거리도 100km이고, 출발점으로부터의 위치 변화량도 100km이니까 말이다. 그런데 자동차가 달린 길이 직선의 고속도로가 아니라 원형 트랙이라면 어떨까? 자동차를 타고 둘레가 5km인 원형 트랙을 20바퀴 돌았다면 스피드는 여전히 시속 100km이지만 벨로서티는 크게 달라진다. 움직인 거리는 100km이지만 출발점으로부터의 위치 변화는 원을 돌 때가 직선 길이로 갈 때보다 그 값이 훨씬 작기 때문이다. 극단적으로, 만일 1시간에 20바퀴를 돌아 출발했던 지점으로 돌아왔다면 벨로서티는 0이 되고 만다.

바로 이런 차이 때문에 연구자들 중에는 기업의 빠르기는 스피드가 아닌 벨로서티로 보아야 한다고 주장하는 사람들이 많다. 빠르게 움직이면 스피드는 높을 것이다. 그런데 실제로는 방향을 제대로 잡지 못해 많은 시행착오를 범했다면 출발점으로부터 멀리 가지 못했을 터이니 벨로서티는 낮다. 경영의 스피드는 빨리 움직이는 것이 아

그림 2 | 직선 도로와 원형 트랙 ||||||||||||||||||||||||||||||||||||||||||||||||||

니라, 얼마나 앞으로 나아갔나, 즉 얼마나 방향성을 가지고 움직였나를 재야 한다는 것이 이들의 생각이다. 이렇게 한동안 벨로서티 지지론이 우세를 보였지만 요즘은 분위기가 좀 달라졌다. 환경을 예측하기가 점점 더 어려워지다 보니 정해진 방향대로 움직인다는 것이 거의 불가능하기 때문이다. 빨리 움직여야 방향에 대한 감이라도 잡을수 있고, 특히 업계 선도 기업이라면 다른 누구도 갈 길을 보여주지않기 때문에 기본적으로 스피드를 높여놓아야 다음 단계를 향한 벨로서티를 높일 고민도 해볼 수 있는 것 같기도 하다.

만약 우리가 스피드나 벨로서티 중 한 가지만 고집하고 나머지 하나는 아예 무시한다면 어떤 결과가 나올까? 스피드 제일주의자라면회사의 다양한 기능 중에 방향성을 중심으로 생각하고 장기적 계획을 수립하는 부서 역할을 평가절하할 수 있다. 이들은 "액션이 있는곳에 해답이 있다!"라고 외치면서 액션의 실패나 오류를 복구하는 데드는 비용을 당연시할 것이다. "2보 전진을 위해 1보 후퇴하자", "더빨라지기 위해 우리 자신을 점검하는 시간을 갖자"라는 의견에 코웃음 칠 것이다. 반대로 벨로서티를 최고로 치는 사람들은 큰 전략에부합되지 않는 아이디어는 그 시도조차 불허할지 모른다. 실패는 벨로서티를 높이는 데 전혀 도움이 되지 않고 오히려 해가 된다고 믿을지 모른다. 전략 방향을 세우기 전에는 아무것도 하지 않는 편이 낫다고 생각할 수도 있다. 실행 부서를 경시하고 기획 부서를 치켜세움으로써 조직 내 위화감을 조성할 수도 있다. 스피드와 벨로서티의 정의와 작동을 이해하면서 둘 사이에 개방적이고 건설적인 긴장 관계가 유지되도록 할 수 있다면 최고의 빠른 조직이 가능하리라.

상황 변화에 대응하는 속도, 애질리티

스피드와 벨로서티 외에 '애질리티agility', 즉 '민첩성'도 빠르기를 표현하는 데 자주 쓰인다. 스포츠 과학에서 많이 쓰이는 애질리티는 신체동작이나 운동의 방향을 신속히 바꿀 수 있는 능력을 말하는데, 앞서 직선 도로에서 달리느냐 원형 트랙에서 달리느냐에 따라 벨로서티 차이가 크다고 말했지만, 애질리티는 운동경기로 치면 트랙 경기보다는 코트 경기에서 필요한 빠르기이다. 농구 경기에서 예고도 없이 공이 내 쪽으로 올 때 몸통을 민첩하게 돌리면서 공을 캐치하는 능력, 그리고 잡은 공을 어디로 패스할지 판단하기 위해 공을 잡기도 전에 상대편 선수들과 우리 편의 위치를 스캔해내는 능력이 바로 민첩성이다. 스피드나 벨로서티가 작용action으로 나타난다면, 애질리티는 주로 자극에 대한 반응reaction으로 나타난다. 상황 변화에 빠르게 대응해야 할 때 민첩한 기업은 특히 빛을 발한다.

　이러한 이유로, 경쟁의 심화와 환경 불확실성의 증가와 함께 애질리티는 경영학에서 스피드나 벨로서티보다 오히려 더 많이 다루어졌다.[*] 연구자들은 성공한 대기업들이 기존의 성공 공식에 매몰되거나

그림 3 │ 트랙 경기와 코트 경기 ||||||||||||||||||||||||||||||||||||||||||||||||||||||||||||||||||||

스피드 애질리티

||||||||||||||||||||||||||||||||||||||||||||||||||||||||||||||||||||||||||||||||||||||||||||||||||||||||||

구조적 관성에 빠져 부지불식간에 몰락하지 않으려면 이전 선택에 대한 객관적 평가 및 새로운 기회에 대한 적극적이고 개방적인 자세, 즉 애질리티를 유지해야 한다고 지적한다.

이런 점에서 볼 때 애질리티는 앞에서 언급했듯이 자극에 대한 반응reaction이기도 하지만, 동시에 준비와 사전 훈련이기도 하다. 그리고 내가 보기에는 이것이 애질리티의 부가가치, 즉 기업의 스피드에 더해주는 참신한 시각이다. 의사결정이나 실행의 속도 이전에 '열린 자세'와 '준비 태세'가 있어야 빠른 스퍼트가 가능하다는 것을 알림으로써, 겉보기로는 활동이 많고 바쁜 것 같지만 실제로는 어떤 의문

＊ Sull, D. (2009. 2). "How to Thrive in Turbulent Markets". *Harvard Business Review*; Sull, D. (2009. 12). "Competing through Organizational Agility". *McKinsey Quarterly*; Doz, Y. & Kosonen, M. (2008). "The Dynamics of Strategic Agility: Nokia's Rollercoaster Experience". *California Management Review*. Vol. 50. No. 3. Spring.

도 품지 않고 그냥 눈을 감아버리는 성공 기업의 경직성을 경고한다. 민첩성은 끊임없는 자기 훈련과 점검을 요구하며 안주하려는 태도를 배격한다. 마치 운동선수의 스피드가 경기가 치러지기 훨씬 이전부터, 즉 훈련 단계에서 형성되는 것처럼, 애질리티가 기업 스피드의 스펙트럼을 확장한다고 볼 수 있다.

애질리티 덕분에 분명해진 측면이 또 한 가지 있다. 빠르기는 '능력 ability'과 불가분의 관계라는 사실이다. 빠르기 위해서는 준비와 훈련이 필요하다는 것을 애질리티 개념이 보여주면서 결국 우리는 '능력으로서의 스피드'를 고민해야 함을 인지하기 시작한 것이다. 이른바 '스피드 경영'이 구호만이 아니라 의도된 설계와 리소스 투입으로 연결되어야 함을 알게 된 것이다.

빠르기는 직관적으로 이해되고 단순하게 표현되기 때문에 우리는 종종 이것이 무엇의 빠르기인지, 즉 빠르기의 주체를 간과한다. 빠르기는 공허한 현상이 아니라 언제나 주체가 있다. 스피드는 혼자 존재하는 것이 아니라 항상 '○의 스피드'인 것이다. 그 ○가 무엇이냐에 따라 의미는 크게 달라진다. 소형 요트에 요구되는 민첩성과 항공모함이 필요로 하는 민첩성이 다르며, 소규모 스타트업의 스피드와 거대 글로벌 기업의 스피드는 다르다. 말하자면 작고 단순한 조직은 한 가지 기술에 특화된 역량을 집중적으로 보유하고 있을 때 빠르겠지만, 대규모의 다각화 기업은 다양한 역량의 균형 잡힌 배분이 속도를 내는 데 더 중요할 수 있다. 전자가 단기 스피드를 추구한다면 후자는 장기적인 관점이 필요하기 때문이다.

실제로 거구의 농구선수가 신기할 정도의 민첩성을 발휘할 수 있는 것은 고르게 발달된 각 부분의 근육이 신체 전체에 힘을 균형 있게 배분하기 때문이다. 스피드를 역량으로 보게 되면 단기적 관점을 넘어서게 된다. 단기적 효율이 장기적 성공을 담보해주지 않는다는 것을 이해하게 된다. 애질리티는 얼핏 보기에 짧은 순간의 스피드이지만 이를 뒷받침하고 있는 것은 장기적으로 쌓은 역량이다.

그 외에도 다양한 빠르기 용어

빠르기를 의미하는 용어는 그 외에도 다양하다. '걷거나 달리는 속도', '경기 진행 속도'를 의미하는 '페이스pace'는 시작부터 완결까지 전체 프로세스를 염두에 두고 속도를 조절할 때 요긴한 개념이다. 기술개발팀과 같이 한정된 리소스로 장기 프로젝트를 수행할 때는 완급 조절이 특히 중요한데, 처음부터 무조건 최고 스피드로 진행하다가는 끝을 보기 전에 지쳐버릴 수 있기 때문이다. "페이스가 좋다"라는 말은 대개 선두주자에게 해주는 말이 아니라 경기 후반까지도 선두 그룹이나 2위 그룹을 탄탄히 유지하고 있을 때, 선두를 넘볼 수 있는 에너지를 가지고 있을 때 해주는 말이다. 그리고 "페이스 조절에 실패한 것 같다"라는 말은 초반에 무리하게 질주하다가 후반 들어서는 체력 고갈로 하위로 밀린 데다 도저히 선두로 치고 나갈 여력도 없는 경우를 일컫는다. 페이스는 경험, 자신감, 그리고 치밀한 계획을 필요로 하며, 외부 환경에 휘둘리지 않고 그 환경을 읽으면서 자기 팀의 상태를 적절히 조응시킬 때 유지가 가능하다.

그런가 하면 시장과 업종에서 요구되는 리듬이나 사이클을 의미하는 '카덴스cadence(또는 케이던스)'도 요즘 많이 쓰는 용어이다. 이를테면 한 업종이라면 하드웨어보다 소프트웨어가, 그리고 소프트웨어보다 서비스가 개발 주기가 빨라, 이 3가지를 다 하는 회사는 3개의 상이한 카덴스를 가지고 있다고 말한다. 2개 이상의 카덴스를 가진 회사는 내부에서 서로 마찰을 일으킬 수 있는데, 하드웨어 제조를 하던 회사가 소프트웨어를 시작하면 소프트웨어의 카덴스를 자꾸 늦춰 하드웨어에 맞추려 하고, 반대로 서비스가 주된 사업인 기업이 하드웨어 사업을 시작하면 빨리 만들라고 독촉하기 쉽다. 카덴스 충돌은 계열 안에 다양한 업종을 보유한 대기업집단에서 흔히 볼 수 있다. 예를 들어, IT와 금융은 카덴스가 많이 다름에도 불구하고 "금융은 왜 이렇게 느리냐. IT를 베스트 프랙티스best practice로 삼아 빨리 따라가라" 하고 재촉하곤 한다.

이렇게 볼 때 카덴스는 높이기도 해야 하지만 서로 이해하고 조율해야 하는 빠르기라고 할 수 있겠다. 군대의 구보가矩步歌를 '러닝 카덴스running cadence'라고 부르는 것도 누구 하나 처지지 않고 같이 갈 수 있도록 구보의 속도를 조절하자는 뜻이리라.

다양한 측면에서 분석해본 기업의 스피드

스피드를 의미하는 용어가 이렇게 다양하게 존재하는 이유는 물론 빠르기가 다양하게 발현되기 때문이다. 기업 간 스피드도 서로 다르지만 한 기업 안에서도 여러 가지 빠르기가 존재한다. 우리 몸으로 치면, 시력이 좋아 외부의 조짐을 빨리 포착하지만 신체 다른 부분의 반응은 느릴 수 있다. "아, 자전거가 오는 걸 보긴 했는데 미처 피하지 못했어요"라고 말하는 경우다. 일단 액션부터 취하고 생각은 나중에 하는 사람도 있다. 상사 지시는 빨리 실행하지만 지시가 없으면 마냥 시간을 죽이고 있는 경우, 자기 업무를 마스터하는 데는 관심이 많지만 한번 자기 분야를 정하면 바꾸기 귀찮아하는 경우 등은 한 개인의 사고방식 속에도 여러 가지 스피드가 존재함을 보여준다.

조직도 마찬가지다. 우리는 대개 한 회사의 스피드를 한마디로 평가하지만, 사실 그 회사 내에는 복수의 스피드가 작동한다. 의사결정은 빠른데 실행이 느리거나 영업은 빠른데 마케팅이 느린 경우는 너무나 많으니 차치하고라도, 개별 프로젝트는 빨리 완수해내는 회사인데 비용 정산 시스템은 몹시 느린 경우도 있고, 전자결재나 즉시결재를 기본으로 삼는 회사인데 정작 신사업 의사결정에서는 1년이 지나도 진도를 전혀 못 내는 경우도 있다.

빠르기를 속도나 속력, 민첩성, 카덴스 등 서로 다른 개념을 통해 이해해보면 조직을 다양한 시각에서 평가하는 것이 가능해진다. "우리 회사는 느려"라고 단정해온 것을 이제 느린 측면과 빠른 측면으로 나누어서 살펴볼 수 있게 되고, 사업부 또는 부서 간 마찰이 단순한 부서이기주의가 아니라 업무에 따라 카덴스가 달라서 그랬던 것임을 이해할 수 있게 된다. 그리고 무엇보다 속력에 더해 속도까지 높이려면 어떻게 해야 할까를 고민할 수 있다.

3장

경영에서
스피드의 공식은?

물리적 세상에서 스피드는 '거리/시간'으로 계산된다. 그렇다면 경영에서 쓰는 스피드 공식은 무엇일까? 나는 '밸류value/시간'이라고 제시한다. 만일 이 공식을 보며 "아, 이렇게 간단해?"라고 안도한다면 표면적 단순함으로 독자를 현혹한 내 책임이다. 경영 스피드는 간단히 계산되지 않는다. 시간 단위 설정과 밸류 규정이 쉽지 않기 때문이다. 그럼에도 간단해 보이는 '밸류/시간'이라는 공식이 시사하는 바는 실로 크다. 이 장에서는 스피드를 측정하는 여러 가지 접근법과 경영 스피드 공식의 활용법에 대해 알아본다.

스피드 경영: 정의와 키워드

물리적 세계에서 스피드는 '움직이는 물체의 빠르기'로 정의되며 '단위시간 대비 이동 거리'로 계산된다. 이것을 비즈니스 세계에 그대로 대입하면 스피드는 '비즈니스 활동의 빠르기'로 정의되고 '단위시간 대비 창출되는 가치value'로 계산될 수 있을 것이다. 그렇다면 스피드를 추구하는 경영, 즉 스피드 경영managing for speed*은 어떻게 정의될 수 있을까?

스피드 경영의 정의는 다음 3가지 요소를 포함해야 한다. 첫째, 멀티 레벨multi-level이어야 한다. 회사 차원뿐 아니라 팀 차원, 그리고 더 기본으로 개인 차원에서까지 스피드 경영이 구현되어야 한다. 둘째, 상대성이 적시되어야 한다. 비스니스 세계에서의 스피드는 절대적인 소요 시간이 아니라 경쟁자보다 더 빨라야 하고 지난번보다 더 빨라져야 한다는 상대적 개념이다. 마지막으로, 성과를 포괄적으로 잡아야 한다. "의사결정이나 제품 출시의 시점이 남보다 빨랐느냐"만이 아니라, "고객과 시장에 유의미한relevant 제품인가" 같은 기준도 포함되어야 한다. 프롤로그에서 강조했듯이, 스피드 경영에서 빠르다는 것은 '좋으면서 빠름good fast'을 함의하기 때문이다. 자, 그렇다면 스피드 경영은 "구성원 개인과 팀, 그리고 회사 차원 성과 산출에서 '밸류/시간'을 높이는 것을 지속적 경쟁우위 요소로 확보해내는 경영"이라고 정의될 수 있다.

'밸류/시간'으로 계산되는 경영 스피드는 흔히 의사결정decision 스피드와 실행execution 스피드로 대별된다. 신속한 의사결정과 실행은 빠

---

*스피드 경영의 영어 표현을 정하는 것도 의외로 쉽지 않다. 두 단어 각각을 영어로 옮기면 'speed management'가 되지만 뜻은 완전히 달라져 자동차 속도 제한에 대한 강제를 의미한다. 속도측정기를 어디에 설치하며 순찰차나 소형 항공기를 통한 감시 감독은 어떻게 수행하느냐가 주요 내용이다. 영어에서 스피드 경영을 나타내는 용어로 정해진 것은 없으나 'managing for speed'나 'high-speed management'를 많이 사용한다. 나는 전자를 택했다.

른 기업을 특징짓는 요소로 가장 자주 꼽히며** 실제로 사업 속도는 이 2가지 스피드에 의해 결정된다고 볼 수 있다. 의사결정은 결정을 내리는 순간이나 결론만을 의미하지 않는다. 이슈의 중요성을 감지하는 단계부터 몇 개의 대안을 검토해 최종적인 행동 방침을 선택할 때까지의 인지적 프로세스를 가리킨다. 반면, 실행 스피드는 결정된 사항에 대한 이행follow-through의 속도 또는 조직의 전全 계층이 전략을 행동으로 옮기는 속도를 의미한다.

의사결정과 실행은 개념적으로 구분될 수 있지만 현실 세계에서도 반드시 그런 것은 아니다. 의사결정 프로세스를 지원하는 많은 실행 작업이 필요하며 실행 과정에서도 크고 작은 의사결정 사안이 발생하기 때문이다. 그러함에도 대개의 경영자나 중간관리자들은 의사결정과 실행을 자연스럽게 구별하는데, 그것은 결정된 사항을 실현시키기 위한 모든 조치의 총합을 실행으로 간주하기 때문인 것 같다. 그 안에 의사결정이 포함되어 있더라도 이를 모두 실행 단계로 보는 것이다.

〈그림 4〉에서 왼편은 내가 만난 인터뷰이들이 제시한 여러 종류의 의사결정을 규모나 범위의 수준에 따라 정리한 것이다. 반면 오른편은 실행으로, 규모나 범위의 수준을 매긴 것이 아니라 시급성에 따라

** Economist Intelligence Unit (2009), "Organizational Agility: How Business Can Survive and Thrive in Turbulent Times".

그림 4 | 다양한 수준의 의사결정과 실행

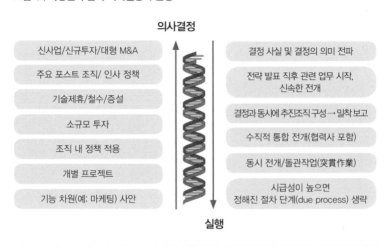

의사결정

신사업/신규투자/대형 M&A	결정 사실 및 결정의 의미 전파
주요 포스트 조직/ 인사 정책	전략 발표 직후 관련 업무 시작, 신속한 전개
기술제휴/철수/증설	결정과 동시에 추진조직 구성→밀착 보고
소규모 투자	수직적 통합 전개(협력사 포함)
조직 내 정책 적용	동시 전개/돌관작업(突貫作業)
개별 프로젝트	시급성이 높으면 정해진 절차 단계(due process) 생략
기능 차원(예: 마케팅) 사안	

실행

주로 채택하는 방법을 정리한 것이다. 아래로 내려갈수록 시급성이 요구되는 실행이다.

좀 더 자세히 살펴보자면, 〈그림 4〉의 왼편 맨 아래에 있는 '기능 차원 사안'은, 이를테면 마케팅팀이나 인사팀에서의 의사결정이다. 마케팅 방법을 바꾸기로 결정하거나 채용 방식에 변화를 주기로 결정하는 것이 이 수준에 해당한다. 그 바로 위에 있는 '개별 프로젝트'는 개발 프로젝트의 출범을 말한다. 많은 기업에서 새로운 개발 프로젝트의 수행 여부는 고위 경영진이 판단한다. 그리고 빠른 기업이라면 프로젝트 추진 결정이 내려지는 즉시 프로젝트 팀이 구성된다. 따라서 의사결정에 따른 팀 구성 작업은 실행의 첫걸음이라고 할 수 있

그림 5 | 스피드 경영의 4개 키워드 |||||||||||||||||||||||||||||||||||||||||||||||||||||||||||||||||||||||||||||||||||||||||

	시간	밸류
의사결정	타임리(Timely) "적시"	라이트(Right) "적절"
실행	패스트(Fast) "신속"	베스트(Best) "최상"

||||||||||||||||||||||||||||||||||||||||||||||||||||||||||||||||||||||||||||||||||||||||||||||||||||||||||||||||||||||||

다. 물론 팀 구성 작업과 이후의 프로젝트 수행 과정에서도 수많은 의사결정이 내려지겠지만 해당 프로젝트 차원에서 볼 때 이 의사결정들의 대부분은 실행 범주로 분류될 수 있을 것이다.

　경영 스피드의 공식을 '밸류/시간'으로 규정하고 사업 스피드를 의사결정 스피드와 실행 스피드로 구분하면 〈그림 5〉에서 보듯이 타임리Timely, 라이트Right, 패스트Fast, 그리고 베스트Best라는 4개2×2의 키워드가 생성된다. 이 키워드에 기반해 스피드 경영의 목표를 '적시에 내려지는 적절한 의사결정'과 '최상의 성과를 내는 신속한 실행'이라고 설정할 수 있다. 하지만 여기서 중요한 것은 키워드 자체라기보다는 경영의 스피드가 시간과 밸류 둘 중의 하나가 아닌 둘 다에 의해 결정된다는 사실이다.

스피드의 측정

기업에서 스피드를 측정하려는 시도는 오래전부터 있어왔다. 사실 19세기 말 시간 연구와 동작 연구를 통해 과업을 최대한 빠르고 효율적으로 수행하는 규칙을 만들어 시행한 테일러리즘Taylorism이나 20세기 초 조립 라인을 통해 표준화된 자동차를 값싸게 대량으로 생산해내는 데 성공한 포디즘Fordism도 스피드의 측정은 물론이고 예측과 통제까지 지향했고 또 상당 부분 실현했다고 할 수 있다. 그러나 제조 프로세스에 비해 의사결정과 실행의 스피드는 측정이 더 어렵고 복잡하다.

의사결정 스피드의 경우 대개 인터뷰나 설문조사 방식으로 측정하는데, 인터뷰라면 CEO를 인터뷰이로 확보하는 것이 중요하다.[*] CEO에게 특정 의사결정을 하는 데 실제로 소요된 시간을 묻고 맥락과 마일스톤milestone[**]도 파악한다. 그런 후 해당 의사결정에 관련된 고위 임원 및 담당자와의 보완 인터뷰를 통해 재확인한다. 이 방법으로 많은 수의 기업을 한 번에 조사하기는 어렵지만 심층 사례 연구를 통해 스피드를 높이거나 낮추는 요인들을 발견해낼 수 있다. 무엇보

---

[*] 프롤로그에서 언급된 아이젠하르트(Eisenhardt)의 연구가 대표적인 인터뷰 방식이다. 아이젠하르트는 CEO 및 최고경영진과의 인터뷰를 통해 8개 기업의 주요 의사결정을 심층 조사하였다[Eisenhardt, K. M. (1989). "Making Fast Strategic Decisions in High-velocity Environments". *Academy of Management Journal*. Vol. 32. No. 3. pp. 543-576 참조].

[**] 이정표. 프로젝트 진행 단계별로 반드시 거쳐야 하는 주요 지점이나 요건을 의미한다.

다도 '인터뷰'는 각 의사결정 사안의 중요도나 특징, 연관 조직 범위 (관련 부서의 수) 등을 알아낼 수 있다는 점이 장점이다. 인터뷰가 아닌 다른 방식으로 사안의 중요도 같은 요인을 고려하기는 어렵다. 인터 뷰로 스피드를 측정할 때도 2차 자료 보강을 통해 해당 의사결정의 재무적 성과를 가늠해볼 수 있다.

인터뷰가 아닌 설문조사에서는 당연히 특정 의사결정에 대한 질문을 할 수 없다. 따라서 특정 사안에 소요된 시간이 아닌, 그 회사의 전반적인 의사결정 속도를 질문하게 된다. 그럼에도 설문조사는 통계 분석을 통해 특정 기업의 의사결정 속도가 업종 내에서 우위인지 열위인지 알아낼 수 있다는 장점이 있다. 예를 들어, 한 의사결정 효과성 연구에서는 "귀사는 경쟁사와 비교해 얼마나 신속히 의사결정을 합니까?"[***]라는 매우 일반적인 질문을 했지만, 결과적으로 업계의 상위 20%와 하위 20%, 그리고 중간 60%에 속하는 기업의 상대적 의사결정 속도를 제시할 수 있었다.

의사결정에 비해 실행 스피드는 훨씬 더 활발하게 측정되며 측정 결과의 활용도도 높다. 업무 관리 시스템task management system을 통해 전사 차원의 실행 스피드를 파악할 수 있는데, 예를 들어 개별 업무 수행 기간을 2주로 정하고 과업 완료율task completion rate을 체크하

[***] Blenko, M. W., Mankins, M. C. & Rogers, P. (2010). *Decide and Deliver: 5 Steps to Breakthrough Performance in Your Organizations*. Harvard Business Review Press.

면 회사 전체의 심장박동 수를 한눈에 알 수 있다.[*] 많은 기업이 개발 프로세스의 스피드를 실시간으로 측정하는 세련된 시스템을 보유하고 있다. 대표적인 개발 프로세스 관리 시스템인 PLMProduct Life cycle Management의 경우 SCMSupply Chain Management과 같은 다른 시스템과의 연동을 통해 프로세스별 스피드 파악이 가능하다.

혁신이나 신제품 개발에서는 다양한 스피드 척도가 사용되나 대개 4가지 종류로 대별된다. 첫째는 절대적 척도로, 아이디어 생성에서 제품 출시까지 실제로 경과된 시간을 잰다. 둘째는 상대적 척도로, 계획 기간 대비 실제 경과한 시간을 비교하거나 우리 회사의 개발 기간과 산업 내 평균 개발 기간을 비교한다. 셋째는 객관적 척도인데, 앞에서 말한 PLM과 같은 시스템을 통해 수치로 산출되는 시간이다. 마지막으로 주관적 척도가 있는데, 설문조사를 통해 얻는 지각 perception 데이터가 여기에 속한다. 이 4가지 척도 외에 관리 완료까지의 기간에 더해 총투입(과제 수행자 전원의 투입일)도 종종 부가적 척도로 포함된다.

---

[*] Govindarajan, V. & Tangri, M. (2013. 6). "The Imperatives of an Organization Built for Speed". *Harvard Business Review*.

스피드 공식 활용법

지금까지 다양한 스피드 측정 방식과 척도를 살펴보았다. 어쩌면 스피드 경영은 재무나 생산성 지표와 같은 하드 데이터를 제외하고는 경영의 여러 가지 측면 중 가장 많은 척도를 가지고 있고 또 측정도 활발할지 모른다. 예를 들어 지식 경영, 흡습 역량, 글로벌 경영, 혁신 역량 같은 경영 화두와 비교했을 때 스피드 경영의 측정 방법이 단연 다양하고 구체적이다.

그런데도 왜 수많은 기업이 자사의 스피드 경쟁력이 낮음을 걱정만 할까? 왜 스피드가 하락하는데도 하릴없이 보고만 있을까? 왜 스피드를 측정해가면서 '적시에 내려지는 적절한 의사결정'과 '최고의 결과를 내는 빠른 실행'이라는 목표를 향해 전진하지 못할까?

그 이유는 스피드 공식 속에서 찾을 수 있다. '밸류/시간'이란 공식은 2가지만 알면 답이 나온다는 뜻이다. 그런데 우리는 많은 경우 밸류를 알지 못한다. 아니 더 정확히 말하자면, 밸류에 대한 확신이 없다. 고객의 취향이 1년 전과 같을지, 취향은 그대로라도 구매행동이 바뀌지 않았을지, 경쟁사는 어떤 특장점을 지닌 제품을 들고 나올지, 지구상 어디에선가 우리 제품을 아예 무의미하게 만드는 기술이 나오는 건 아닐지, 예상 판매량은 어떨지, 생산 물량은 얼마나 확보해 놓아야 할지…… 고객에게 주는 유의미함relevance으로서의 밸류도, 매출로서의 밸류도 확신할 수 없다.

그뿐인가? 밸류가 불확실하니 시간을 얼마나 단축해야 밸류/시간이 최대치가 되는지도 알 수 없다. 스피드 공식인 거리/시간에서 '거리'는 결국 도착 지점이듯이 경영 스피드 공식인 밸류/시간의 '밸류'도 도착 지점 또는 목적지를 말한다. 그런데 우리는 도착 지점은 차치하더라도 방향에 대해서도 혼란스러울 때가 많다. 그러니 시간도 단축만이 능사가 아니어서, 계속 바뀔 수밖에 없다.

1세대 스피드, 즉 오퍼레이션 스피드가 경쟁력을 좌우할 때는 스피드 공식에 밸류와 시간을 대입해 답을 미리 구해보는 것이 가능했다. 예를 들어, 품질을 충족시키는 상품을 1개월 더 빨리 출시하면 판매와 시장 점유율에서 얼마나 유리해지는지 예측이 가능했다. 2세대 스피드, 즉 전략 스피드가 차별화를 만들어낼 때는 대입할 수치가 불분명해도 밸류의 방향성에 대해서만은 자신이 있었다. 그래서 시간은 "무조건 빨리!"로 정하고 매진했다. 그런데 작금의 3세대 스피드, 즉 실험 스피드의 시대에서는 스피드가 그 어느 때보다 중요함에도 밸류/시간에 대해 그 어느 때보다도 불안하다. 우리는 관련 지식과 정보로 무장하고 있지만, 통제의 소재 locus of control가 이미 우리가 아닌 환경에게로 넘어갔다. 그것도 변화무쌍하고 복잡한 환경에게로 말이다.

그런데 역설적으로 3세대 스피드에서 밸류/시간은 더욱더 중요해진다. 왜일까? 바로 시시각각 변하는 밸류, 그리고 그 밸류를 구현해주는 시간을 찾지 않으면, 시장에서 무의미 irrelevant해지고 매출이 꺾이는 것은 그야말로 시간 문제이기 때문이다.

그렇다면 밸류/시간 공식을 어떻게 써야 할까? 3세대 스피드에서 이 공식의 가장 효과적인 활용 방법은 무엇일까? 나는 여기서 우리가 가져야 할 아주 기본적인 태도 하나를 말하려 한다. 바로 시간과 밸류를 생각하고 이야기할 때 서로 분리된 '시간'과 '밸류'가 아닌 스피드 공식 '밸류/시간'이라는 하나의 개념으로 대하도록 노력하라는 것이다. "'무조건' 빨리 해야 해!"라는 것은 이 세상에 없다. '조건'이 당연히 있다. 밸류를 내야 빠르고 말고가 있다. 그 역 또한 당연히 성립한다. 경영을 할 때 이 점을 항상 기억하면 스피드 경영이 된다. 특히 3세대 스피드를 발휘하는 스피드 경영이 된다.

밸류/시간을 루틴 업무, 작은 개별 프로젝트부터 큰 과제, 전략적 의사결정에까지 하나의 개념으로 염두에 두라. 과제에서뿐인가? 현안과 미래를 논의하고, 사람을 양성하고, 협업하고, 팀워크를 기르고, 조직 구성 방향을 고민할 때도 역시 밸류/시간을 염두에 두라. 리더를 임명하고 책임을 부과할 때도 밸류/시간을 하나로 생각하고 실행해온 사람들을 기용하라. 지금까지 한국 기업은 2세대 스피드 선도자를 빠르게 추격함으로써 성과를 산출했다. 이때 '밸류'는 선도자가 검증해주었기 때문에 한국 기업은 일종의 면제 특혜를 누렸다. 3세대 스피드에서 선도자로 올라서려면 '밸류/시간' 고민이 우리 몫이 되어야 한다. 그러니 이런 문제를 고민하고 해결책을 모색하며 실행하는 사람을 리더로 써야 할 것이다.

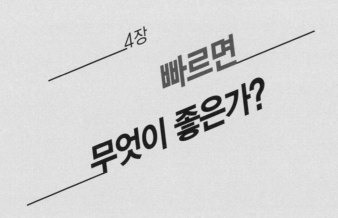

4장

빠르면

무엇이 좋은가?

한국 기업들은 빠르기로 정평이 나 있다. 물론 한국 기업이라고 다 빠르지는 않을 것이다. 별로 빠르지 않은 기업도 있고 심지어 느린 기업도 있다. 하지만 성공한 한국 기업들은 대개 빠르고, 또 빠르다는 것이 그들의 가장 큰 성공 요인으로 알려져 있다. 그들의 빠르기는 기업 차원의 성공을 일구어냈을 뿐 아니라 국가와 국민에게도 막대한 영향을 미쳤다. 그들이 빠르지 않았다면 한국 경제와 한국인의 일반적인 생활은 지금과 많이 달랐을 것이다. 한국의 성공한 대기업들은 '빠르면 무엇이 좋은지'를 만방에 떨친 생생한 사례라고 할 수 있다.

그런데 스피드가 3세대로 옮겨가면서 이들 성공한 기업들이 주춤거리고 있다. 심지어 휘청거리기까지 한다. 이들 중 3세대 스피드의 파도를 탔다는 소식은 아직 들리지 않는다. 3세대 스피드를 낼 수 있는 새로운 혈통의 기업들이 등장했다는 이야기도 없다. 끝내 누구도 3세대 스피드로 이행하지 못하는 상황은 상상하고 싶지 않다. 빠른 기업들이 스스로 누리는 이점, 그리고 우리에게 주는 혜택이 여기서 중단된다는 뜻이기 때문이다.

한국형 스피드의 대표주자들

때는 1971년, 조선소 건설에 필요한 차관을 얻기 위해 백방으로 뛰어다니던 현대건설 정주영 회장이 상대방을 설득하고자 "우리는 1500년대에 세계 최초로 철갑선을 만든 나라이다. 우리 기술력을 믿어달라"라며 그 증거로 즉석에서 500원짜리 지폐 뒷면의 거북선 그림을 내보였다는 일화는 유명하다. 결국 정주영 회장은 차관을 따냈고 거기에다 유조선 2척까지 수주함으로써, 이제 "조선소가 없는데 어디서 배를 만들 건가?" 하는 작은(!) 문제만 해결하면 되었다.

이 '작은' 문제를 해결하는 과정에서 '한국형 스피드'는 태어났다. 조선소를 짓고 나서 배를 만드는 순차적 방식이 아닌, 선박 건조와 조선소 건설을 동시에 진행한 것이다. "배를 꼭 조선소에서 만들라는 법이 있느냐?" 하며 울산 미포만 모래사장을 파내 웅덩이를 만들고 그 안에서 유조선을 건조하기 시작했다. 그리고 그 웅덩이 옆에서 방파제를 만들고 도크를 파고 공장을 짓는 작업을 진행하였다. 2년 후 대형 유조선이 진수되고 국제적 규모의 조선소 또한 완공되었다. 첫 배가 완성되어 바다로 미끄러져 들어간 순간 직원들은 환호하고 춤추면서 미포만을 눈물바다, 축제바다로 만들었다고 한다. 현대중공업은 이후 10년도 지나지 않아 세계 1위 조선업체로 등극하였다.

세상을 놀라게 한 한국형 스피드는 삼성에서도 재현되었다. 바로 '반도체 신화'가 그것이다. 삼성의 반도체 사업은 현대의 조선 사업과는 시작이 사뭇 달랐다. 한순간에 무에서 유를 만들어낸 현대와 달리, 1974년 한국반도체를 인수한 삼성은 초기 5년간 사업 부진 속에서 인고의 시간을 보내야만 했다. 디지털시계용 칩에서 시작한 삼성전자 반도체는 1983년에야 회사의 방향성을 명확히 정하게 되는데, 바로 D램 반도체 사업이었다. 엄청난 규모의 투자가 요구되는 데다 핵심 기술력까지 필요한 메모리 산업의 리스크는 누가 봐도 매우 컸다. 각처에서 제기되는 불안과 반대의 목소리가 하도 심해 삼성은 그룹 차원에서 반도체 사업 진출의 변을 일간지에 게재해야만 했다. 하지만 일단 목표가 서자 진행 속도는 놀라웠다. 첫 번째 제품인 64K D램 개발 성공의 의지를 다지는 의미에서 개발팀 전체가 64km 행군도 했다. 결국 그해 말 세계에서 세 번째로 64K D램 개발에 성공했는데, 이것은 일본이 6년 걸린 기술을 삼성이 단 6개월 만에 개발해냈다는 뜻이었다. 1992년 삼성은 드디어 64M D램을 세계 최초로 개발했고 1994년 256M D램도 세계 최초로 개발함으로써 최고의 자리에 올랐다. 2회 연속 세계 최초 개발은 불가능하다고 여겨지던 업종에서* 차기次期와 차차기次次期 D램 개발을 동시에 진행함으로써 이후 20년 이상 1위를 고수해오고 있는 것이다.

독자는 두 사례를 읽으면서 어떤 느낌을 받는가? 나는 우연찮게도

---

* D램은 집적도 높은 제품을 먼저 출시하는 것이 성공을 결정하기 때문에 경쟁사가 특정 칩을 차세대용으로 개발 중이면 타사들은 그 반도체보다 더 집적도 높은 칩의 개발에 착수하여 차차세대를 겨냥하는 것이 업계의 개발 방식이었다. 따라서 삼성전자 반도체 이전에는 한 회사가 세계 최초로 개발해내면 다음번에는 다른 회사가 세계 최초가 되는 것이 보통이었다.

현대와 삼성 두 곳 모두에서 일해보았다. 각 그룹의 싱크탱크인 경제 연구소 소속이다 보니 계열사 컨설팅 업무가 많았다. 현대중공업과 삼성전자 반도체의, 이제는 전설이 된 초기 성장 스토리를 접한 것이 한두 번이 아니었지만 듣고 또 들어도 질리지가 않았다. 질리기는 커녕 들을 때마다 감동이 새로웠다. 그리고 고마웠다. 그들이 그렇게 난관을 헤치고 나아가지 않았더라면 내가 여기서 일할 기회를 얻지 못했을 것이고, 혹여 일했다 하더라도 세계 1위 기업의 역동성은 경험하지 못했을 것이라고 생각했기 때문이다.

감동과 고마움. 그런데 스피드 연구를 하면서 또 한 가지가 추가되었다. 바로 "얼마나 어려웠을까! 다시 한 번 해야 한다면 과연 또 나설 수 있을까?" 하는 느낌이다. 이는 두려움과 답답함이 뒤섞인 복잡한 감정이다. 독자도 혹시 그런 느낌을 받지는 않는가? 과연 우리는 3세대 스피드 장착을 위해 또 한 번의 험난한 도전에 몸을 던질 수 있을까? 여기서 '험난한'이라는 단어는 어쩌면 잘못된 선택일지 모르겠다. 우리는 밤낮없이 바닷바람을 맞으며 일하지도, 64km를 행군하지도 않을 것이기 때문이다. 하지만 익숙한 것을 버리고 잘 모르는 것을 택해야 한다는 점에선 비슷하리라.

자, 성공했을 때의 보상을 미리 알면 어려운 일에 도전할 마음을 먹는 데 도움이 될 것이다. 빠르면 무엇이 좋은지, 어떤 어드밴티지가 있는지를 꼽아보면서 도전할지 말지를 고민하도록 하자.

빠른 기업의 어드밴티지

회사가 빠르면 무엇이 좋을까? 먼저, 당연히 경제적 이득이 있다. 경쟁사보다 시장에 더 빨리 나간 회사는 더 큰 마진을 확보할 수 있다. 흔히 선점자 이익first-mover advantage이라고 하는데, 전형적으로 선점자는 제품이 범용화commoditization되기 전에 프리미엄 가격을 누릴 수 있다. 물론 퍼스트 무버가 반드시 유리한 것은 아니며 오히려 불리할 경우도 있다. 특히 시장이 아직 미성숙 상태이거나 퍼스트 무버의 제품이 완성도가 낮을 때 두 번째로 진입한 기업에 오히려 우호적인 경쟁 환경이 제공되기도 한다. 그래서 선점자 불이익first-mover disadvantage이라는 말도 생겼다.*

그러나 사실 "시장에 먼저 나간다"라는 의미가 제품에 따라 다를 뿐 선점자 이익은 엄존한다고 보아야 한다는 것이 내 생각이다. 예를 들어, 기능성이 제일 중요한 부품이라면—메모리 반도체가 가장 좋은 사례일 것 같다—양산까지의 시간 싸움에서 승리하느냐가 이익을 결정한다. 하지만 만약 사용자user의 마음에 들어야 하는 최종소비자 제품이라면 어떨까? 동일한 카테고리의 제품이라도 시장에 나갔을 때 얼마나 풍부한 사용자 경험user experience을 일으킬 수 있느냐가 최종 승리자를 결정한다. 사용자 경험은 3세대 스피드를 전면화시킨

---

* 선점자 이익과 불이익에 대해서는 이 책의 19장을 참조하라.

주요인이기도 하다. 스피드 경영의 모델을 다루는 이 책의 9장에서 좀 더 상세히 설명하겠지만, '최고의 사용자 경험'이라는 피니시 라인에 가장 빨리 도착했다면 선점자 타이틀에 손색이 없을 것이다.

선점자는 대개 더 높은 고객 로열티를 얻고 제품 표준을 만들어갈 수도 있는데, 2가지 모두 경제적 이득과 연결된다. 몇 해 전 내가 컨설팅을 하던 회사의 임원이 "다시 (선점자가 아니었던) 예전으로 돌아가야 한다고 생각하면 끔찍합니다"라고 토로한 적이 있다. 이 회사는 수년간 업계에서 가장 빨리 제품을 내면서 표준을 정립했다. 단일 표준의 제품은 아니었지만 후발자 상당수가 자연스럽게 선점자의 규격을 따름으로써 사실상 표준이 된 것이다. 그 덕분에 이 회사는 고객사로부터 특별한 대우를 받을 수 있었다. 완제품을 내는 고객사들이 먼저 접촉해왔고, 관련 정보를 요청하기도 전에 제공해주었으며, 고객사가 전략적으로 가장 중시하는 제품 용도로 주문을 넣어주었다. 그러나 몇 차례의 판단 오류와 의사결정 지연으로 이 회사는 선점자 지위를 놓치고 말았고 '여러 부품 공급자 중 하나'로 취급받을 위기에 내몰렸다. 결국 이 회사의 제품 판매가격과 대당 이익은 급락했다.

둘째, 회사가 빠르면 기회가 많다. 트렌드를 빨리 감지함으로써 기회를 먼저 발견하고, 적시 의사결정으로 사업화해낼 수 있기 때문이다. 다시 말해 빠른 회사들은 남보다 더 빨리 그리고 더 큰 스케일로 성장할 가능성이 높다. 온라인 서점으로 시작한 아마존이 이제 미국 최대의 인터넷 상거래 기업이면서 동시에 클라우드 인프라 서비스IaaS; Infrasturcture as a Service에서 세계 1위 기업이라는 것이 좋은 사례이다. 2014년 아마존이 IBM을 제치고 CIA의 6억 달러짜리 클라우드 컴퓨팅 주문을 따냈을 때 온 세상이 놀랐지만, 알고 보면 이 분야에서 아마존의 약진은 마치 물이 높은 데서 낮은 데로 흐르듯 필연적이었다. 아마존은 가장 빠르게 성장하는 온라인 소매업자였다. 필요한 컴퓨팅 용량이 날마다 늘어났고, 아마존은 자신의 니즈에 맞는 컴퓨팅 파워를 저렴하고 신속하게 공급받고자 하는 욕구가 누구보다 강했다. 결국 공급업자 HP에 "하드웨어만 가져다달라. 나머지는 우리가 알아서 하겠다"라고 통보하기에 이르렀다. 어느새 그들은 리얼타임으로 변화하고 증가하는 빅데이터 컴퓨팅의 전문가가 되어 있었고, 유사한 니즈를 가진 조직에 어떤 클라우드가 필요한지를 가장 잘 이해하는 기업이 되었다. 그리하여 너무나도 자연스럽게 세계 최대의 'IaaS 제공자'라는 자리에 올라선 것이다.

2세대 스피드에 머물러 있는 기업들은 전략을 세우고 선포한다. 진척 상황을 챙길 조직을 구성하고 마일스톤을 설정한다. 이런 노력도 어느 정도 유용하다. 하지만 3세대 스피드 기업은 많은 경우 공식적 전략 수립 이전에 그 방향으로 이미 상당히 나아가 있다. 각 팀이, 각 개인이, 열정을 가지고 새로운 것을 시도하는 과정에서 기회를 포착하고 사업으로 구현해내기 때문이다. 아마존의 클라우드처럼 말이다.

마지막으로 셋째, 회사가 빠르면 인재 확보에 유리하다. 빠른 회사는 인재 유인력이 높고 특히 혁신 성향과 위험 감수 성향의 인재에게 매력적인 직장이다. 빠른 기업은 관료주의가 적고 사내 정치도 많지 않아 목표 지향적 인재들이 덜 빠져나간다. 그들은 다른 데 신경 쓰지 않고 목표에 집중할 수 있는 환경을 중시하기 때문이다. 1980년대 현대중공업에는 한국 최고의 인재들이 모여들었다. 현대중공업은 당시 대학생들에게 가장 입사하고 싶은 직장이었고, 본사가 울산이었지만 지역 연고가 없는 사람들도 꿈을 위해 현대중공업에 원서를 넣었다. 1990년대 초 울산에서 현대중공업의 한 엘리트 부장에게 "왜 여기로 오셨어요?"라고 물었더니 일부러 깜짝 놀라는 표정을 지어 보이며 "우리나라에 여기말고 갈 만한 데가 또 있나요?"라며 받아치던 기억이 난다. 삼성전자 반도체가 진대제 같은 인재를 IBM에서 스카우트할 수 있었던 것도 명쾌한 목표 의식 덕분이리라.

얼마 전 한 경제지에 "인재들에게 기술 기업이 이토록 인기 있었던 적이 없다"라는 내용의 기사[*]가 실렸다. 인재가 몰리는 가장 큰 이유는, 혁신을 시도하려면 신뢰가 필요한데 신뢰도가 가장 높은 기업이 바로 기술 기업이라는 것이다. 이 말이 맞다면 4차 산업혁명의 도래가 상당히 희망적이지 않은가! 그리고 또 한 가지, 한국의 빠르다고 소문난 기술 기업들이 과연 그 '신뢰'에 대해 자신할 수 있는지가 중차대한 문제로 떠올라야 하는 것 아닌가! 여기서 신뢰란, 회사가 스스로 천명한 미션을 지킬 것이라는 신뢰, 그리고 구성원이 그 미션의

[*] Lewis-Kulin, S. & Barnes, P. (2016. 1). "Why Tech is Winning the War for Talent". *Fortune*.

성취를 위해 마음껏 일할 수 있게끔 환경을 제공할 것이라는 신뢰, 그리고 그 과정에서 어느 정도의 실패는 용인될 것이라는 신뢰일 것이다. 신뢰는 3세대 스피드의 주요 드라이버이다. 2세대 스피드에서도 신뢰는 중요했지만 3세대 스피드에서는 단순히 '회사에 대한 신뢰'나 '종업원에 대한 믿음'을 넘어, 회사의 목표와 구성원의 권한을 연결해주는 핵심으로 작용한다. 알파고로 유명한 딥마인드DeepMind의 창업자 데미스 하사비스Demis Hassabis가 구글의 인수 제안을 받아들인 이유를 "지향성이 맞아서, 지향성을 끝까지 지켜나갈 것 같아서, 그리고 지향성을 실현하는 데 필요한 모든 리소스를 기꺼이 제공할 것이라는 믿음 때문에"라고 밝힌 것도 같은 맥락이다.

현대중공업과 삼성전자 반도체 둘 다 사업 시작 후 10년도 지나지 않아 세계 1위를 차지했다. 이들은 업종 내 가장 빠른 기업으로, 빠른 기업의 어드밴티지를 향유했다. 하지만 앞으로는 어떨까? 2세대 스피드의 대표주자인 이들이 계속 선점자의 경제적 이득을 누릴까? 누구보다 더 많은 기회를 발견하고 그걸 바탕으로 성장할까? 또 최고의 인재들이 몰려들까? 이 책을 쓰고 있는 시점에 두 기업의 재무적 상황은 크게 다르다. 삼성전자 반도체가 탄탄한 이익을 내고 있는 데 반해 현대중공업은 기록적인 적자 행진 중이다. 둘 중 적어도 삼성전자 반도체는 선점자의 경제적 이득을 누리고 있다. 하지만 기회와 인재 유입은 어떨까? 이 2가지 어드밴티지도 아직 유효할까? 만약 그렇다면 그것은 과연 언제까지 지속될 수 있을까?

5장

스피드도
학습이 가능한가?

스피드가 학습 가능한 것이 아니라면 우리가 여기서 스피드를 논할
아무 이유가 없을 것이다. 물론 앞서 한국형 스피드의 대표주자 사례
에서도 보았듯이 스피드를 배우는 일은 결코 쉽지 않다. 하지만 의외
로 우리는 스피드에 대해 이미 많이 알고 있다. 더 나아가 3세대 스피
드를 얻기 위해 무엇을 해야 하는지도 어렴풋하게나마 느끼고 있다.
다만 우리의 직관과 경험지식, 아직 뚜렷하지 않은 방법 등을 좀 더
구체화해 눈앞에 늘어놓을 필요가 있다. 그리고 논의해야 한다. 그런
의미에서 스피드가 과연 배울 수 있는 것인지부터 논의해보자.

스피드 특화 기업들

세상이 그 어느 때보다 빠르게 변화하고 있는 가운데 그 변화 속도를
좇아가지 못하는 기업은 세상에서의 유의미성을 상실하고 말 것이
다. 경영학자 존 코터John. P. Kotter는 이에 대해 "지금 우리는 유례없는
불확실성과 변화의 영역으로 들어서고 있으며 이러한 환경 속에서

전력을 다해 변화 속도를 올리지 않는 기업은 옆에서 구경만 하는 존재로 전락할 것"[*]이라고 경고한다.

코터의 말대로, 전략 변경의 필요성은 인지하면서도 빨리 조치를 취하지 않아 존재 의미를 상실하고 마는 기업들이 빈발하고 있다. 반면 복잡하고 불확실한 환경에서 살아남기 위한 방어적 스피드 정도가 아니라 그러한 환경을 경쟁우위 확보의 기회로 삼는 공격적 스피드를 발휘하는 기업들도 많다. 특히 데이터의 양이 폭발적으로 증가하면서 새로운 사업을 찾아나가는 데에는 빠른 기업이 절대적으로 유리한 상황이다.

이 기업들은 마치 스피드를 장착하고 태어난 듯 빠르게 움직임으로써 '스피드 특화 기업organizations built for speed'[**]이라고도 불리는데, 대표적으로 구글, 페이스북, 애플, 아마존을 꼽을 수 있다. 이들이 스피드에 사활을 걸고 있음은 여기저기에서 드러난다. 프롤로그에서 언급했듯이 구글 CEO 래리 페이지는 "느리고 좋은 결정"이란 존재하지 않는다고 단언한다. 그는 또 기업이 규모 성장과 함께 느려지는 "비극"을 구글은 결코 답습하지 않을 것임을 분명히 한다. 페이스북 CEO 마크 주커버그Mark Elliot Zuckerberg는 "파손해도 되니 빠르게 움직

---

[*] Kotter, J. P. (2014). *Accelerate: Building Strategic Agility for a Faster-Moving World*. Harvard Business Review Press. p. vii.

[**] Govindarajan, V. & Tangri, M. (2013. 6). "The Imperatives of an Organization Built for Speed". *Harvard Business Review*.

여라. 아직 아무것도 파손하지 않았다면 충분히 빠르게 움직이지 않고 있다는 뜻이다"라고 지적한다. 애플은 최초의 플랫폼 기업이다. 퍼스트 무버이기를 고집하지는 않지만 시장 진입과 동시에 그 시장의 지배자가 되겠다는 목표가 누구보다 분명하다. 아마존의 경쟁력은 스피드, 가격, 선택 범위, 그리고 고객 서비스이다. 수많은 시도와 실패를 거쳐 궁극적으로 "모든 것을 파는 가게Everything Store"가 되겠다는 야심은 이 회사를 누구보다 빠르게 만든다.

이 기업들은 분명 몸속에 스피드 DNA를 가지고 있다. 현대중공업과 삼성전자 반도체가 그랬던 것처럼 이들에게 스피드는 자연스럽다. 기본이다. 억지로 짜내야 하는 노력이나 마지못해 따라야 하는 지시가 아니라, 발휘하고 싶어 안달하는 특기이다. 이들 스피드 특화 기업들 앞에 서면 '세계 최고'라는 한국 기업의 스피드도 한순간에 쪼그라지고 만다. 한국 기업이 3세대 스피드의 파도를 타지 못하고 있음을 이들 스피드 특화 기업이 너무도 여지없이 증명한다.

DNA를 배우려면?

한국 대기업은 스스로를 빠르다고 평하면서도 스피드 특화 기업의 스피드에 대해 외경심을 표한다. 속도로 유명한 대기업의 임직원들과 스피드를 주제로 대화를 나누다 보면 종종 자사의 스피드 부족을 한탄하는 소리를 듣게 된다. 이들은 "어떻게 하면 우리도 구글처럼 빨라질 수 있을까요?"라고 질문한다. 그러면서 약간 자조적인 어조로 "안 되겠죠? DNA가 다르죠?"라고 덧붙인다.

그렇다. DNA가 다르다. 그런데 우리는 생물학에서 빌려온 이 DNA라는 용어를 조직 경영에서 얼마나 유용하게 사용하고 있을까? 먼저, 조직 DNA의 대표적인 정의 몇 가지부터 알아보면, '조직을 하나로 결속시키는 비전, 가치, 그리고 목적의식', '조직의 성과 산출 능력을 특징짓는 그 회사 고유 경험들의 집합', 또 '임직원 누구나 회사 정체성에 맞게 행동하게끔 하는 절차와 구조' 등이다. 아마 이 대목에서 왠지 조직문화의 정의와 비슷하다고 느끼는 독자도 있을 것이다. 맞다. 조직 DNA는 조직문화의 또 다른 이름이다. 1990년대부터 기업 경영에서 언급되기 시작한 조직 DNA는 조직문화에 비해 훨씬 더 강렬하고 선명한 어감 덕분에 일선 경영자들에게 어필했으리라. 생물 DNA의 유전자는 개체의 성장과 작동을 지시하는 프로그래밍 코드로, 한 개체를 넘어 다음 세대로 전승된다. 만약 조직 DNA가 생물 DNA에 상응하는 역할을 해줄 수 있다면 기업 성공에 그보다 더 확실한 것은 없을 것이다.

그런데 DNA를 배우기는 쉽지 않다고들 한다. "선진 기업의 DNA를 배우자", "잘되는 사업부의 DNA를 다른 사업부로 전파하자"라는 구호를 외치지만 확실한 성과를 보기 전에 흐지부지되는 경우가 많다. 어떤 경영자들은 "그게 왜 어렵죠? 무조건 따라하면 되잖아요?"

라면서 밀어붙이려 하지만, 내가 보기에는 저돌성과 고집이 꼭 좋은 방법은 아니다. 성공 DNA를 배우려는 기업과 경영자라면 모름지기 다음 3가지 자세를 반드시 갖추어야 한다.

첫째, 어떤 DNA를 배우고자 하는지를 분명히 하라. 많은 경우 무엇을 배우려는지가 불명확한 상태에서 막연히 "저 회사는 대단한 회사니까 배울 게 있겠지"라며 접근하는데, 이는 실패의 지름길이다. 1990년대 초 많은 기업이 HP Hewlett-Packard Company를 배우고자 했고 1990년대 후반 GE를 배우고자 했지만, 성과는 미미했다. "대단한 회사인 건 맞는데, 우리랑 너무 다르잖아?"가 가장 흔한 반응이었다. 뭘 배워야 할지 모르겠다는 의미이리라. 한 회사를 통째로 배울 수는 없다. 한 가지에 집중해도 겨우 배울 수 있을까 말까 하다. 예를 들어, 구글의 DNA를 배운다고 할 때 우리의 최우선 관심사는 구글의 스피드인가, 구글의 자율성인가? 아니면 구글의 사업 확장력인가? 이 3가지는 물론 서로 연관되어 있어서 하나만 잘 배우더라도 다른 것들이 어느 정도는 딸려온다. 하지만 이 3가지를 다 배우자는 것은 우리 회사를 아예 구글로 만들자는 것과 다르지 않다. '미션 임파서블'이 되는 것이다.

그렇다면 스피드만 보겠다고 포커스를 좁히면 쉽게 배울 수 있을까? 안타깝게도 답은 여전히 '아니다'이다. 〈표 1〉에서 볼 수 있듯이 한 기업의 스피드도 여러 가지 측면을 가지고 있다. 먼저 한 회사 내에서도 의사결정 스피드와 실행 스피드를 추진하는 드라이버가 다르

표 1 | 스피드 벤치마킹의 구조와 체크포인트

구조		체크포인트
스피드	스피드 전반	✔ 업계에서 (경쟁사 대비) 어느 정도 빠른가? ✔ 기능 간, 사업부 간 스피드 차이가 있나? ✔ 신사업 스피드는 빠른가?
	의사결정 스피드	✔ '누가'(개인, 공동, 위원회) 결정하는가? ✔ 의사결정의 촉진 또는 지연 요소가 존재하나? ✔ 기능별·업역별 의사결정 속도에 차이가 있나?
	실행 스피드	✔ 실행 스피드의 특징과 드라이버는 무엇인가? ✔ 영역이나 기능에 따라 속도 차이가 있나?
스피드 기반		✔ 무엇이 스피드를 드라이브하는가?(예: 장기 비전, 데이터 파워, 밀착 관리, 지식 역량, 프로세스 통합력, 도전 성향, 위계 등)
전략적 포커스		✔ 비전 공유, 전략과의 정렬 정도, 리스크 회피, 고객 접점, 자원 동원 능력, 신(新)지평 개척
위계와 권한		✔ 직급별 권한, 상하 간 논쟁 활발, 명확한 R&R(Role and Responsibilities), 플랫 조직, 프로세스 오너십
혁신적 시도		✔ 별도의 실험 조직(예: Google X), 임원에 대한 혁신 성과 압박, '빠른 실패 모델(Fail Fast Model)', 사업부 주도
협업		✔ 플랫폼상 업무 공유, 전사적 기여 중시, 베스트 프랙티스 활발, 강력한 협업 문화
스피드 방향		✔ 신속한 기회 포착, 조직 간소화, 외부와의 협력, 프로덕트 최우선, 전략 명확화

고 빠르기도 상이한 경우가 많다. 한국 기업의 경우 대개 실행 스피드는 높은 편이기 때문에 의사결정 스피드가 탁월한 기업을 배우는 것이 좋다. 물론 이 두 스피드의 연결과 상호작용도 중요한 학습 포인트이다.

빠른 기업은 특유의 '스피드 기반'을 가지고 있다. 예를 들어 구글은 세계 최고의 데이터력ᄁ, 곧 데이터의 확보 및 분석 능력이 스피드의 기반이라서 느리게 움직이고 싶어도 그럴 수가 없을 정도다. 또 그 기업이 전략적으로 중시하는 스피드가 무엇인지 파악하고 이해하는 것도 중요하다. 아마존은 장기 관점의 스피드를 채택하고 있다. 창업 이래 지금까지 변함이 없다. 대부분의 기업이 장기와 단기를 서로 조화시키고 균형을 맞추고자 하는 가운데 유독 '장기 관점 우선'을 고집하는 것은 강력한 경영철학 없이는 어려운 일이다. 아울러 위계와 권한이 어느 정도인지도 분석해야 한다. 같은 회사라 해도 기능에 따라 위계가 강한 조직이 있고 비교적 수평적인 조직이 있다. 명시된 권한과 실제 권한을 비교하고 확인해야 한다.

혁신을 시도하는 방식도 놓쳐서는 안 될 포인트이다. 한국 기업들은 데드라인을 정하고 대규모 인력을 투입하는 방식으로 혁신을 시도하는 편이다. 반면, 3세대 스피드의 공통점은 작은 프로젝트에서 실험을 통해 혁신이 발현된다는 것이다. 소규모 팀의 혁신 성과들이 모여 큰 방향을 가리키게 된다. 협업 역시 3세대 스피드에서 중요한 역할을 담당한다. 스피드 특화 기업들은 협업을 통해 보다 많은 정보를 획득하고, 가능한 한 많은 내외부 리소스를 모은다. 협업 방식은 제각기 다르다. 리더를 움직여 협업을 활성화하는 기업이 있는가 하면 프로젝트를 내걸고 협업을 유인한다. 심지어, 희귀한 사례이기는 하지만 애플처럼 자연발생적 협업을 불허하고 공식적 필요가 있을 때에 한해 협업을 지시하는 회사도 있다.

덧붙여 스피드의 방향을 감지할 필요도 있다. 구글은 전사적 미션과 팀 자율성을 동시에 강조하고 그 둘을 연결함으로써 스피드를 내고자 한다. 즉, 세상을 바꿀 꿈과 개인의 창발력創發力 둘 다에 방점을 두는 것이다. 애플은 고객을 감동시킬 만큼의 제품 완성도를 미리 정한 후 그 지점을 향해 스피드를 낸다. 아마존의 경우 고객 경험 향상이 스피드 방향성이다. 스피드 특화 기업 중 누구도 이익이나 매출을 스피드 목표로 삼지 않는다. 단, 시장 점유나 새로운 분야로의 진출은 중요한 목표이다.

이렇게, 배우고자 하는 DNA를 스피드 하나로만 한정시켜도 고려해야 할 반경은 상당히 넓다. 만약 어떤 DNA인지도 정하지 않고 DNA를 배우겠다고 한다면 그것은 혼란만 가중시킨다는 점을 꼭 기억해야 할 것이다.

그리고 둘째로는, 배우고자 하는 성공 DNA가 무엇이든 간에 핵심을 잡아야 함을 기억하자. 다시 말해, 지엽적인 걸 도입하고는 DNA를 배웠다고 하면 안 된다는 것이다. 조직문화 연구의 태두 에드가 샤인Edgar H. Schein MIT 교수는 조직문화에는 3개의 수준, 즉 인공물, 표방 가치, 그리고 기본 가정이 있다고 이야기하는데, 샤인 교수의 이 '3개 수준 모델'은 조직 DNA에도 그대로 적용된다. 먼저, 인공물을 보자. 페이스북의 당구대나 구글의 올핸즈 미팅all-hands meeting*을

---

*페이스북에는 근무 공간에 당구대를 놓아둠으로써 일하다가도 짬을 내어 휴식과 즐거움(fun)을 누릴 수 있게 하며, 구글은 매주 금요일 오후 맥주 한 잔씩 하면서 직원들의 질문에 대해 최고경영진이 답변하는 공유의 시간을 갖는다.

우리 회사에 도입한다고 창의성이 높아질까? 그러면 표방가치는 어떤가? 인텔Intel의 핵심가치인 '위험 감수**'를 우리 회사도 천명한다고 해서 도전적 시도를 더 많이 하게 될까? 3개 수준 중 가장 근저에 있는 것이 기본 가정이다. 그리고 이것이 DNA의 핵심이다. 기본 가정은 이 회사에서는 무엇이 통하고 무엇이 안 통하는지, 어떻게 해야 승진하고, 어떤 행동이 불이익을 가져오는지를 두고 모든 임직원이 공유하고 암묵적으로 인정하는 규칙이다. DNA는 바로 이 기본 가정이다. DNA 벤치마킹을 하고자 하는 그 회사 임직원들을 인터뷰하고 그 회사 직원들의 의견이 게시된 인터넷 사이트도 참고하면서 그들의 기본 가정을 파악해야 한다. 그러고는 우리 회사가 그 기본 가정을 어떤 방식으로 얼마만큼 도입할 수 있는지 스스로 정하는 것이 맞다.

마지막으로 셋째는, 사람을 동기부여하고 움직여야 DNA를 배울 수 있다는 것이다. 생물 DNA와 조직 DNA의 가장 큰 차이는 생물 DNA는 복제를 통해 확산, 전승되는 데 반해 조직 DNA는 복제가 불가능하다는 점이다. 앞에서 저돌적인 경영자의 "그냥 똑같이 따라 하면 되잖아요?"라는 밀어붙이기식이 쉽지 않은 것도 복제가 안 된다는 점 때문이다. 그렇다면 조직 DNA는 무엇을 통해 확산, 전승될까? 바로 모방이다. 그래서 진화생물학자 리처드 도킨스Richard Dawkins

---

** 엔지니어의 기업답게 인텔은 '계산된 위험 감수(calculated risk-taking)'를 핵심가치로 표방하고 있다.

는 명저 《이기적 유전자》에서 생물 유전자 '진gene'에 대비해 사회와 조직의 유전자를 '밈meme'이라고 불렀다. 진gene이 종족을 의미하는 그리스어 '게노스genos'에서 명명된 데 착안해 도킨스는 사회와 조직의 유전자를 모방이라는 뜻의 '미모스mimos'에서 가져온 것이다. 모방은 복제와 달리 당사자의 능동적 의지를 필요로 한다. 우리 회사가 왜 선진 기업의 성공 DNA를 배우지 않으면 안 되는가를 적어도 조직의 리더들은 이해하고 솔선해야 한다. 변화의 필요성을 설득하고, 성공 DNA를 기준으로 평가하며, 직원들이 기꺼이 모방할 수 있는 모델이 되어주어야 한다.

한국형 스피드의 대표주자들은 미국식 경영과 일본식 경영의 강점을 받아들여 한국형 스피드로 접목시켰다고 한다. 그렇다면 한국의 성공 기업들은 선진 기업의 DNA를 배워 자신의 것으로 만들어본 경험이 이미 있다는 뜻이 된다. 그러므로 3세대 스피드 또한 받아들이지 못하라는 법은 없다. 그런데 하나 기억해야 할 것이 있다. 현대중공업과 삼성전자 반도체는 혼신을 다해 스피드를 갈구했다. 그들은 자신들만의 달성 목표를 세웠고, 사장부터 말단 직원에 이르기까지 이 목표 아래 뭉쳤다. 마음이 통했고 서로 신뢰했다. 맡은 바 업무는 반드시 완수한다는 책임의식이 조직 전체에 흘렀다.

앞서 살펴본 스피드 특화 기업들은 창업 시점도 다르고 국적도 다르지만 신기하게도 동일한 특징을 보인다. 한국형 스피드 기업도, 스피드 특화 기업도, 자기 고유의 스피드를 만들어낼 때 기존 기업의 모델을 따르지는 않았다. 목표를 향해 가는 과정에서 필요한 것을 취하면서 시행착오를 겪었다. 한국형 스피드 기업의 강점 중 하나는 학습 능력이다. 하지만 그 학습 능력을 발휘하기 전에 우리만의 목표, 맡은 바 업무에 대한 책임의식, 그리고 높은 신뢰를 장착하는 것은 전적으로 우리의 몫이다.

2부

스피드의
재구성

스피드에는 크게 3가지 드라이버가 있다. 목표와 권한, 그리고 신뢰이다. 일면 지루하게 들리는 이 3가지 드라이버가 함께 작동하면서 조직의 스피드를 높이는데, 유감스럽게도 한국 기업에 가장 부족한 것도 이 3가지이다. 2부에서는, 목표라면 일단 돌진하고 보는 한국 기업인데 어째서 목표가 부족한지, 그리고 권한과 신뢰는 도대체 스피드와 무슨 관계인지를 짚어보고자 한다.

사실 우리에게 목표와 권한 그리고 신뢰가 없었던 것은 아니다. 오히려 상당히 적절한 수준으로 있었고 스피드 발휘에 잘 활용했다. 문제는 이제부터 우리가 발휘해야 할 스피드 유형을 놓고 보면 그동안의 목표, 권한 그리고 신뢰는 턱없이 부족하고 허점투성이였다는 것이다. 지금까지의 우리 스피드 경영이 개발 기간을 대폭 단축시켜 선도자를 빠르게 뒤쫓는 '압축 모델'이었다면 앞으로 이 모델은 그리 유효하지 않을 것 같다. 이유는 첫째, 몇몇 한국 기업은 너무 빨리 추격해 선도자와의 거리가 없어졌고, 둘째, 선도자조차 큰 전략적 선택을 감행하지 못할 만큼 사업 환경이 복잡하고 변화무쌍해졌기 때문이다. 이것이 한국 기업이 새로운 스피드로 이행하지 않으면 안 되는 이유, 그리고 스피드 드라이버를 업그레이드하지 않으면 안 되는 이유이다.

6장

스피드의 제1드라이버, 목표

경영에서 목표*만큼 막중한 단어가 또 있을까? 우리는 하루가 멀다 하고 목표를 얘기하고, 회사에서도 집에서도 목표를 생각한다. 말 그대로, 목표에 웃고 목표에 운다.

스피드에서도 목표는 가장 중요한 드라이버다. 기업 관리자들을 대상으로 실시한 설문조사에서 나는 여러 항목을 제시하고는** 각 항목이 "현재 그 회사 스피드에 미치는 영향력 정도"와 "3년 후 미래에 그 회사 스피드에 미칠 영향력 정도"를 물었다.*** 설문조사 결과를 보니 현재 스피드와 미래 스피드에서 가장 큰 영향력을 미치는 항목은 동일한 것으로 나타났다. 바로 '명확한 목표 인식'이었다.

이 응답 결과를 좀 더 자세히 풀어보면, 목표에 대한 명확한 인식

---

* 여기서 '목표'는 골(goal)과 오브젝티브(objective)는 물론이고 전략(strategy), 비전(vision), 미션(mission)을 포함하는 개념으로 사용하기로 한다. 협의로는 도착 지점, 광의로는 방향성을 의미한다.

** 13개 항목을 제시하였다. 성과 평가의 방식, 사업의 종류 또는 성격, 의사결정권의 집중/분산 정도, 사업에 대한 장기적 관점과 역량, 조직 구성원들의 활동 범위와 외부 네트워킹, 목표에 대한 명확한 인식, 일체감, 변화에 대한 민첩한 대응, 토론문화, 정보의 자유로운 공유, 조직 간 협업, 실패에 대한 용인, 새로운 아이디어 제안 및 시도 등이다. 이 설문조사에 대해서는 이 책의 결론 부분인 5부에서 집중적으로 분석한다.

*** 각 항목의 '작동 수준'이 아니라 스피드에 대한 '영향력'을 물었기 때문에 스피드가 낮은 기업이라 해도 특정 항목의 영향력은 높다고 응답했을 수 있다. 이 경우 작동 수준을 물었다면 낮다는 응답이 나왔을 것이다.

은 현재의 스피드를 결정하는 가장 중요한 요인이다. 목표 인식이 불명확하면 스피드가 떨어지고 반대로 명확하면 스피드가 올라간다. 3년 후에는 어떨까? 3년 후의 스피드를 결정하는 가장 중요한 요인 역시 목표 인식이다. 단, 현재 스피드에 미치는 목표 인식의 영향력 점수는 80점인 반면, 3년 후 스피드에 미치는 영향력 정도는 88점으로 나타났다. 즉, 미래에는 목표 인식이 현재보다 더 중요해질 것이라고 해석할 수 있다. 결국 3년 후 높은 스피드를 발휘하려면 다른 무엇보다도 명확한 목표 인식이 필요하며, 만약 목표 인식이 명확하지 않으면 스피드를 제대로 발휘하지 못할 가능성이 지금보다도 더 높아진다. 그렇다면 과연 우리는 목표를 얼마나 명확하게 인식하고 있을까?

명확한 목표 인식

목표가 없는 기업은 없다. 매출 목표도 있고 이익 목표도 있다. 개발 목표도 있고 비용절감 목표도 있다. 하지만 목표라고 해서 다 같은 목표는 아니다. 공감되지 않고 벽에 걸려만 있는 목표도 있고 구호로만 외쳐질 뿐 실행으로 옮길 방법이 모호한 목표도 있다. 그런가 하면 그 목표까지 가는 길이 너무 어려워 가능하면 피하고 싶지만 하라고 하니 억지로 끌려가는 목표도 있다.

독자는 어쩌면 "첫 번째와 두 번째 유형의 목표는 잘못되었다는 걸 알겠다. 하지만 세 번째는 회사에서 흔히 볼 수 있는 목표 아닌가?"라고 반문할지도 모르겠다. "직원 중에 과연 몇 명이나 진심으로 목표 달성에 동참하겠는가? 위에서 하자고 하니 마지못해 휩쓸려가는 것이 아니겠는가?"라는 뜻일 것이다. 일리가 있다. 심지어 앞서 4장에서 살펴본 1970년대의 현대중공업이나 1980년대의 삼성전자 반도체조차 모든 직원이 열정으로 가득 차서 목표를 향해 돌진하지는 않았을 것이다. 상당수 아니 어쩌면 과반수가 억지로 따라갔을지 모른다. 그래도 스피드가 가능했다.

하지만 3세대 스피드는 '마지못해 따라가는' 소극성으로는 불가능하다. 3세대 스피드에서는 환경에 따라, 그리고 우리 자신이 진행시키는 정도에 따라 목표가 변한다. '26만 톤급 유조선 건조'나 '64K D램 개발'처럼 처음부터 구체적인 목표가 명확하게 제시되기는 어렵다. 프로세스를 따르는 1세대 스피드, 결단력 있는 리더를 따르는 2세대 스피드는 소수의 지휘와 다수의 순응으로 발휘될 수 있다. 이에 반해 3세대 스피드는 경로도 달성 여부도 불명확한 목표를 개인과 팀이 한 단계 한 단계 열정을 가지고 밟아나갈 때 발휘되는 스피드이다.

조금만 더 부연설명을 해보자. 2세대 스피드의 목표는 3세대 스피드의 목표에 비해 명확하다. 목표가 명확하기 때문에 2세대 스피드는 다수가 목표에 대한 이해가 부족한 상황에서도 발휘가 가능했다. 즉, 모두가 명확한 목표 인식을 갖고 있지 않아도 조직은 빠르게 나아갈 수 있었다. 이 논리를 3세대 스피드에 적용해보면, 3세대 스피드는 목표가 불명확하기 때문에 '목표 인식'에서 훨씬 높은 명확성이 요구된다고 할 수 있다. 그것도 절대다수 구성원들의 열정에 기반한 인식 말이다.

목표를 부단히 제시하고 강조하는 데 비하면 한국 기업들의 목표 경영은 생각보다 허점이 많다. 2세대 스피드였기 때문에 허용될 수 있었던 허점들이다. 한 설문조사[*] 결과를 통해 그 허점들을 짚어보자. 한국 기업을 대상으로 조사한 결과를 보면 이 설문의 '목표goals and objectives' 범주에 포함된 몇 개의 진술[**] 중 가장 낮은 응답 점수는 대개 "구성원들은 우리 회사의 성공을 위해 장기적으로 필요한 일들을 이해하고 있다"가 차지한다. 이 진술에 대한 점수는 보통 평점 60점을 넘지 않으며 긍정 응답자("매우 그렇다"와 "그렇다" 응답자) 비중 또한 25% 수준으로 대단히 낮다. 그다음으로 낮은 점수는 "목표에 대한 광범한 합의가 있다"로, 60점대이다. 긍정 응답자 비중은 30% 정도이다. 반면, "우리 회사는 목표 대비 실적을 지속적으로 체크한다"라는 진술에 대한 응답은 회사에 따라 편차가 크다. 목표 지향적이고

---

[*] Denison Consulting. "The Denison Organizational Culture Survey". 〈http://www.denisonconsulting.com/diagnostics/organizational-culture〉.

[**] '목표' 범주는 다음과 같은 5개 진술로 구성되어 있다. ① 목표에 대한 광범한 합의가 있다. ② 경영진은 도전적이면서도 실현 가능한 목표를 제시한다. ③ 경영진은 우리가 달성하고자 하는 목표를 공식적으로 발표한다. ④ 우리 회사는 목표 대비 실적을 지속적으로 체크한다. ⑤ 구성원들은 우리 회사의 성공을 위해 장기적으로 필요한 일들을 이해하고 있다.

고성과를 산출하는 기업의 경우 90점대를 기록하나 목표 달성에 실패를 거듭해온 기업에서는 70점대의 점수가 나온다. 나머지 항목들은 대체로 최고와 최저 사이, 점수로는 70점대 이하를 보이는 편이다.

앞의 설문조사 결과를 요약하면 다음과 같다. 한국 기업들의 높은 목표 지향성은 목표 대비 실적을 계속 체크하는 데에서 가장 확실히 나타난다. 반면 목표의 공유, 특히 목표에 대한 이해 정도는 '목표' 범주의 평균 점수를 끌어내리는 역할을 한다. 이를 해석하면, 목표 대비 실적을 끊임없이 체크하는 관행이야말로 2세대 스피드를 만들어내는 비법이자, 고성과 기업과 그렇지 못한 기업을 나누는 핵심 구분자라는 말이 된다. 반대로 목표에 대한 공유나 이해와 같이 당연히 중요할 것 같아 보이는 측면은 빠른 기업이든 빠르지 않은 기업이든 간에 구별 없이 다 낮다. 빠르지 않은 기업에서 목표 공유나 이해가 약하다는 것은 쉽게 수긍이 가지만 빠른 기업마저 그렇다는 것은, 의외라면 의외다. 결국 목표를 광범하게 공유하거나 이해하는 것은 2세대 스피드 발휘에 필수적이지 않다는 해석이 가능하다. 즉, 2세대 스피드는 오히려 '제한적인 목표 인식'과 공존할 수 있다는 뜻이 된다.

'명확한 목표 인식'에서 '명확하다'라는 것은 무슨 의미일까? 먼저 머리에 떠오르는 것은 아마 "구체적이면 명확하다"일 것이다. 그리고 구체적인 것으로 치면 수치 목표만큼 구체적일 수 없을 것이라는 생각에 이를 것이다. "수량화되면 측정될 수 있고 측정되는 것은 관리될 수 있다"라는 목표관리MBO; Management by Objectives의 핵심 격언처

럼 말이다. 하지만 목표를 수치로 제시했다고 해서 항상 명확한 것은
아니다. 수치 목표라도 그 수치가 왜 나왔는지 모르고 그 목표의 의
미가 무엇인지 모를 때는 여전히 불명확할 수 있다. 1990년대 미국
의 시어스Sears는 백화점 내 자동차 수리센터에 수리기사 1명당 매출
목표를 시간당 147달러로 부과했다. 회사는 당연히 수리기사들이 이
목표에 도달하기 위해 열심히 일할 것이라 생각했다. 하지만 결과는
회사의 생각과는 다르게 나타났다. 기사들은 고객에게 수리비를 과
다 청구하거나 수리가 필요 없는 부분까지 수리해야 한다고 강권했
다. 고객의 불만이 폭발했고, 클레임이 빗발쳤다. 결국 목표는 폐기
처분되었고 CEO가 고객에게 공개 사과함으로써 사태를 일단락지었
다. 한눈에 보아도 단순 명료한 수치였지만, 수리기사들에게는 명확
한 목표가 되지 못했던 것이다.

목표가 명확하려면 그 목표가 왜 나왔는지 이해하고 공감해야 한
다. 관련 연구*에 따르면, 명확성clarity이란 다음 4개 질문에 대해 답
할 수 있는 것이라고 말한다. 첫째, "우리가 어디로 가고 있고, 왜 가
는 것인가?" 둘째, "우리는 어떤 외부 여건들에 직면해 있는가?" 셋
째, "우리의 내부 역량은 어떤 것들이 있는가?" 그리고 마지막으로,
"위의 요인들에 기초해 우리는 무엇을 해야 하고 어떻게 행동해야 하

---

* Davis, J. R., Frechette, Jr. H. M. & Boswell, E. H. (2010). *Strategic Speed: Mobilize People, Accelerate Execution.* Harvard Business Review Press.

는가?"

물론 각자가 혼자 고민해서 위의 4개 질문에 대한 답을 구해야 하는 것은 아니다. 다른 사람들과 함께 찾는다. 리더들은 더더욱 그렇다. 리더들은 부하들에게 항시 묻는다. 그리고 답을 들으면 그에 대해 반문한다. 더 나은 답이 나오기도 하고 새로운 질문이 나타나기도 한다. 그 과정을 거치면서 각자의 마음속에는 명확한 목표 인식이 자리 잡는다. 적어도 위의 4개 질문을 자신에게 자연스럽게 던지면서 일한다. 이렇게 해서 3세대 스피드가 발휘된다.

스피드 관점에서 읽으면 더 재미있는 소설,《더 골》

경영서 중에 가끔 소설 형식을 빌려 메시지를 전하는 책이 있다. 이런 종류의 책은 잘 쓰기만 하면 재미도 있을 뿐 아니라 유익하다. 특히 다양한 상황을 우리 눈앞에 전개함으로써 경영서에서 찾아보기 힘든 현실감과 생동감을 느낄 수 있어서 좋다. 물론 독자들이 일차적으로 원하는 것이 소설적 재미라면 실망스러울 수도 있음을 미리 경고해둔다. 이런 유형 중 가장 유명한 책은 아마《더 골》**일 텐데, 운

** 엘리 골드렛, 제프 콕스 (2002). 《더 골》. 김일운 외 역. 동양북스; Goldratt, E. M. & Cox, J. (1984). *The Goal: A Process of Ongoing Improvement*. North River Press.

좋게도 이 책의 주제가 '목표'이다!

1984년에 처음 출판된 《더 골》은 1세대 스피드, 즉 프로세스 스피드를 다룬다. 1세대 스피드의 승자는 일본 기업이었고 주도권을 빼앗긴 미국 기업들 사이에는 불안감이 팽배했다. 이런 분위기에서 저자는 이 책 하나로 미국이 다시 비즈니스계의 패권을 쥐게 될 것임을 믿어 의심치 않았고, 그래서 당시 주요 경쟁국인 일본에서 이 책이 번역 출간되는 것을 허락하지 않았다. 이 책은 매우 강력한 메시지를 전달하는데 바로 "생각하라"이다. 깊이 고민하지 않으면, 철저히 파고들지 않으면 진정한 목표를 알 수 없다. 진정한 목표를 모르면 개선할 수 없다. 예를 들어 생산성이 최악인 공장의 신임 공장장으로 부임한 주인공은 로봇을 이용해 효율 향상에 성공한다. 그런데 공장은 제대로 돌아가지 않는다. 이때 멘토가 묻는다. "자네 공장의 목표가 무엇인가?" 당황한 주인공이 대답한다. "생산성을 높이는 겁니다." 그러자 멘토는 "그래, 그럼 생산성이 올라갔나?"라고 다시 묻고, 어째서 생산성이 올라갔다고 생각하는지도 묻는다. 주인공은 "모든 지표가 그렇게 가리키니까요"라고 대답한다. 멘토는 그 지표가 무엇을 위한 지표인지 다시 묻는다. 공장의 목표에 정렬된 지표인지를 묻는 것이다.

결국 주인공은 생산성을 재정의한다. 생산성은 단순히 인풋 대비 아웃풋이 아니라, 보다 효과적으로 목표를 달성해내는 것이다. 그리고 공장의 목표는 '현금의 확보', '즉 돈을 버는 것'이라고 결론 내린

2부 | **스피드의 재구성**

다. 아웃풋이 현금화되고 있지 않는데, 즉 제품이 판매되지 않고 재고로 쌓이고 있는데, "공장의 목표는 생산성이고 우리는 이전보다 훨씬 많은 수량을 값싸게 생산해냄으로써 그 목표를 달성했다"라고 고집할 수는 없는 노릇임을 깨닫는다. 주인공은 그렇게 해서 진짜 목표를 찾아낸다. 적합한 지표도 새로 만든다.

하지만 이것은 시작일 뿐이다. 하나를 해결하면 또 다른 난관이 있다. 주인공은 자신의 문제의식을 따르는 참모진 서너 명과 함께 고민에 고민을 거듭하면서 앞에 놓인 문제들을 하나씩 해결해나간다. 주인공은 결국 승진해 회사 내 모든 공장을 변화시키는 임무를 맡게 되고 참모들 각자에게도 중요한 책임이 부여된다.

스피드 관점에서 《더 골》을 읽다 보면 2가지 흥미로운 발견을 하게 되는데, 우선 공장의 목표가 생각보다 정태적으로 수립된다는 점이다. 목표를 찾아가는 과정은 프로세스를 더없이 면밀하게 되새겨보는 과정이지만, 그 안에 경쟁사나 신기술이 치고 들어올 여지는 별로 없다. 읽는 재미가 있는 책이라서 한번 잡으면 손에서 놓을 수가 없지만 사실 그 내용은 프로세스를 철저하게 파고드는 것이지 새롭고 돌발적인 요인은 등장하지 않는다.

이 소설에서 발견하게 되는 또 다른 흥미로운 점 하나는 리더십 스타일이다. 우리에게 익숙한 리더, 즉 결단을 내리고 위험을 감수하는 리더가 등장하는 게 아니라, 어려운 과제를 풀어내야 하는 엔지니어에 가까운 느낌이다. 직원 대다수는 변화된 프로세스에 적응해야 하는 수동적 존재이며 프로세스 변경이 없는 한 고정적 역할을 수행한다. 참모 역할을 하는 소수 스태프만이 리더와 의사소통하며 리더를 지원한다.

3세대 실험 스피드를 보여주는 또 하나의 소설

이제, 다른 소설로 넘어가보자. 《더 골》보다 훨씬 분량이 짧은 《래디컬 포커스》[*]인데, 이것은 소설이라기보다는 '우화'에 가깝고, 주제는 OKR_{Objectives and Key Results}, 즉 '목표 및 핵심성과 지표'이다. 이 책의 장점은 OKR의 수립과 활용 과정을 세세히 보여준다는 것인데, 소설 형식을 빌리지 않았다면 필시 재미있게 읽히기 어려운 주제이리라.

캘리포니아 실리콘밸리에서 하나_{Hana}와 잭_{Jack}이라는 두 젊은이가 온라인으로 차_{tea} 재배 농장과 레스토랑을 연결해주는 스타트업을 차린다. 둘 다 스탠퍼드 대학 출신으로, MBA를 끝낸 하나가 CEO를 맡고 휴먼 컴퓨터 인터페이스 디자인을 전공한 잭이 사장_{president}을 맡기로 한다.[**] 하나와 잭은 질이 떨어지는 차를 죄악시할 정도로 열렬한 차 애호가들이다. 이들은 품질 좋은 차를 재배하고도 적절한 판

---

[*] Woodtke, C. (2016). *Radical Focus*. Boxes & Arrows (Kindle version).
[**] CEO는 최고결정권자로 회사의 방향성을 제시하며, 사장(president)은 전반적 운영과 실행을 책임진다.

매처를 찾지 못해 실패하거나 다른 작물로 바꾸는 농장과, 손님에게 고품질의 차를 서비스하고자 하는 수준 높은 레스토랑을 연결해준다면 세상에 좋은 일을 하는 것이라 믿는다. 그리고 초기 투자를 받아 사무실을 구하고 뜻이 맞는 사람들을 채용한다.

그런데 온라인 B2B 시장을 만들어내기란 생각보다 쉽지 않았다. 소규모 차 재배농은 생산량이 많지 않아 여러 레스토랑에 공급하기가 힘겨웠고, 반대로 개별 레스토랑도 한꺼번에 대량 구매를 원하는 것이 아니라 복수 재배자로부터 그때그때 소량으로 구입하는 것을 선호하였다. 수요자와 공급자 간 매칭이 거래량을 충분히 뒷받침 하지 못한 것이다. 이때 하나가 해결책을 발견하는데 바로 식자재 공급자와의 주문 계약을 우선시한다는 것이다. 식자재 공급자와 차 재배농을 연결해주면 전자가 다수 레스토랑의 니즈를 효과적으로 충족시킬 수 있었고 또한 스타트업에 큰 매출과 수익을 안겨줄 수 있을 것이기 때문이었다. 그런데 농장이 아니라 전문 공급자에 집중하겠다는 하나의 결정은 회사 내부에서 즉각적 반대에 부딪힌다. 농부들에게 실질적 도움을 주겠다는 원래의 창업 명분과 배치된다는 것이었다. 하나는 하나대로 불만이 쌓여가는데, 친구이자 사장인 잭이 영업에는 관심이 없고 온라인 시장 디자인과 차 시음회 참석에만 몰두했기 때문이다.

일단 식자재 공급자에 집중하기로 한 하나와 잭은 엔젤 투자자인 짐Jim의 조언대로 OKR을 도입하기로 결정한다. 직원들이 모두 모여 우선 정성적 목표Objective를 5개 정하고(예를 들어, "식자재 공급자에게 고품질 차 공급자라는 우리의 명확한 가치를 확인시킨다"), 각각의 목표에 대한 정량적 핵심성과Key Result를 3개씩(예를 들어, "재주문율 70% 달성") 선정한다. 이렇게 정해진 OKR은 모든 구성원이 항시 볼 수 있도록 회의실 벽에 붙인 후 한 분기가 끝날 때마다 OKR의 달성 여부를 확인하기로 한다.

그 분기 OKR은 참담한 실패로 끝난다. 하지만 최악의 상황에서 하나와 잭은 다시 한 번 용기를 낸다. 새로 영입한 CTOChief Technology Officer의 도움을 받아 하나는 전사적으로 이루고자 하는 목표를 한 가지만 제시한다. 그리고 직원들과 함께 "도달 가능성은 있지만 현실적으로 도달하기 대단히 어려운" 핵심성과를 3개씩 정한다. 다시 각 부서별로 목표와 핵심성과를 정하는데 구성원 각자가 목표와 핵심성과 달성에 어떤 역할을 담당하는지 구체적으로 논의하여 그 결과를 공유한다. OKR에서 각자의 담당 부분이 명확해진 것이다. 그리고 그 분기가 끝날 때까지 기다렸다가 확인하는 것이 아니라 매주 금요일 오후 다 같이 모여 앉아 핵심성과의 도달 가능성이 어떻게 변동했는지 체크하고 가능성이 높아진 핵심성과에 대해서는 맥주를 마시며 축하한다. 그들은 CEO부터 사장 그리고 전 직원의 역할을 OKR로 정렬시킨 것이다.

《래디컬 포커스》도 《더 골》과 마찬가지로 해피엔딩이다. 물론 목표의 중요성을 강조한다는 점도 동일하다. 하지만 우리에게 주는 메시지는 완전히 다르다. 《래디컬 포커스》에서는 구성원들의 열정, 회사의 존재 목적과 자기 업무의 의미가 목표를 만들어내고 목표 도달의 원동력이 된다. 《더 골》이 주요 제약 요인들을 해결함으로써 목표와 프로세스를 정렬시키는 데 반해 《래디컬 포커스》는 구성원의 역할을 목표에 정렬시킨다. 달성할 수 있는 적정 분량의 목표를 할당하는 것이 아니다. OKR에서는 '일반 목표regular goal'와 '도전 목표stretch goal'의 구분이 없다. 모든 목표가 도전 목표이다.

내가 여기서 2권의 소설을 서술하는 데 상당한 페이지를 할애한 이유는 1세대 오퍼레이션 스피드와 3세대 실험 스피드의 목표를 대비시키고 싶어서다. 어느 세대에서건 스피드를 확보하는 데는 무엇보다 목표가 중요하다. 하지만 3세대 스피드는 목표에 대한 구성원들의 열정이 모아졌을 때만이 발휘될 수 있다. 명확한 목표 인식, 그것도 "우리 회사에서 왜 이 사업을 하는가"와 같은 전체 시각을 포함한 목표 인식이 필수이다.

한국의 빠른 기업들은 과감하고 도전적인 목표를 제시하고 그것을 놀라울 정도로 빠른 시간 안에 성취했다. 이제는 목표만큼, 아니 목표 이상으로, 목표에 대한 인식이 중요하다. 이 장에서 소개한 2가지 이야기를 통해, 모름지기 3세대 스피드에 올라타려는 회사라면 구성원들의 마음을 모으는 목표를 제시하지 않으면 안 된다는 데 공감했기를 바란다.

7장

스피드의 토대, 권한

권한power*은 모든 자발적 행위의 토대, 즉 그 행위를 가능하게 만드는 기반이다. 권한을 '사람이나 사건에 영향을 미칠 수 있는 능력'이라고 정의한다면, 이는 어떤 일을 추진하는 기초, 또 그 시도를 통해 기대한 결과를 얻어낼 가능성을 높이는 기초이자 출발이라고 할 수 있다. 권한이 없다면 자발적 행위란 없을 것이다. '사람이나 사건에 영향을 미칠 수 있는 능력'이 없기 때문에 시도조차 하지 않을 것이고 혹여 시도했다고 해도 기대한 결과를 얻지 못할 것이다.

같은 맥락에서 권한은 스피드의 토대이기도 하다. 간단한 예시를 들어보자. 다른 조건이 모두 동일하다고 할 때, 독자는 권한이 많은 상사의 지시를 더 빨리 이행하겠는가, 아니면 권한이 별로 없는 상사의 지시를 더 빨리 이행하겠는가? 당연히 전자에 더 빨리 대응할 것이다. 이것이 권한이다. 권한은 다른 사람을 움직이게 할 뿐만 아니

---

* 'power'는 대개 '권한'보다는 '권력'이나 '힘'으로 번역된다. 기업 내 구성원의 권한은 'authority'라고 번역하는 것이 맞다. 'authority'는 'power'의 일종으로, '조직 구조에 의해 적법하게 부여받은 power'이다. 사회학에서는 조직 내 power를, 경영학에서는 조직 내 authority를 주로 연구한다. 하지만 이 책에서 권한은 power를 의미한다. 즉, authority에 국한되지 않고 평판과 역량, 지위, 네트워크까지 모두 포함하는 광의의 개념으로 사용한다.

라 신속히 움직이게 한다. 그렇다면 내게 권한이 있다는 의미는 무엇일까? 내 공식적 직위가 무엇이든 간에 내게 권한이 있다는 것은 필요한 자원을 신속하게 끌어모아 내가 하고자 하는 일을 추진할 수 있다는 뜻이 된다. 그렇다. 상사가 권한이 많아도 일이 빨리 추진되지만, 내게 권한이 많아도 일은 빨리 추진된다. 바로 이런 연유로 우리는 권한을 스피드의 토대라고 부를 수 있다. 물론 3세대 스피드는 조직의 하부에 권한이 많을 때 가장 잘 발휘된다.

권한이 부족한 이유

얼마 전 한 대기업의 개발 파트장_長으로부터 그 회사 개발 현장의 권한에 대해 다음과 같은 이야기를 들었다.

> 가령 우리 파트원 한 명이 괜찮은 아이디어를 냈다고 하자. 그러면 나는 "아, 그거 좋다. 같이 해보자"라고 해야 하는 게 맞을 거다. 그런데 그렇게 대답하지 못한다. 대신 "아 그거 좋다. 팀장님께 보고해보자"라고 한다. 그러면 팀장님은 전무님께, 전무님은 사업부장님께, 사업부장님은 심지어 대표이사께 보고를 해야 한다. 그게 우리 업무 방식이다. 이러다 보니 일선에 있는 사람들은 본인에게 주어진 권한이 어디까지인지 모르는 채로 일한다. 알 필요가 없다고나 할까……

이 인터뷰 내용을 읽으면서 독자는 어떤 느낌을 받을지 궁금하다. 혹시 작은 사안이라도 보고 단계를 차근차근 밟아 결정하는 신중한 조직이라는 느낌이 드는가? 아니면 검증되지 않은 아이디어에 시간과 돈이 낭비될 가능성을 아예 사전에 차단해버리는 철저한 조직이라는 인상을 받는가? 이러한 측면이 어느 정도 있기는 할 것이다. 어떠한 조직 관행이라도 순기능이 제로인 경우는 많지 않다. 과도한 리스크 차단이나 회피도 순기능이 전혀 없다고 할 수는 없다. 그럼에도 아마 대다수 독자는 "자신의 권한이 어디까지인지 모르는 채로 일하는" 상황을 안타깝고 의아하게 여길 것이다. 권한 부족이 안타깝고 그 이유가 의아스러울 것이다.

다시 강조하자면, 권한은 스피드의 토대다. 자율적으로 행동해야 하는 사람에게 권한이 없다는 것은 마치 달리기 경주에 임하는 선수 발밑에 밟을 땅이 없는 것과 같다. 행동이 일어나지 못할 뿐 아니라 스타트조차 할 수 없다.

그렇다면 왜 앞의 파트장에게는 팀원의 아이디어를 실험해볼 권한이 없는 것일까? 개발 파트장이면 상당히 중요한 직책이고 직급도 직원 중에서는 가장 높은 '부장'인데, 왜 자신의 결정으로 아이디어를 시도해볼 수 없는 것일까? 그럴 권한이 없다는 것은 급여를 주면서도 그만큼 활용하지 않는다는 것이고, 따라서 그 회사에는 손해가 아닌가? 권한을 주면empowerment 인적 자원의 활용도가 높아져 회사에 이익이 될 텐데 왜 굳이 손해나는 쪽을 택하는 것일까?

현장 권한이 부족한 이유는 몇 가지로 대별되는데 대부분의 회사
는 그중 한두 가지를 복합적으로 가지고 있다. 독자가 소속된 조직에
서는 그 이유가 무엇인지 반추해보라. 권한 부족의 첫째 이유는 관료
주의bureaucracy로, 조직 연구자들이 가장 일반적으로 제시하는 이유이
다. 관료주의의 특징으로 크게 공식화, 중앙집권화, 높은 관리직 비
율을 꼽을 수 있는데, 이러한 특징은 조직의 규모가 커지면서 더욱
뚜렷해진다.* 관료주의적 조직에서는 어떤 일에 착수하려면 표준화
된 절차를 밟아야 하고 관리직 비율이 높을수록 그 절차를 감독하는
사람들의 수가 많다. 또한 중앙집권화는 의사결정이 상부에 집중된
정도를 말하며 의사결정이 조직의 최상부에서 내려지는 경향이 강
하다.

관료주의 자체가 현장 권한이 부족한 이유라면 애초 왜 관료주의
가 생겨난 것일까? 그리고 조직이 커질수록 관료주의 성향 역시 더
욱 뚜렷해지는 이유는 무엇일까? 간단하다. 관료주의의 주창자 막
스 베버의 말대로 관료주의는 가장 효율적인 조직 시스템이기 때문
이다.** 특히 조직의 규모 성장과 함께 커뮤니케이션, 지원 업무, 규
칙 준수와 표준화 니즈가 커지기 때문에 관료주의가 해답인 것 같아
보인다. 100명 규모에서 1,000명 규모로, 1,000명 규모에서 1만 명

---

* Daft, R. L. (2007). *Organizational Theory and Design* (9th ed.). Thomson.
** Weber, M. (2002). *The Protestant Ethic and the Spirit of Capitalism: and Other Writings*. Penguin Twentieth-Century Classics.

규모로, 그리고 다시 10만 명 규모로 성장하는 회사를 상정해보라. 회사의 파워는 점점 커지나 현장의 파워는 더 작아진다. 이렇게 되면 회사의 파워에 기초해 일의 속도가 나고 현장의 개개인들은 부속품처럼 작동하게 된다. 이 또한 스피드겠으나, 조직 하부에서 나오는 스피드는 아니다.

둘째, 회사의 '규모' 성장보다는 '성공' 지속과 더 밀접하게 연관된 관성inertia화도 권한 축소의 원인이 된다. 성공이 장기간 지속될수록 그 성공 공식에 대한 믿음이 심화되고 동시에 그 성공 공식에서 벗어난 모든 것을 불신하게 된다. 그래서 조직 전체가 성공 공식의 재생산에 최적화되면서 성공 공식에서 벗어난 시도에 대해서는 체계적으로 저항한다. 이른바 '핵심 역량core competence'이 '핵심 경직성core rigidity'으로 전환되는 것이다.[***] 관성은 '부가적 에너지 없이도 현재의 움직임이 유지되는 최고 효율 상태'이기 때문에 관성이 작용하는 상태에서는 자율성이나 현장 권한은 귀찮고 비효율적인 요소가 되어버리고 만다.

셋째, 목표와 연결되지 않은 권한이라면 부여하더라도 실체가 없다. 이런 경우는 생각보다 많은데 가장 흔한 실수는 "지금부터 우리 회사는 일선 현장에서 스스로 결정하고 실행하기로 한다. 모든 권한

[***] Leonard-Barton, D. (1992). "Core Capabilities and Core Rigidities: A Paradox in Managing New Product Development". *Strategic Management Journal*, Vol. 13, pp. 111-125.

을 부여하겠다"라고 선언해놓고 그날부터 직원들이 자율적이고 적극적으로 변할 것이라 기대하는 것이다. 실제로는 전혀 그렇게 되지 않는다. '무엇을 위한 권한'인지 불분명하기 때문이다. 권한을 발휘했으면 성과가 나와야 하는데, 그것이 성과인지 아닌지는 목표가 있어야 판단 가능하다. 그런데 목표 없이 권한만 주었다면 그 권한으로 결정을 하고 실행을 해도 그것이 성과로 연결되었는지 판단할 수 없는 것이다. 말할 필요도 없지만 조직에서 성과로 연결된다고 판단되지 않는 일을 지속해나갈 수는 없다. 결국 그 권한은 무의미해질 수밖에 없다.

그렇다면 이런 질문이 가능할 것이다. "목표는 원래 있는 것 아닌가?" 물론 어느 조직에나 목표는 있다. 기존 목표를 달성하기에도 태부족한 정도의 권한이라면 목표와 권한을 정렬시켜보는 것이 유용할 것이다. 그런데 3세대 스피드는 앞에서 보았듯이 명확히 인식되고 공유될 수 있는 목표를 필요로 한다. 다시 말해, 전사와 각 팀 그리고 팀과 개개인을 유의미하게 연결해줄 수 있는 목표를 필요로 한다. 그러한 연결과 의미가 만들어지지 않은 상태에서 권한만 준다면 설사 구성원들의 행동이 바뀌더라도 성과를 내지는 못한다. 이러한 현상을 '관행의 역설paradox of institution'[*]이라고 부르기도 하는데 회사가 일

---

[*] Mezias, S. J. & Glynn, M. A. (1993). "The Three Faces of Corporate Renewal: Institution, Revolution, and Evolution". *Strategic Management Review*. Vol. 14. pp. 77–101.

상적 업무를 하면서, 즉 목표를 바꾸지 않으면서 구성원들의 행동반경만 넓혀준다고 해서 새로운 성과가 만들어지는 것은 아니라는 것이다.

마지막으로 넷째, 조직이 극단적 위험 회피 성향으로 바뀌면서 구성원들의 권한이 축소된다. 위험 회피 성향이 강한 조직은 구성원들이 각자에게 부여된 기능에 따라 실행은 하고 업무도 수행하나 새로운 사안에 대한 의사결정은 극구 회피한다. 특히 2세대 스피드에서 후발주자로서 빨랐던 회사는 앞서 가던 선두주자가 혼동에 빠지면 자신도 갈피를 못 잡고 방향을 잃는 경우가 많다. 2세대 스피드는 알다시피 큰 결정, 전략적 결정이 주도하는 스피드이다. 그리고 후발주자라면 주요 사안을 선두주자에 의거해 주로 결정하므로 선두주자가 불안정해지면 결정의 준거 틀이 흔들리게 된다. 그에 더해 환경까지 복잡하고 예측 불가능해지면 작은 결정도 조직의 최상부까지 올라가고, 최상부조차 결정을 지연시키는 경우가 많아진다. 상급자가 부하의 권한에 제약을 가하는 경우도 있지만 그보다 더 일반적으로는 구성원들이 자신의 권한을 스스로 반납한다. 의사결정을 하는 것을 무서워하는 조직, 2세대 스피드에서는 빨랐으나 3세대 스피드에 대해서는 자신이 없는 많은 조직이 여기에 속한다.

그럼 이제 앞서 예시로 든 개발 파트장 인터뷰로 돌아가보자. 이 회사는 주도면밀하고 철저한 조직문화를 가진 것일 수 있다. 그런 문화 자체가 문제라고 한다면 성급한 주장일 것이다. 하지만 이런 질문은 해볼 수 있다. 이 회사가 현재 변화무쌍한 환경 아래서 사업을 하고 있다면 이런 일하는 방식, 즉 실무자들이 아이디어를 내고자 시도하지 않고 의사결정 사안을 자꾸 조직 상부로 올려버리는 관행으로 과연 얼마나 버틸 수 있을까? 의사결정 스피드는 신사업 성공에 큰 영향을 미친다. 또 복잡하고 예측이 어려운 환경일수록 권한은 더 많이 필요하다. 결국 변화가 많고 복잡한 사업일수록, 권한 부족으로 자칫 스피드의 발목을 잡히기 쉽다는 얘기가 된다. 만약 독자가 속한 조직이 단조롭고 루틴한 사업 환경에 처했다면 권한 부족 이슈를 그저 해묵은 불평으로 치부해버릴 수도 있을 것이다. 하지만 발 빠르게 움직여야 하는 환경이라면 시급한 조치가 필요하다.

이제, 권한을 확보하기 위한 2가지 조치를 살펴보고자 한다. 사실 이 조치들은 어떤 기준으로 보아도 근원적 해결책은 아님을 미리 밝혀둔다. 이 책에서 나는 계속해서 해결책을 제시하고 설명하겠지만, 조직의 관행과 사고방식, 리더 행동, 목표 등에서 전방위적 변화 없이는 권한이 커질 수도, 잘 활용될 수도 없다. 그런데 이 2가지 조치가 근원적 해결책은 아니라고 해도 반드시 필요한 조치임에는 틀림없다. 3세대 스피드를 원한다면 이 조치들이 시행되었는지, 잊지 말고 점검하기 바란다.

첫 번째 조치는 실질적인 계층 축소이다. 독자가 속해 있는 조직의 계층은 몇 개인가? 한번 세어보라. 내가 최근 컨설팅한 조직의 인사 임원은 4개라고 답했다. 팀원, 그룹장, 팀장, 사업부장 이렇게 4개라는 대답이었다. 그런데 내가 세어보니 12개였다. 이 차이는 어디서 오는 걸까? 인사 임원이 '사실상의 계층de facto layer'과 '감춰진 계층 hidden layer'을 빼놓고 말했기 때문이다.

한국의 대기업은 2000년대 들어 팀제를 도입해 계층 수를 대폭 줄여놓았지만 시간이 지나면서 오랜 조직 관성에 의해 비공식 역할이 하나둘씩 되살아났다. 심한 경우 어떤 조직은 모든 공식 직책 밑에 그 직책을 보좌하는 계층을 하나 이상씩 두고 있다. 예를 들어, 그룹장 직급 밑에서 필요한 정보를 취합해 그룹장에게 보고하고 그룹장의 지시를 전달하는 한두 명이 바로 그런 계층이다. 조직도에는 계층이라 명시되어 있지 않지만 모두들 그들을 계층으로 인정하니, '사실상의 계층'이라고 할 수 있다. 그런가 하면 계층으로 인정되지도 않지만 계층 역할을 하는 '감춰진 계층'도 있는데, 팀 내 선임자, 고참 과장, 고참 대리가 바로 그들이다. 이들은 마치 군대에서처럼 자기보다 연차가 짧은 후배를 훈련시키고 후배가 쓴 보고서를 점검해 지적해준다. 물론 이러한 역할에는 긍정적 효과도 있지만, 보고서에서 오류를 발견한 팀장이 작성자가 아닌 작성자의 선임을 야단칠 정도가 되면 작성자에게 원래 권한이 있었는지를 의심할 수밖에 없게 된다.

사실상의 계층과 감춰진 계층 외에 또 하나 점검해보아야 할 계층이 있는데, 바로 임원 계층이다. 선진 기업들은 임원 계층이 대개 2~3단계이다. 하지만 급여보다 승진으로 보상하는 경향*이 강한 한국의 인사 관행 때문에 성공한 조직일수록 임원 계층이 방대하다. 그러다 보니 대기업은 임원 직급만 5단계 이상이 되기도 한다.

기업 조직에 위계와 계층은 필요하다. 완전한 플랫 조직은 생각보다 비효율적인 면이 많다. 특히 위계 조직은 수평 조직에 비해 커뮤니케이션과 역할 책임이 더 분명하기 때문에 과업 수행에서 시간과 같은 희소한 리소스를 절약할 수 있다는 강점을 가진다. 하지만 조직 내 계층의 총수가 6개**를 넘어서면 위계의 순기능은 줄고 역기능이 늘어나기 시작한다. 그러므로 계층의 수가 과도하게 늘지 않도록 상시 주시하고 너무 늦기 전에 축소를 단행해야 한다. 또 계층을 축소하되, 단지 조직도상의 축소가 아닌 실질적 축소가 되도록 확인하고 점검해야 할 것이다. 계층이 실질적으로 줄면 임직원 개개인의 권한이 늘어난다.

권한 부족 문제에 대한 두 번째 조치는 R&R$_{role\ and\ responsibility}$***의 명확화이다. 구체적 업무 역할에 따른 권한을 명시화해 그에 따른 책임소재도 확실히 하자는 것인데, 우리 기업들은 전통적으로 개인 차원의 역할과 책임을 명시할 필요성을 많이 느끼지 않았다. 집단 목표

---

* 이를테면 개인의 성과가 탁월할 때 책임 범위가 늘지 않은 상태에서 상무에서 전무로 승진시킴으로써 보상하는 관행을 말한다.

** "왜 6개인가"라는 질문을 받은 적이 있다. 사업부제를 채택하고 있는 대기업은 필수적으로 '담당자→담당자들의 업무를 조율하는 매니저→매니저의 매니저인 디렉터(director)→한 부문을 책임지는 상무(vice president)→사업의 총책임자라고 할 수 있는 사업부장(senior vice president)→전사를 책임지는 CEO'라는 위계를 갖추는 경향이 있다.

*** '역할과 책임'에서 책임(responsibility)은 사실 역할(role)에 부속된다. '특정 역할에 따른 책임'이라 할 수 있다.

를 함께 추구하고 잘되면 다 같이 보상받는다는 생각이 강했기 때문이다. 하지만 채용부터 업무 배분, 평가, 보상이 개별화되는 추세에서 그 모든 것의 기준이 되는 R&R이 모호하다는 것은 갈등의 소지가 될 수 있다. 개인 평가에 대한 팽배한 불신도 그 뿌리를 찾아보면 R&R 문제에 있다. 역할과 권한이 모호한데 왜 결과만 놓고 자기 탓을 하느냐는 것이다.

그런데 조직 리더들 중에는 R&R을 명확히 해놓으면 수시로 바뀌는 상황에 민첩하게 대응을 못 할 거라며 우려하는 사람들이 있다. 처리해야 할 업무의 양도 많고 종류도 다양한데 R&R에 맞는 사람에게만 업무를 배분해야 한다면 필연적으로 유휴 인력이 발생하는 것은 물론, 소수의 사람에게 일이 몰려 번아웃burn out이 생길 것이라는 지적이다. 그와 반대로, 오히려 변화가 심할수록 R&R을 더 명확히 해야 한다는 주장도 있다.**** 예를 들어, 1분 후 어떤 환자가 들어올지 전혀 예측하지 못하는 가운데서도 대학병원 응급실이 그때그때 상황에 맞춰 효과적으로 돌아가는 이유는 구성원 개개인의 R&R이 명확하기 때문이고, 100명 이상 대규모로 운영되는 방송국 뉴스팀이 매일매일 새로운 상황에 대처해내는 것도 R&R이 명확하기에 가능하다는 것이다.

**** Erickson, T. (2012. 4). "The Biggest Mistake You (Probably) Make with Teams". *Harvard Business Review*.

독자는 어느 쪽이 맞는다고 생각하는가? 나는 오래전 동료로부터 "이 회사는 동네축구 하듯 일한다"라는 말을 들은 적이 있다. '아니, 그 회사는 해당 업종 국내 대표인데 동네축구 하듯 일을 한다고?' 동료의 말은 이런 의미였다. 동네축구는 프로축구와 달리 포지션이 명확하지 않다. 포지션이 있더라도 경기가 시작되면 대체로 무시된다. 공을 따라 우르르 몰려가는 것이다. 우르르 몰려다니다 보면 공 외에 다른 것을 보기 어렵다. 특히 상대 팀 진영의 움직임을 알아챌 수 없다. 그러니 상대 팀의 모든 움직임은 예측 불허의 돌발이고, 웬만한 행운이 따라주지 않는 한 이기기 어렵다.

포지션이 있다면 자기가 맡은 그 역할을 수행하면 된다. 미드필더처럼 중앙의 넓은 영역을 커버하는 역할일 수도 있고, 링커처럼 연결만 담당하는 역할일 수도 있다. 물론 급할 때는 자기 역할에서 벗어나 공격수가 수비를 해야 하는 경우도 있다. 하지만 역할을 공유하거나 역할을 옮겨 다니는 것과 역할이 없는 것은 완전히 다르다. 전자가 창조적 스타일의 프로축구라면 후자는 동네축구가 맞다. 동네축구를 폄하할 의도는 전혀 아니지만, 역할을 무시하고 어디서 떨어질지 모르는 일을 따라 우르르 움직이는 조직이라면 에너지도 쉽게 소진되고 역량이 발전할 가능성 또한 높지 않다.

R&R을 명시할 때 전사의 모든 직무를 분석한다든지 하는 거창한 접근은 금물이다. 간소하게 접근하라. 듀퐁이 전사적으로 사용하는 RACI 방식은 모든 과제에 대해 과제 수행자responsible, 보고 대

상accountable(보고받는 사람이 바로 최종 책임을 지는 사람이다), 자문 대상consulted, 통보 대상informed을 정하고 시작한다. 인텔의 개발 부문은 의사결정 사안에 있어 누가 어떤 역할을 하는지를 명시하는 RAPID 방식을 사용하는데, 추천자recommend, 합의자agree, 실행자perform, 조언자input, 승인자decide가 누구인지, 각자의 역할에서 어떤 책임을 져야 하는지를 분명히 하고 의사결정을 진행하는 것이다. 이처럼 간편한 프로세스로 역할과 책임 범위를 명확히 함으로써 조직 스피드를 높일 수 있다.

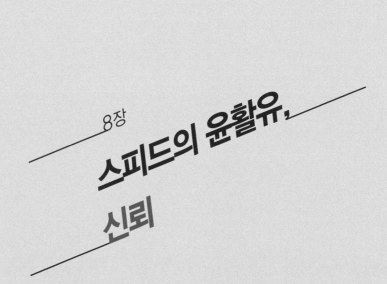

8장

스피드의 윤활유,

신뢰

2부에서 순차로 다루고 있는 목표, 권한, 그리고 신뢰는 모두 스피드의 동인動因, 즉 드라이버이다. 도달하고자 하는 지점인 목표는 '제1 드라이버'라는 이름에 걸맞다. 특히 기업에서 목표는 존재 이유라는 점에서 구성원들을 움직이는 가장 중요한 드라이버임에 틀림없다. 두 번째 드라이버인 권한은 '토대'이다. 권한은 사람들이 안정감을 갖고 움직일 수 있도록 해준다. 그리고 마지막 드라이버인 신뢰는 스피드의 '윤활유'이다. 신뢰가 있을 때 원활하게 함께 움직일 수 있다는 뜻이다.

윤활유는 표면이 맞닿을 때 일어나는 마찰을 줄이기 위해 사용되는 물질이다. 윤활유가 없으면 마찰열로 인해 표면이 타버리거나 힘이 제대로 진달되지 않을 수 있다. 한편 신뢰는 권한을 가진 구성원들이 공동 목표에 대한 명확한 인식하에서 가장 효율적인 방식으로 같이 일해 나가게끔 하는 역할을 한다. 이러하니, 신뢰를 스피드의 윤활유라고 부르는 것은 꽤 적절한 것 같다. 이번 장에서는 신뢰의 실체, 신뢰의 필요성, 그리고 신뢰가 만들어내는 스피드를 살펴보기로 하자.

신뢰란 무엇일까?

먼저 신뢰가 무엇인지, 그 의미와 실체에 대해 생각해보자. 사전적으로 신뢰란 '믿고 의지함'을 뜻한다. 기업 경영에서 신뢰는 매우 자주 언급되는 단어이고 또 필수적인 것으로 강조되지만 그 뜻을 사전적 의미를 넘어 더 구체적으로 분석하는 일은 별로 없다. 그러나 신뢰는 사실 여러 학문 분야에서 광범위하게 연구되어온 개념으로, 적어도 스피드 드라이버의 하나로 이해하기 위해서는 '믿고 의지함'이라는 뜻을 넘어 그 이상의 의미에 천착해볼 필요가 있다.

독자 자신이 신뢰하는 사람을 머릿속에 떠올려보라. 가족이 생각날 수도 있고 친구나 동료가 생각날 수도 있을 것이다. 그렇다면 이번에는 그 사람을 '어떤 경우에' 신뢰한다는 것인지 가설적 상황과 한번 연결지어보자. 내 전 재산을 맡길 수 있을까? 아니면 나 대신 자동차 경매장에서 차를 구입해달라고 부탁할 수 있을까? 후자의 상황을 상정해보자. 자동차 경매장에 대신 보낼 만큼 믿는 사람이라면 아마도 조금 전 막연히 머릿속에 떠올렸던 몇 명은 신뢰의 리스트에서 제외될 것이다. 이런저런 이유로 이 미션에 적합하지 않다고 판단될 수 있다. 남은 사람 중 한 명에게 실제로 자동차 경매장에 가서 잘 보고 차를 대신 골라달라고 부탁했다고 가정해보자.

이것이 바로 신뢰 상황이다. 이 상황에서는 첫째, 내가 상대의 행위에 기꺼이 의지할 것이다. 둘째, 나는 미래에 일어날 상대의 행위에 대한 통제권을, 원하건 원치 않건 간에 포기한다. 셋째, 통제를 포기한 이상 나는 상대의 행위가 가져올 결과에 대해 100% 확신할 수는 없다. 즉, 나는 내가 신뢰하는 사람이 어떤 차를 선택하든지 간에 그 선택에 의존해야 하며, 이는 곧 그 사람의 선택을 내가 좌지우지하기를 포기하는 것이며, 따라서 그 사람이 내 자신이 했을 선택과 동일한 선택을 할 것이라고 확신할 수 없다.

자동차 경매장 예시의 신뢰 상황을 분석해봄으로써 우리는 신뢰의 키워드를 몇 가지 도출할 수 있다. 첫째가 취약성vulnerability이다. 즉, 상대방의 행동에 의지함으로써 내 자신이 취약해지는 상황에 놓이게 된다. 둘째는 불확실성uncertainty으로부터 오는 리스크로, 상대가 내가 원하는 대로 행동해줄 것이라는 확신을 할 수 없다. 셋째는 긍정적 기대positive expectation인데, 나는 단지 결과가 긍정적이기를 기대할 수 있을 뿐이다.

이렇게 개념을 분석해보면 신뢰는 '믿고 의지함'이라는 사전적 의미처럼 마냥 선하고 좋은 뜻으로만 채워진 것은 아님을 알 수 있다.*오히려 어떤 면에서는 내 상태가 취약해지며, 불확실성으로 인한 리

---

* 철학자들 사이에서 신뢰는 '믿고 의지하는 것'이 아니라는 주장도 있다. 이를테면 '믿음(belief)'은 불확실성을 상정하지 않는다. '믿는다'라는 것은 절대적 존재를 향한 확신―예를 들어, 종교적 믿음―또는 데이터로 검증된 지식에 기초한 예상―예를 들어, 날씨―이다. 신뢰는 의지하는 것(relying on)과도 다른데, 신뢰는 깨지면 배신감을 느끼지만 의지했던 존재가 그 역할에 실패하면―예를 들어, 매일 정확한 시간을 알려주는 괘종시계―실망 또는 당황하지만 배신감을 느끼지는 않기 때문이다. 신뢰는 단순히 '믿고 의지함'을 넘어서 상당히 계산적인 판단을 동반한다[〈https://en.wikipedia.org/wiki/Trust_(emotion)〉, 〈http://plato.stanford.edu/entries/trust/〉 참조].

스크를 져야 하면서, 그럼에도 일이 잘되기를 바라는 것이 신뢰이다! 바로 그렇기 때문에 신뢰는 언제든지 깨질 가능성이 상존한다. 그리고 신뢰가 깨지면 우리는 배신감을 느끼고 손해를 입을 수밖에 없다. 이것이 입으로는 신뢰를 외치면서도 실제로는 통제를 택하게 되는 이유이다. 신뢰가 깨지는 상황에 봉착하느니 애초에 통제를 포기하지 않는 쪽이 현명하다는 판단에서다.

신뢰보다 통제를 선호하는 이유

누군가를 '신뢰'한다는 것은 그 어감과 달리 무조건 반길 일만은 아니다. 신뢰한다는 것은 리스크를 감수하겠다는 뜻이기 때문에 그만한 가치가 있는지를 따져보지 않을 수 없다. 리스크는 크고 리턴이 작음에도 불구하고 신뢰하기로 결정하는 것은 실패의 지름길이 될 수 있다. 따라서 사회 구성원들에게 "신뢰하라!"라고 촉구하는 캐치프레이즈는 호도의 소지가 다분하다. 신뢰할 만하지 않은 대상임에도 더욱 신뢰하자고 부추기는 것은 판단의 오류와 총체적 실패로 이끄는 무책임한 선전선동과 다르지 않기 때문이다.[*] 그래서 많은 사람은 신

---

[*] 2013년 TED 강연에서 철학자 오노라 오닐은 더 좋은 세상을 만들기 위해 더 많이 신뢰해야 한다는 논리는 위험한 오류이며, 많아져야 하는 것은 신뢰(trust)가 아니라 신뢰성(trustworthiness)이라고 주장했다[Onora O'Neill: "What We Don't Understand about Trust". Filmed June 2013 at TED xHouses of Parliament].

뢰하다 실패하느니 통제를 통해 실익을 확보하고자 한다.

　기업사史에서 가장 획기적인 성공 중 하나로 꼽히는 20세기 초 포드 자동차 회사의 사례도 신뢰보다 통제를 택함으로써 성공한 경우이다. 헨리 포드Henry Ford는 신뢰라는 리스크를 자신의 어젠다에 포함시키지 않았으며 오히려 사람과 프로세스를 어떻게 하면 더 철저히 통제할 수 있을까를 고민한 결과, 이후 포디즘Fordism이라고 불리게 되는 통제의 원형原型을 구현해냈다.

　포디즘 이야기를 좀 더 해보자. 엔지니어 헨리 포드는 1903년 포드 자동차 회사를 설립하여 작업장에 대한 자신의 생각을 현실로 옮겨갔다. 그는 생산 직원의 전문화와 공정의 표준화를 강조하는 한편 근로자들 간의 사회적 관계를 가능한 한 억제했다. 회사 설립 10년 만인 1913년 세계 최초로 '움직이는 컨베이어벨트'를 설치한 포드는 직장職長, foreman의 역할과 권한을 축소하고, 대신 '포드 작업 표준Ford Tool Standards'이라는 매뉴얼과 컨베이어벨트의 속도에 의거해 작업을 하도록 했다. 그는 "각자가 자기 방식의 생산만을 고집하면 극도의 혼란이 초래될 것이며 대량생산은 불가능해질 것"이라고 지적하면서, 규율과 자동 컨베이어벨트에 의한 통제를 받아들이기 싫은 사람은 누구든지 회사를 떠나줄 것을 공개적으로 요구하였다. 기계와 표준에 의한 통제 덕에 대당 생산시간은 거의 절반, 대당 생산가격은 3분의 1이나 줄었다. 가장 놀라운 성과는 연 생산량이 1만 8,000대에서 125만 대로 무려 67배나 증가했다는 사실이다. 중산층이 구매할 만한 가격대로 대량생산을 할 수 있게 되면서 포드 자동차는 단번에 미국 시장의 55%를 점유하는 데 성공한다.

헨리 포드가 통제를 선호한 이유는 단순하다. 대량생산을 하려면 철저한 통제가 가장 효과적인 또는 유일한 방법이라고 믿었기 때문이다. 당시 포드 공장의 신규 입사자들 대부분은 '계절 일자리'를 찾아 미국 전역을 철새처럼 이동하던 미숙련 노동자들이었다. 이들을 생산라인에 투입해 원하는 목표를 달성하려면 고강도의 작업 규율이 요구되었다. 규율 복종에 대한 보답으로 헨리 포드는 이들에게 유례없는 임금 수준을 제시하였다. 1913년 컨베이어벨트 도입과 동시에 발표된 일당 5달러 지급은 2가지 측면에서 획기적이었는데, 첫째, 자동차 업계의 평균이었던 2달러의 2.5배라는 파격적인 액수라는 점, 둘째, 당시 대부분의 기업이 생산량에 따른 임금piecemeal rate(능률급)으로 생산성을 통제하던 시절에 과감하게도 정액 일당을 지급하기로 결정했다는 점이었다. 물론 포드가 그만큼 컨베이어벨트의 생산성 통제 능력을 믿었다는 것인데, 결국 높은 정액 일당 지급으로 떠돌이 노동자들의 정착과 생산 안정화를 이루게 되었다.

만약 헨리 포드가 공장 근로자들이 자율적으로 작업을 수행해낼 것이라 믿었다면 어떤 결과가 나왔을까? 장담할 수는 없지만 목표 효율에 미달하는 것은 물론이고 대량생산 자체가 실패로 끝났을 가능성도 있다. 그렇다면 질문을 이런 식으로 던져보자. 헨리 포드는 근로자들을 완전히 불신했을까? 포드 자동차 회사 근로자들은 회사를 어떻게 생각했을까? 나는 그 답을 알지 못한다. 하지만 추정은 해볼 수 있다. 헨리 포드가 공장 근로자들에게 작업 방식을 결정할 권한을 부여할 만큼 신뢰하지 않았던 것은 분명하다. 그러나 이들이 표준화된 작업 방식을 배우고 따를 수 있을 것이라는 신뢰는 있었을 것이다. 그렇지 않았다면 근로자를 채용하고 교육시키겠다는 생각을 하지 않았을 터이니 말이다.

한편 근로자들도 나름대로 회사를 신뢰했을 것이다. 이들은 난생처음 안정된 직장을 얻었고, 게다가 기대 이상의 급여를, 그것도 정액으로 수령했다. 이들은 회사 주변에 정착했고 가정을 꾸렸다. 포드 자동차는 번창했고 곧바로 미국에서 가장 유명한 회사가 되었다. 당연히 근로자들은 회사의 안정성, 배려, 그리고 헨리 포드의 경영 능력을 신뢰했을 것이다. 권한 부재에 대한 불만은 있었겠지만 기계의 지배가 작업장 우두머리(직장)의 간섭보다 공정하다며 스스로를 위안했을 수도 있다.

이렇게 상대의 필요성을 인정하는 정도의 신뢰만으로도 기업 운영은 충분히 가능하다. 운영이 가능함을 넘어 성공까지 가능하다. 신뢰성trustworthiness이 부족한 대상을 막연히 신뢰하는 것보다 성공 가능성은 오히려 더 높을 수 있다. 통제를 통해 기강을 잡고 이를 기반으로 효율적으로 작동하는 조직이나 지배구조를 세운 사례는 비즈니스 세계에서 흔히 찾아볼 수 있다. 믿을 수 있는 통제가 믿을 수 없는 신뢰보다 선호되는 이유이다.

신뢰 없이는 느릴 수밖에 없는 이유

어느 특정 조직에 신뢰가 필요한지 또는 그다지 필요치 않은지를 알아내는 방법이 있다. 신뢰가 그 조직의 목표 달성 가능성을 높이는지 아닌지를 생각해보면 된다. 다시 말해, 회사가 통제권을 포기한 채 구성원들의 행위에 기꺼이 의지할 때 회사의 목표 달성 가능성이 높아질까?

물론 이 질문에 대한 대답은 회사의 목표가 무엇인지에 따라 완전히 뒤바뀔 수 있다. 우리는 신뢰가 포드 자동차 회사의 목표, 즉 "가장 효율적인 대량생산"이라는 목표의 달성 가능성을 높이지는 못했을 것이라고 추정해보았다. 2세대 스피드의 사례인 현대중공업과 삼성전자 반도체는 어떨까? 회사는 목표를 제시했고 그 목표를 향해 전 직원을 정렬시켰다. 포드 자동차에 비해 업무의 변수도 많고 재량권의 폭도 컸겠지만 제시된 목표에 가장 빨리 도달하는 것이 지상과제라는 점은 동일했을 것이다. 현대중공업과 삼성전자 반도체의 목표 도달 방식은 이미 선행 사례가 있었기 때문에 그것을 따르면 되었다. 전혀 새로운 방식을 시도하는 것은 목표 달성을 늦추는 결과를 초래할 뿐이었을 것이다.

그렇다면 3세대 스피드에서는 어떨까? 3세대 스피드를 발휘하려면 구성원 자율성이 필수이다. 환경 복잡성과 예측 불가능성 때문에 대형 의사결정을 내리기가 점점 어려워지는 가운데 구성원들의 실험이 목표를 향해 나아가는 기초가 되기 때문이다. 구성원들은 자발적으로 탐색하고 시도한다. 이들의 사고와 행동의 반경을 넓혀줄수록 성과가 더 많이 축적되고 앞길에 대한 확신이 더욱 분명해진다. 회사는 구성원들의 행동에 의존하면서 통제권을 포기한다. 구성원들이 더 활발히 실험하도록 지원할 뿐이다.

다시 앞의 질문으로 돌아가보자. "회사가 통제권을 포기한 채 구성원들의 행위에 기꺼이 의지할 때 회사의 목표 달성 가능성이 높아질까?" 그렇다. 3세대 스피드에서 신뢰는 회사의 목표 달성 가능성을 높이며, 심지어 신뢰 없이는 목표 달성이 요원하다. 만약 독자가 속한 조직이 3세대 스피드를 필요로 하는 목표를 가지고 있다면 조직 구성원들이 그에 적합한 권한을 행사할 수 있게끔 하는 신뢰는 필수불가결한 요소가 된다.

어떤 것이 과업이 지향하는 목적의 달성 가능성을 높일 때 우리는 "그 어떤 것이 과업에 유의미하다relevant"*라고 말한다. 이런 의미에서 신뢰는 3세대 스피드에 대단히 유의미하다. 즉, 3세대 스피드가 구성원들의 자율적 실험을 통해 불확실하고 복잡한 환경 속에서 답을 발견해나가는 프로세스를 보다 빠르게 진전시킨다는 점에서, 신뢰는 목표 달성의 가능성을 높이는 역할을 한다는 뜻이다.

---

*반대로 그 어떤 것이 과업이 지향하는 목적의 달성 가능성을 높이지 못하면 "그 어떤 것은 과업에 무의미하다(irrelevant)"[〈https://en.wikipedia.org/wiki/Relevance〉 참조].

경영자들 중에 종업원이 회사를 믿지 않는다고 불평하는 경우가 종종 있다. 만약 회사가 그동안 2세대 스피드를 효과적으로 발휘하면서 견고히 성장해왔고 종업원들을 잘 배려했다면 회사에 대한 종업원의 신뢰가 의외로 낮은 것이 이해되지 않을 것이다. 2세대 스피드 초기에 보여주었던 그 높은 열의는 다 어디로 갔는지, 그사이 시대가 변해 개인주의가 대세로 자리 잡았기 때문인지 답답해한다. 내가 보기에, 많은 경우 구성원들의 냉소주의는 3세대 스피드를 발휘할 윤활유, 신뢰가 공급되지 않기 때문에 확산되고 있다. 자발성을 발휘하려고 하면 제도나 관행으로 인한 마찰이 발생할 게 불을 보듯 뻔하다. 회사의 목표는 상부에서 떨어지는 것이고 직원들은 지시를 받은 즉시 빨리 움직이는 것이 최선이라 믿고 있다면 우리가 지금까지 논의한 신뢰는 사실상 부재한다고 보아도 무방하리라. 많은 관리자가 조직의 하부, 현장에서 자발적으로 목표를 만드는 상황을 인정하지 않는다. 이러한 의식을 가지고 3세대 스피드 기업들과 경쟁한다는 것은 애초에 가능하지 않다. 따라서 냉소주의가 퍼질 수밖에 없다. 반복하지만, 독자가 속한 조직이 외치는 신뢰가 과연 유의미한지, 즉 조직의 목표 달성 가능성을 실제로 높여주는 신뢰인지, 아니면 완전히 무의미한 신뢰인지, 지금 한번 판단해보라.

윤활유의 기능

신뢰는 참으로 오묘한 기능을 수행한다. 조직에 속했다는 사실이 든 든하다는 느낌이 들게 하는 한편, 조직을 위해 일해야겠다는 생각도 하게 만든다. 조직 이익이 우선이냐 개인 이익이 우선이냐를 굳이 따 질 필요가 없게 해준다. 신뢰가 주는 일체감 때문이다. 그 일체감이 10년짜리인지 하루짜리인지는 문제가 안 된다. 퇴직률이 높고 평균 근속연수가 5년 이하인 회사이면서도 신뢰가 주는 일체감이 넘치도 록 풍부한 경우도 많다. 3세대 스피드가 원활히 발휘되게끔 돕는 신 뢰는 과업을 수행하는 그 순간에 다음과 같이 본연의 기능을 해낸다.

첫째, 신뢰는 목표를 향해 개인들의 최선best이 발현되도록 한다. 나는 개인들이 낼 수 있는 베스트를 '창의성'이라 부르고 싶은데, 바 로 이 창의성을 결정하는 요소들—시간, 위험 감수, 논쟁, 보상, 자 유, 도전*— 을 활성화하려면 신뢰가 필수이다. 신뢰가 없다면 출퇴 근 시간의 유연성이나 실험 시간에 대한 재량권, 실패할 수도 있는 도전이 어떻게 가능하겠는가. 마찬가지로 신뢰가 없는 논쟁은 마찰 을 초래하지만 신뢰에 기반한 논쟁은 시너지를 창출해낸다.

---

* Andriopoulous, C. (2001). "Determinants of Organizational Creativity: A Literature Review". *Management Decision*. 39(10). pp. 834–841; Amabile, T. M. (1988). "A Model of Creativity And Innovation in Organizations". In Staw, B. M. & Cummings, L. L. (eds.). *Research in Organizational Behavior*. JAI Press.

둘째, 신뢰는 협업에 필수적이다. 복잡하고 예측 불가능한 환경은 우리로 하여금 협업하지 않을 수 없게 만든다. 답을 찾아내려면 팀 내 협업과 팀 간 협업은 물론이고 회사의 외부와도 협업해야 한다. 신뢰가 담보되지 않은 협업은 오히려 부담으로 작용하며 스피드를 떨어뜨린다. 커뮤니케이션 비용도 높인다. 그러나 신뢰는 종국적으로 답을 찾아가는 프로세스 전체의 스피드를 높인다. 협업은 3세대 스피드 구현에 필수적이며 신뢰는 그 협업에서 최선의 결과가 도출되게끔 돕는다.

마지막으로, 신뢰는 조직 목표에 전 임직원이 전념commitment하도록 한다. 전념이란 약속이다. 목표 달성에 관심을 쏟겠다는 약속이며, 좋은 리소스와 역량을 목표 달성을 위해 우선 배치하겠다는 약속이다. 그리고 목표 달성을 가로막는 장애물을 파악하고 해결하는 데 최선을 다하겠다는 약속이다. 전념이 없는 조직은 빠를 수 없다. 신뢰가 부족하면 전념 대신 정치적 입장이 전면으로 나서게 되고 '조직이기주의'라는 경계에 매몰되기 때문이다. 신뢰가 높은 조직은 더 멀리 보고, 오류에 대해서도 더 솔직하며 더 신속히 반응한다. 신뢰가 높은 조직은 목표를 중심으로 효과적으로 정렬한다.

신뢰에 대한 한 가지 조언으로 이 장을 마무리하려 한다. '회사에 대한 종업원의 신뢰'와 '종업원에 대한 회사의 신뢰'를 경영의 우선순위로 두지 않았으나 그럼에도 3세대 스피드의 필요성만큼은 강하게 느끼고 있는 기업이라면, 현재 회사 내에 존재하는 시스템들을 개선하는 것에서 시작하라. 조직 내 시스템은 대부분 '신뢰 시스템'이다. 즉, 그 시스템이 원래 목적에 맞게 움직이고 있다면 회사와 직원은 그 목적만큼 서로를 신뢰할 것이다. 가장 비근한 예가 평가 시스템이다. "만인을 만족시키는 평가 시스템은 존재하지 않는다"라는 말로 평가에 대한 구성원의 불신을 무마해보려 하지만 사실 대부분의 평가 시스템은 개선의 여지가 많다. 그 여지를 활용하면 회사는 더 잘 작동하는 신뢰 시스템을 가지게 될 것이다. 우리가 가지고 있는 시스템들의 신뢰도를 높임으로써 3세대 스피드의 윤활유로 쓰자.

9장

스피드 경영의 두 모델, 압축과 실험

앞에서 우리는 스피드의 3가지 드라이버에 대해 알아보았다. 목표, 권한, 그리고 신뢰는 한데 모여 스피드를 만들어낸다. 물론 이 3가지 드라이버는 기업마다 내용과 수준이 다 다르다. 그러니 이들이 조합되어 스피드로 이어지는 모습도 다 다르게 나타날 수밖에 없다. 이 책의 3부와 4부에서는 개별 기업들의 스피드 경영 사례, 즉 기업들이 경영 속도를 구현해내는 그들 고유의 방식을 다룰 것이다. 사업 환경과 일하는 방식 그리고 역사적 전환점 등을 특정 기업들을 중심으로 펼쳐볼 것이다.

그 전에, 이번 장에서는 스피드 경영의 모델*을 살펴보려고 한다. '모델'이라는 것은 전형典型을 보여주기 때문에 전체적 이해를 높이는 데 매우 요긴하다. 물론 주요 변수 몇 개를 중심으로 재구성되고 여타 변수들은 생략된다는 점에서 현실의 풍부함을 있는 그대로 보여

---

* 스피드 경영의 모델은 주로 신제품 개발(NPD; New Product Development) 스피드나 혁신 스피드와 관련해 1980년대와 1990대에 집중적으로 연구되었다. 고유의 강·약점을 가진 다수의 모델이 있으나 이 책에서는 그중 2세대 스피드 및 3세대 스피드와 밀접하게 연관된 모델을 집중적으로 조망해 보고자 한다[Chen, J., Damanpour, F. & Reilly, R. R. (2010). "Understanding Antecedents of New Product Development Speed: A Meta-analysis". *Journal of Operations Management*. Vol. 28. pp. 17-33].

주지 못한다는 한계는 있다. 하지만 몇 가지 특징을 통해 조직의 복잡한 작동을 비교적 쉽게 해석해낼 수 있다면 '모델'은 충분히 그 값어치를 하고도 남으리라.

압축 모델

압축 모델compression model은 그 이름부터가 빠르다는 느낌을 준다. 국가경제가 짧은 기간에 급속히 성장할 때 압축 성장compressed growth이란 표현을 쓰는데, 신제품 개발에서도 같은 이름의 모델이 존재한다. 압축 성장이 주로 정부에 의해 주도되는 것처럼, 신제품 개발의 압축 모델도 대개 전사 차원에서 톱다운top-down으로 추진된다.

압축 모델의 전형적인 모습은 '프로세스 오버랩process overlap'과 '동시진행concurrency'으로 나타난다. 프로세스 오버랩이란 전체 프로세스를 몇 개의 하부 프로세스로 쪼개어 서로 겹쳐놓는 것이고, 동시진행은 말 그대로 그 하부 프로세스들을 동시에 진행시키는 것이다. 즉 압축 모델은 한마디로 순차적sequential 프로세스에 반대되는 개념이라고 보면 된다. 개발 프로세스를 맨 첫 단계부터 마지막 단계로 차근차근 흘러가도록 두는 것이 아니라 전체 프로세스를 몇 개의 하부 프로세스로 쪼개어 서로 겹치게 진행한다. 결국 프로세스를 압축함으로써 최종 결과의 산출 시점을 앞당기겠다는 것이다.

그림 6 | 순차적 프로세스와 압축 모델 |||||||||||||||||||||||||||||||||||||||||||||||||||||||||||||||||||||||||||||

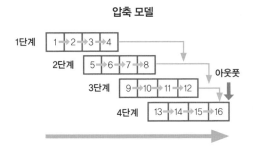

||||||||||||||||||||||||||||||||||||||||||||||||||||||||||||||||||||||||||||||||||||||||||||||||||||||||||

〈그림 6〉은 순차적 프로세스로 진행했을 때와 압축 모델을 택했을 때의 개발 기간 차이를 보여준다. 전체 개발 프로세스는 4개의 단계로 나뉘며 순차적으로 작업할 경우 1단계부터 4단계까지 단계별로 진행된다. 하나의 단계 안에는 다시 각각 4개의 세부 단계가 있으며 한 개의 세부 단계를 완료하는 데 1개월이 걸린다고 가정해보자. 그렇다면 전체 개발 프로세스를 완료할 때까지 총 16개월이 걸린다는 계산이 나온다.

그런데 압축 모델에서는 어떨까? 4개의 단계를 하나씩 분리하여 각각의 단계에 개발팀을 배정한다. 각 단계는 직전 단계에서 어떤 아웃풋이 나올지를 예상하여 그 아웃풋에 기초한 프로세스를 설계한다. 만약 완벽한 예상이 가능하여 각각의 단계를 동시에 시작할 수 있다면 전체 개발 프로세스를 4개월 안에 완료할 수 있다. 〈그림 6〉처럼 첫 단계를 중간쯤 진행해본 후 다음 단계를 시작한다고 해도 10개월 안에 완료 가능하다. 전자의 경우 순차적 프로세스에서 요구되는 시간의 단 25%, 후자도 62.5%만으로 아웃풋을 낼 수 있으니 획기적인 시간 절약인 셈이다.

압축 모델의 성공 요인에는 여러 가지가 있지만 무엇보다도 신념과 전문성으로 무장한 리더십이 중요하다. 압축 모델로 성공한 기업들은 예외 없이 유능하면서도 헌신적인 리더십을 보유하고 있는데, 이러한 특성은 고위 경영진뿐 아니라 하부 프로세스의 책임자들 사이에서도 공유된다. 이들은 프로세스의 진행을 관장하는 시스템을 구축하고 점검하며 개선한다. 공정 자동화율을 가능한 한 높여 압축 모델로 단축할 수 있는 시간이 점점 더 커지게끔 한다. 그리고 결국 압축 모델을 조직문화로 정착시킨다.

압축 모델의 가장 유명한 사례는 뭐니 뭐니 해도 삼성전자 D램 개발일 것이다. 앞서 4장에서 상술했듯이 삼성전자는 메모리 산업에 후발로 진입하지만 엄청난 개발 속도로 10년 만에 세계 1위를 거머쥔다. 세부 프로세스를 잘게 쪼개 동시진행하는 것은 물론이고, 차세대 개발 프로젝트와 차차세대 프로젝트를 동시에 진행하는 방법을 쓰면서 앞으로 치고 나갔다. 예를 들어, 64M D램의 개발이 채 끝나기도 전인 1992년 3월 최고의 리더와 인력으로 구성된 256M D램 개발팀을 비밀리에 출범시킴으로써[*] 1994년 반도체 업계에서 유례없는 주력 D램 2연속 세계 최초 개발에 성공했다. 그리고 그 결과 일본 D램 기업들을 6개월 이상의 격차로 따돌렸다.

확실의 세계에서 불확실의 세계로

압축 모델은 이렇게 대단하다. 그런데 가만히 들여다보면 이 모델이 강력하긴 하나 만능은 아니라는 걸 알 수 있다. 어떤 약점이 있을까? 바로 환경 불확실성에 취약하다는 점이다. 압축 모델은 기술의 전개 방향이 명확할 때는 최고의 효과를 발휘하나 시장에서 어떤 기술이 채택될지 알 수 없을 때는 활용하기 힘들다. 앞장서 가는 선도 기업을 따라가기만 하면 될 때, 또는 메모리 반도체처럼 고집적화·소형화라는 명확한 전개 방향이 있을 때는 더없이 좋다. 하지만 사업 환경이 어떻게 변할지, 소비자 욕구가 어떤 식으로 발전할지 예측하기 어려울 때는 압축 모델처럼 최종 목표를 정해놓고 "준비! 땅!" 하고 전력 질주하는 모델은 효과성을 논하기에 앞서 아예 적용 자체가 불가능한 경우가 많다.

---

[*] 매일경제신문 산업부 (2005). 《반도체 이야기》. 이지북.

압축 모델은 한국 기업들이 많이 채택한 모델이며 글로벌 비즈니스 세계에서 이 기업들을 성공으로 이끈 모델이다. 삼성전자 반도체처럼 업계 최고로 올라서게 만들기도 했지만, 그 정도까지는 아니라 해도 뒤늦은 후발주자에서 선두 기업을 바짝 따라가는 '빠른 추격자'의 위상을 점하는 데 대단히 긴요한 역할을 한 것이 바로 압축 모델이다. 아마도 이 모델은 한국 기업의 임직원들에게 애증의 표상이 아닐까. 이 모델로 경쟁력을 얻었고 이 모델 때문에 고달프고 힘들기 때문이다.

지난 20여 년간 나는 압축 모델이 한국 기업에 전략적 선택을 넘어 사고방식이자 행동양식으로 자리 잡았다는 인상을 종종 받곤 했다. 언젠가 대규모 공장의 야드에 24시간 만에 테니스 코트가 완성되는 광경을 목격한 적이 있는데, 밤새 롤러 차와 물 뿌리는 기계, 대형 열풍기를 번갈아 투입하며 바닥을 다지고 물을 뿌리고 건조시키고 다시 다지는 과정을 수차례 반복해 결국 클레이 코트clay court를 만들어낸 것이다. 아침 출근길에 입을 다물지 못하는 나에게 그 회사 관리자는 "별거 아닙니다. 우린 한다면 하니까요"라며 은근히 자랑스러움을 내비쳤다. 전날 공장을 방문했던 오너가 지나가면서 "여기도 테니스장 하나 있으면 좋겠군" 하고 무심코 던진 한마디가 밤새 마술처럼 실현된 것이다. 이 회사의 모기업인 현대건설은 당시 해외 현장에서 24시간 돌관공사突貫工事로 감탄할 만한 스피드를 발휘하고 있었다. 그렇게 일하는 방식이 어느새 계열사들을 관통하는 기준이 된 것이다.

그러나 동시에 압축 모델은 다양한 부작용도 낳았다. 내가 보기에 아마 그중 가장 큰 부작용은 피로가 아닐까 한다. 피로를 넘어 탈진, 기진맥진, 에너지 소진이 끊임없이 일어났다. 프로세스의 압축을 넘어, 일하는 방식 전체의 압축으로 확대되면서 "아무리 어려운 일이라도 해내야 한다", "우리 사전에 불가능은 없다"라는 사고방식이 보편화되었다. 피로는 구성원 개인은 물론이고 조직 차원에서도 매우 심각한 역효과를 초래하는데, 주어진 목표 외에 다른 기회나 가능성에 대해서는 눈을 감아버리게 되는 것이다. 피로하면 당장 눈앞의 일 외에 다른 생각이라곤 할 여유가 없어진다. 우리 모두 경험해보아서 잘 안다. 이른바 터널 비전tunnel vision이 생기는 것이다. 오랜 기간 압축 모델에 기반해 스피드를 발휘한 기업들은 정도 차이는 있지만 터널 비전 증상을 나타내는 것으로 보인다.

그런데 부작용과 별개로 압축 모델 기업들의 생존 자체를 위협하는 문제가 있다. 바로 앞에서 언급한 환경 불확실성이다. 압축 모델은 안정적이고 예측 가능한 사업 환경에 최적화된 모델이기 때문에 환경 불확실성이 높아질 경우 성공 가능성은 급전직하한다. 이쯤 해서 압축 모델로 성공한 기업 쪽에서 이런 이의를 제기할지도 모르겠다. "우리가 압축 모델을 통해 경쟁에서 승리한 것은 맞다. 하지만 그때 우리의 사업 환경이 안정적이었다는 말에는 결코 동의할 수 없다." 물론 당시에도 사업 리스크는 컸다. 삼성전자가 반도체 사업에 진출한 것부터가 모험이었고, 이후 경쟁력을 유지하는 것은 더 힘들었다. 자칫 타이밍을 놓치면 막대한 투자 금액을 회수하지도 못한 채 꼼짝없이 가격하락기로 곤두박질쳐야 한다. GE의 잭 웰치조차 엄청난 투자액과 가격 요동을 견디다 못해 반도체 사업을 매각하지 않았던가. 그런데 어떻게 사업 환경이 안정적이라고 말할 수 있단 말인가?

여기서 우리는 리스크와 불확실성을 구분해서 볼 필요가 있다. 리스크란 프로젝트의 미래 성공을 방해할 수 있는 요인들을 가리킨다. 이 요인들을 찾고 측정하고 경감시킬 방법을 찾아내 적용하는 것이 '리스크 관리'이다. 프로젝트를 시작하기 전에 리스크를 관리하기 위한 계획을 세우는 일은 대단히 중요하다. 반면 불확실성은 예상되거나 측정되는 것이 아니다. 불확실성이란 현재 요인들을 제대로 이해하지 못했을 때 배태되는 것이어서 대비하기가 더 어렵다. 예를 들어, 프로젝트에 대한 이해 부족으로 시간 배분이나 자원 확보를 제대로 하지 못했다면 이는 리스크 때문이 아니라 불확실성 때문에 생긴 문제이다.

자, 이제 메모리 반도체 사업이 안정적이었다는 말에 어느 정도 동의할 것이라 믿는다. 메모리 사업은 불확실성이 큰 것이 아니라 리스크가 큰 사업이라고 하는 것이 맞다. 삼성전자 메모리 사업부는 자기 사업을 잘 이해하고 있었다. 당연히 미래의 위협 요인을 파악하고 관리하는 데에도 최선을 다했겠지만 그 이상으로 확실성에 대한 믿음이 강했다. 그러므로 리스크의 상존에도 불구하고 환경은 안정적이었다고 말할 수 있는 것이다.

이렇게 과거의 안정적 환경에서 압축 모델이 진가를 발휘했다면, 미래의 불확실성의 시대에는 어떤 스피드 경영 모델이 요구될까?

실험 모델

앞에서 말했듯이 사업 환경이 어떻게 변할지, 소비자 욕구가 어떤 식으로 달라질지 예측하기 힘들 때는 압축 모델을 적용하기가 어렵다. 이럴 때 유용한 것이 바로 두 번째 모델인 실험 모델experimentation model 이다. 압축 모델의 키워드가 오버랩과 동시진행이라면 실험 모델의 키워드는 이터레이션iteration, 즉 반복이다. 여러 번 경험해가면서 개발한다는 의미인 것은 알겠는데, 반복하고 경험하는 것이 어떻게 스피드 경영의 모델이 될 수 있을까? 물론 압축 모델에 비해 소요 시간이 더 긴 것은 분명하다. 그럼 여기서 스피드 경영의 공식을 기억해보자. "밸류/시간". 즉, 시간이 걸리더라도 밸류가 창출되어야 스피드 경영인 것이다. 다시 말해, 가장 짧은 시간에 신제품을 개발했더라도 막상 고객이 그 제품을 찾지 않으면 스피드 경영이 아니다. 반대로, 중간중간 고객의 피드백을 신속히 받아 고객이 원하는 제품을 만들어냈다면 그것이야말로 스피드 경영이다.

실험 모델이 채택되는 이유는 이미 여러 차례 설명했듯이 사업의 불확실성이 과거와 비교할 수 없이 높아졌기 때문이다. 현재로서는 파악해낼 수도, 측정해낼 수도 없는 요인들이 사업의 성격과 성공 요소를 충분히 이해하지 못하게 가로막고 있다. 그래서 우리는 압축 모델을 고집할 수 없는 것이다. 대신, 실험과 시행착오를 빠르게 반복하면서 조금 더 이해하고 조금 더 진전하는 쪽을 택한 것이다. 그렇다고 실험 모델이 결코 느린 것은 아니다. 과업의 양도 적지 않다. 이 책 3부에서 살펴볼 태생적으로 빠른 기업들, 즉 스피드 특화 기업들은 사실 놀라울 정도로 빠르다. 압축 모델이 철저한 설계와 목표 의식에 기반해 불요불급한 활동을 사전에 걸러냄으로써 스피드를 낸다면 실험 모델은 반대로, 다수의 빠른 시도와 그로부터 얻어진 결과의 신속한 적용이 불확실한 환경에 대한 이해도를 높이면서 길을 찾아가는 방식이다. 유연한 가운데 기강을 유지하는, 확산적 사고 속에서도 해답으로 수렴해가는 스피드이다.

그렇다면 누가 이 실험 모델을 채택할까? 인터넷 기업들만이 이 모델을 사용할까? 분명 이러한 모델에서 보다 편하고 자유로운 쪽은 인터넷 기업일 것이다. 하지만 이 모델이 불편하다고 해서 마냥 피할 수는 없다. 모든 개발 프로젝트의 답을 안다고 생각했던 기업들도 환경이 불확실*해지면 실험 모델을 받아들일 수밖에 없다. 자동차 제조

---

* 환경의 '불확실성(uncertainty)'보다 환경의 '새로움(novelty)'이 더 직관적인 용어일 수 있다. 이를테면 4차 산업혁명이 진행되는 지금 환경 불확실성이 높지만 이것은 우리를 둘러싼 환경이 워낙 새롭기(novel) 때문이다. 나는 불확실성과 새로움(또는 진기함)은 대단히 공통점이 많은 개념이라고 생각한다.

사가 좋은 예다.

앞에서 20세기 초 포드 자동차 회사 사례를 살펴보았지만 자동차 회사들은 안정을 최고의 가치로 삼는다. 프로세스도, 수요도, 소비자의 취향까지도 안정적으로 예측해낸다. 이들은 회사 내부뿐만 아니라 외부의 광범한 밴더들에게까지 위계질서를 강제함으로써 돌발 변수를 최소화한다. 그런데 갑작스럽게 급진적 변화에 직면하게 되었다. 그동안의 안정감이 한순간에 날아갔다. GM의 CEO 메리 바라는 2016년 다보스 포럼에서 "사동차 산업에서 지난 100년간 일어났던 변화보다 향후 5~10년간의 변화가 더 클 것"이라고 예견했다.**

포드 사는 이러한 변화를 적극적으로 수용하기로 결정한 듯하다. 혁신가와 개발자들을 초청해 모빌리티mobility(이동성) 개선 방향 콘테스트를 벌였고, 여기서 선정된 아이디어를 가지고 미래 모빌리티 니즈를 찾는 25개의 '실험'을 발표하였다.*** 실험! 이 실험 중 하나인 '골든 아워Golden Hour'는 대도시에서 교통사고가 발생했을 때 인명을 구할 수 있는 '사고 직후 1시간'을 어떻게 효과적으로 사용할 수 있을까를 실험 연구한 프로젝트로, 인도 델리에서 진행되었다. 이러한 과정을 거치면서 포드 사는 자동차 제조사를 넘어 모빌리티 기업으로 자기 정체성을 새롭게 설정하였다.

** Barra, M. (2016. 1). "Davos 2016: GM Boss Sees A Revolution in Personal Mobility". *Forbes*.

*** The Ford Motor Company Media Center (2015. 1. 6). "Ford at CES Announces Smart Mobility Plan And 25 Global Experiments Designed to Change The Way The World Moves".

제조업체의 실험 모델은 3D 프린팅 덕분에 더욱 활성화되고 있다. 유연성과 적응성이 특징인 3D 프린팅을 이용해 신속하게 만들어본 후 그 시제품으로 고객의 피드백을 받고 그 피드백을 반영해 다시 만들기를 반복하면서 가장 적합한 모습을 찾아가는 개발 방식을 채택하는 것이다. 이제 GE, 록히드 마틴Lockheed Martin Corporation, 보잉The Boeing Company 등 세계 최고의 정밀 장비 제조업체들까지 실험 모델의 유용성을 실감하고 있다. 인터넷 기업들이 시작한 실험 모델은, 인터넷이 더 이상 인터넷 기업만의 전유물이 아니라 모든 비즈니스 모델의 핵심 요소가 되면서 3세대 스피드를 실현해내는 모델로 자리 잡고 있다.

스피드 경영의 모델은 압축 모델과 실험 모델 이외에도 다양하게 존재한다. 압축 모델이 2세대 스피드의 빠른 추격자들이 채택한 모델이라면 선도자들이 대체로 채택한 모델은 '전략과 조직역량 모델strategic orientation and organizational capacity model'*이라고 할 수 있다. 이 책의 17장에서 다룬 인텔 사례가 이 모델에 기반한 스피드를 보여준다.

여기서 질문을 하나 던져보자. 만약 실험 모델이 3세대 스피드 구현에 필수불가결하다면 과연 '압축 모델' 기업과 '전략과 조직역량 모델' 기업 중에서, 즉 빠른 추격자와 선도자 중 어느 쪽이 실험 모델을

---

* 이론적으로는 다음의 연구를 참고하라. Kessler, E. H. & Charkrabarti, A. K. (1996). "Innovation Speed: A Conceptual Model of Context, Antecedents and Outcomes". *Academy Management Journal*, 21(4), pp. 1143–1191.

더 성공적으로 채택할 수 있을까? 이 질문은 우리의 큰 관심사다. 앞에서 보았듯 2세대 스피드의 선도자들은 이미 실험 모델을 활용하고 있다. 하지만 이들이 본격적인 3세대 스피드를 발휘할지는 더 지켜보아야 할 것 같다. 2세대 스피드의 빠른 추격자들은 실험 모델을 공부 중이지만 아직 본격적으로 수용하고 있지는 않다. 이 책의 마지막 부분인 5부에서 빠른 추격자들이 3세대 스피드에서 선도자로 나설 수 있는 가능성과 방법을 천착해본다.

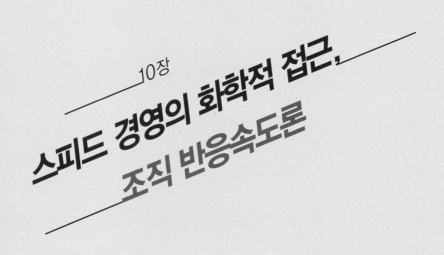

10장

스피드 경영의 화학적 접근,
조직 반응속도론

이번 장에서 나는 좀 색다른 시도를 해보려고 하는데, 바로 빠른 조직을 구현해낼 아이디어들을 화학의 반응속도론chemical kinetics에서 찾아보는 것이다. 분자 반응속도의 요인들을 찾아 조직에 적용해보는 것은 내가 지금까지 스피드를 연구하면서 가장 재미있다고 생각한 부분 중 하나이며 잠재적으로 유용성 또한 높아 보인다. 그렇지만 독자가 받는 느낌은 다를 수 있다. 화학적 현상을 기업 조직에 대입하겠다는 시도를 타당치 않다고 볼 수도 있을 것이다.* 영어식 표현을 빌리자면 왜 "사과와 오렌지를 비교하느냐apple to orange comparison"라며 반박할 수도 있을 것이다. 그래서 이 연구가 어떤 연유로 시작되었는지부터 설명하고자 한다.

---

* 자연현상이나 자연과학적 이론을 가지고 사회를 설명하려는 시도는 과거부터 있어왔다. 물리학의 열역학 이론으로 도시와 같은 대규모 사회의 형성이나 발전을 설명하는 사회열역학(social thermodynamics)이나 복잡계(complex system)로 사회 현상을 설명하려는 시도가 그러한 예들이다.

'조직 반응속도론'의 배경

조직을 관찰하다 보면 그 조직이 가진 여러 스피드 특성이 머릿속에서 뚜렷이 그려지는 느낌을 받곤 한다. 해당 조직 구성원 한두 명과 잠시 내부 에피소드에 관해 이야기 나누는 것만으로도 그 조직이 빠른지 또는 그렇지 않은지를 판단할 수 있게 될 뿐 아니라, 만약 빠르다면 특히 어디에 강점이 있는 스피드인지도 대략 추측이 가능해진다. 예를 들어, 각자 맡은 바 업무를 완수해내는 데 여념이 없는 조직이라고 하자. "너무 바빠서 다른 생각을 할 틈이 없어요! 시간이 어떻게 가는지도 모르겠어요!"라고 비명을 지를 정도가 되면, 기존 사업에서는 상당한 스피드를 발휘하는 조직이라고 보면 거의 틀림이 없다. 그렇지만 이 조직의 신사업 스피드는 어떨까? 열띠게 토론하고 실험하지 않는 사람들이 과연 미지의 분야로 진출했을 때 스피드를 낼 수 있을까? 그렇지 않을 것이다.

좀 더 미시적인 질문을 해보자. 어떤 유형의 사람들이 어떤 여건에서 더 활발하게 아이디어를 주고받을까? 이런 질문은 하나하나 꾸준히 찾아가면 답을 발견할 수 있다. 질문만 제대로 던지면 답은 찾아낼 수 있는 것이다. 그런데 답을 찾는 것보다 더 어려운 과제는 그 답을 "얼마나 설득력 있게 보여주느냐"이다.

조직에 관한 한, 답으로 인정되는 것과 그 답이 모든 조직에 통하는 보편적 원칙으로 받아들여지는 것은 매우 다르다. 나아가 그 보편적 원칙에 따라 자기 조직을 변화시키고자 시도하는 것은 또 다른 차원이다. 예를 들어보자. "회사가 창립된 지 오래일수록 그 조직 내의 사고방식과 일하는 방식이 노화된다"라는 주장을 들으면 많은 사람이 고개를 끄덕일 것이다. 조직의 노화는 전반적으로 활력이 줄어들고 새로운 시도를 꺼리는 모습일 테고, 우리가 보는 조직 중에 시간이 갈수록 그런 성향을 보이는 조직이 많다는 사실은 인정하기 어렵지 않다. 직접 알고 있거나 언론에서 접한 몇 개 기업의 사례를 떠올리는 일만으로도 충분할 것이다. 하지만 이 경향성을 '명제'로 제시하면 상황은 상당히 달라진다. "조직은 나이를 먹을수록 움직임이 느려진다"라는 명제를 보편적 진리로 받아들일 수 있을까? 단박에 반론과 반증이 제기될 것이다. 실제로 창업 초기임에도 한 번의 성공 이후 급속히 의욕을 잃고 마는 조직이 있는가 하면 백 년이 지나도 성취 동기를 유지하는 기업도 존재하니 말이다.

이럴 때 설득력을 높이고자 연구자들은 종단적縱斷的 데이터를 활용한다. 이를테면 "과거 30년 사이 파산한 기업들을 조사해보니 파산 시점에 설립 50년이 넘은 기업이 대부분이었다"라는 분석 결과를 제시할 수 있다면* 조직의 연령이 쇠망과 관련성을 갖는다는 주장에 더 설득력이 실릴 것이다.

---

* 조직생태학(organizational ecology) 연구에서 이러한 접근을 많이 한다. 조직의 사망률이 조직의 연령과 관계있음을 보여주는 대표적 연구로 다음을 참고하라. Carroll, G. & Hannan, M. T. (2000). *The Demography of Corporation And Industries*. Princeton University Press.

나 역시 내 주장을 효과적으로 지지해줄 여러 가지 연구 방법을 찾느라 고심했다. 그중에는 현장 인터뷰, 스피드 특화 기업에 대한 벤치마킹, 설문조사와 통계 데이터 분석 등이 있다. 여기에 더해 나는 보다 직관적인 접근법을 찾고자 했다. 그리고 이 고민의 과정에서, '실험 스피드는 사람과 사람, 조직과 조직의 만남encounter을 기반으로 한다. 만남은 교환을 낳고 교환은 새로운 결과물을 낳을 것이다. 그렇다면 화학 반응 이론에서 내 주장을 지지해줄 근거를 찾을 수 있지 않을까?' 하는 생각에 이른 것이다.

곧바로 화학자에게 자문을 구했고, 화학 반응속도론과 '빠른 조직'의 특징을 연결지어보기 시작했다. 화학에서 비교적 단순한 분자 간 반응속도를 높이는 요인과 조직 구성원이라는 훨씬 더 복잡한 분자 결합체 간 반응속도를 높이는 요인을 하나하나 대응해보는 것은 기대 이상의 흥분과 재미를 가져다주었다. 앞에서 언급했듯이 나의 이러한 시도에 대해서는 반박도 나올 수 있다. 하지만 일대일 대응이 가져다주는 직관의 임팩트는 어떠한 반박 가능성도 뛰어넘을 만큼 내게는 충분히 매력적이었다.

나는 조직 내 반응속도를 높이는 요소들을 정리했고 이를 '조직 반응속도론organizational kinetics'이라고 이름 붙이기로 했다. 화학적 반응으로 새로운 물질이 만들어지는 것처럼, 조직에서도 사람과 사람이 만나고 아이디어와 아이디어가 교차하면서 새로운 가치가 생겨난다. 사실, 가치를 만들어내는 데 접촉과 반응보다 더 확실한 방법은 없다. 우리가 끊임없이 직원들에게 토론해라, 학습해라, 새로운 아이디어를 제시해라 하고 주문하는 것도 다 접촉과 반응을 일으키자는 뜻이 아니겠는가. 만약 이 과정을 더 빨리 할 수 있다면 이것이야말로 3세대 스피드를 실현하는 길이 될 것이다.

화학 반응과 조직 반응

화학의 반응속도론은 화합물 간 반응속도에 영향을 미치는 요인들로 반응물의 특성, 물질의 상태, 농도, 온도, 압력, 촉매 등을 제시한다. 이제 이 요인들 각각의 화학적 작용을 알아본 후 조직 경영과 연관지어 살펴보도록 하자.

첫째 요인은 반응물의 특성이다. 만약 반응물이 전기적 특성을 띠고 있어 한쪽이 마이너스, 다른 한쪽이 플러스라면 서로에게 반응하는 속도가 빠를 것이다. 화학 반응속도론에서는 이렇게 전기적 특성으로 인해 일어나는 반응을 '작살 반응harpoon reaction'이라고 부르는데, 일반적 화학 반응은 분자를 충돌시키거나 충돌하기를 기다려야 하는데 반해 작살 반응은 서로 어디에 있건, 설령 반대 방향을 향하고 있다 해도, 강하게 끌어당기는 특성을 가지고 있다. 따라서 반응속도가 일반 분자에 비해 당연히 높다. 반대로 안정적으로 잘 결합되어 있는 화합물이거나 분자량이 많은 고분자일수록 반응을 일으키기가 쉽지 않다. 다시 말해, 반응속도가 느릴 것이다.

이렇듯 높은 반응속도를 원하면 반응물의 특성을 확인하는 것이 중요한데, 조직 구성원들도 마찬가지다. 굳이 서로 반응해야 할 니즈가 없다면, 또는 성향 자체가 안정 지향적인 사람들이라면 적극적으로 반응할 이유가 없을 것이다. 따라서 조직 내 반응속도를 높이려면 채용 시부터 개방적이고 유연한 성향의 사람을 뽑는 것이 중요하다. 또한 반응은, 한쪽만 준비되어 있다고 해서 일어나지 않는다. 상대가 있어야 한다. 반응 상대는 가까이는 동료 팀원, 상사, 그리고 좀 더 멀리는 다른 부서 또는 아예 조직 외부에 있는 타 분야 전문가일 수 있다. 이들의 반응 준비성이 똑같이 높을 때 반응속도는 더욱 높아질 것이다.

반응속도에 영향을 주는 둘째 요인은 물질의 상태, 즉 물질이 고체냐, 액체냐, 기체냐 하는 것이다. 이 3가지 상태 중 고체의 반응속도가 가장 느리며, 특히 고체 간 반응은 거의 불가능하다고 봐도 된다. 고체에 비해 액체가, 그리고 액체에 비해서는 기체의 반응속도가 빠르다.

이러한 원리를 조직에 적용해보면, 반응속도를 높이기 위해서는 조직 내 경직성을 풀어주어야 한다는 것을 알 수 있다. 윗사람의 판단에 대해 아무런 반대 의견도 못 내는 조직, 또 직원이 옆 부서에만 가도 놀고 있는 것은 아닌지 의심하는 풍토, 새로운 아이디어를 내면 "시킨 일이나 잘하라" 하는 핀잔을 듣는 조직은 경직적이어서 반응을 일으키지 못한다. 아이디어가 자유롭게 흐르고 정보 공유가 활발하도록 만들어주어야 서로 더 잘 반응한다.

물질의 상태와 관련해 기억해야 할 것이 한 가지 더 있다. 독자는 액체끼리의 반응과 액체와 기체 간 반응 중 어느 쪽이 더 빠를 것이라 생각하는가? 기체의 분자운동이 액체보다 빠르니까 액체와 기체가 만나면 액체끼리 만나는 것보다 더 빠른 반응이 나타날 것 같지만 그렇지 않다. 액체끼리의 반응이 더 빠르다. 액체끼리 또는 기체끼리는 잘 섞여 여기저기서 반응이 일어나지만, 액체와 기체가 만나면 그 접촉면 외에 다른 곳에서는 반응이 일어나지 않기 때문이다.

이를 다시 조직에 대입해보면, 두 조직이 서로 완전히 다른 성격이나 운영 방식을 갖고 있다면 반응속도가 느릴 가능성이 높다. 이 점을 기억할 필요가 있다. 우리 조직이 액체 정도의 흐름을 가지고 있는데, 우리보다 흐름이 훨씬 더 빠른 기체형 조직과 반응해보려 한다면 담당자 한 명, 부서 하나만 보낼 것이 아니라 접촉면을 넓혀서 여러 명, 여러 부서가 관여하는 방식이 훨씬 반응 가능성을 높일 수 있을 것이다.

셋째, 농도가 반응속도에 영향을 미친다. 농도는 분자가 밀집되어 있는 정도를 뜻하며 반응물질의 농도가 낮다는 것은 분자가 서로 만날 기회 자체가 적다는 말이 된다. 따라서 반응은 느리게 일어날 것이다. 조직에서도 같은 일을 하는 사람이 많을 때 아이디어의 접촉이 활발히 일어난다. 여기서 '같은 일'이란 정의하기에 따라 여러 가지

그림 7 | 농도가 높을 때와 낮을 때의 반응속도 |||||||||||||||||||||||||||||||||||||||||||

낮은 농도=좀 더 적은 충돌　　　　　높은 농도=더 많은 충돌

||||||||||||||||||||||||||||||||||||||||||||||||||||||||||||||||||||||||||||||||||||||||||||||||

자료: 〈https://en.wikipedia.org/wiki/Chemical_kinetics〉.

차원이 가능하다. 예를 들어, '소프트웨어 인력'을 같은 일을 하는 사람으로 볼 수도 있고, 이들을 더 세분화하여 아키텍처 인력과 프로그래밍 인력으로 나누면 각각의 분야 내에서는 같은 일을 하는 사람으로 통할 수 있을 것이다. 그런가 하면 아예 동일 제품군에서 일하는 모든 사람을 같은 일을 하는 인력으로 간주할 수도 있다. 예를 들어, 핸드폰이나 태블릿PC 등 모바일 제품을 생산·판매하는 사업부 소속 인력 전체를 같은 일을 하는 사람으로 간주하는 것도 가능하다. 이럴 경우 본인의 전문 분야가 아키텍처이건 마케팅이건 또는 빅데이터 분석이건 간에 다들 '같은 일'을 한다는 인식하에 상대와 아이디어를 활발히 교환할 것이다.

　화학적 반응에서와 마찬가지로 조직에서도 같은 일을 하는 사람의 수가 많을수록 의견 교환을 시도하기 쉽다. 그리고 그 결과 새로운 생각이 더 많이 탄생한다. 물론 의견 교환이 항상 평화로운 분위기에서만 일어나는 것은 아니다. 사람이 많으면 협력만큼이나 경쟁도 빈

번하다. 우리는 협력은 긍정적이고 경쟁은 부정적이라는 이분법에 익숙하나, 조직 반응속도론의 관점에서 보면 경쟁과 협력 모두 아이디어의 충돌이다. 즉, 반응을 통해 새로운 것을 생성해낸다는 점에서 협력과 경쟁은 본질적으로 다르지 않다.

특수한 소수를 시범 운영하면서 이들이 큰 성과를 낼 것으로 기대하는 것은 과욕이다. 조직의 작은 '섬'으로 존재하는 한 아이디어 충돌의 절대수가 부족할 것이기 때문이다. 물론 다수가 상호 작용할 수 있다면 가장 좋을 것이다. 하지만 사람 수를 늘리는 것 외에도 밀도를 높이는 효과를 산출할 수 있는 다양한 방법이 있다. 예를 들어, 사내 공간 배치 등을 통해 직원들이 보다 쉽게 보다 자주 만날 수 있도록 하는 것이 가능하다. 그런가 하면, 전사 공통의 열린 업무 플랫폼이나 사내 SNS를 통해 어떤 업무가 진행 중인지 한눈에 알 수 있다면, 그것은 사실상 사람 간 거리를 줄여주는 것과 다름이 없을 것이다. 즉, 농도를 높이는 효과를 낼 수 있다.

넷째, 온도가 반응속도에 영향을 준다. 온도가 높아지면 분자운동이 활발해지기 때문이지만, 더 근본적으로 살펴보면 온도가 높아진다는 것은 반응물질의 보유 에너지가 높아진다는 뜻이며 바로 이 때문에 분자가 활발하게 운동하는 모습을 보인다.

온도 상승으로 반응물이 빨리 움직이는 것은 반응물의 보유 에너지가 커지기 때문이라는 사실은 조직에 시사하는 바가 크다. 보유 에너지가 높으면 반응속도가 빠르다는 것은 역량이 큰 개인과 조직이 신속한 반응을 일으킨다는 사실과 일맥상통하기 때문이다. 지식 역량이나 문제해결 역량이 높은 사람들과 반응했을 때 성과가 더 빨리 나온다는 것을 우리는 늘 경험하고 목격한다. 그것이 우리가 유능한 사람에게 접근하는 중요한 이유 중 하나일 것이다. 즉, 상대가 유용한 지식을 가지고 있을 때 접촉하고 싶어지는 것은 그 사람과 이야기하면 새로운 해법이 보일 것 같아서이다.

나는 앞에서 스피드 경영의 드라이버로 권한을 꼽았다. 사실 권한은 역량의 한 표출 방식이라고도 볼 수 있다. 또한 역량을 표출하면서 더 많은 권한을 확보할 수 있다. 이 둘이 워낙 밀접하게 연관되어 있고 교집합도 크기 때문에 역량을 별도의 드라이버로 제시하지 않았을 뿐이지 내용상 역량은 스피드 경영에서 큰 부분을 차지한다. 우리는 조직의 속도를 높이고자 학습 지향성과 흡습력absorptive capacity 높은 조직문화를 주문하지만, 유능한 사람을 빨리 감지하여 아이디어를 교환하는 시도야말로 가장 자연스럽게 학습 지향성과 흡습력을 높이는 방법이자 반응속도를 높이는 통로일 것이다. 빨라지려면 역량을 갖추자.

다섯째 요인인 압력은 매우 흥미로운 속도 요인이다. 얼핏 압력은 움직임을 방해하고 반응을 감소시킨다고 생각할 수 있지만 적절한 압력은 소모적 움직임을 줄임으로써 오히려 반응을 높인다. 기체에 더 큰 압력을 가하는 것은 액체의 농도를 증가시키는 것과 같은 효과를 낸다.

조직 내 압력은 뭐니 뭐니 해도 목표와 전략적 방향성일 것이다. 실현 가능한 목표 그리고 공유도 높은 전략적 방향성은 일을 해나가는 데 있어 나침반 역할을 한다. 일의 우선순위를 정할 때 서로 생산적으로 커뮤니케이션할 수 있도록 도와주며 업무 전반의 효율성을 높인다. 조직의 또 한 가지 중요한 압력은 성과 평가이다. 엄정하고 효과적인 평가 시스템은 조직의 집중도를 높이고 그 안에서 일어나는 반응을 더욱 활발하게 만든다.

압력과 관련해, 어떤 성향의 조직에서 압력이 가장 긴요할지는 한 번 짚고 넘어갈 필요가 있다. 앞서 언급했듯이 압력은 주로 기체 운동에서 유효하다. 따라서 기체 같은 조직, 즉 분자가 가장 자유롭게 움직이는 조직에서 압력이 가장 유용할 것이라고 추리할 수 있다. 액체나 고체 상태의 물질에서 압력은 아무런 효과도 못 내거나 물질 자체를 파괴시키는 심각한 역효과를 내기 십상이다. 압력을 아무 조직에나 마구 쓴다거나 과다한 압력을 가한다면 후회할 만한 결과를 초래할 수 있음을 명심하는 것이 좋다. 반대로 기체 상태 조직에 대한 적당한 정도의 압력은 기강과 효과성을 가져다줄 수 있다.

반응속도의 마지막 요인은 바로 화학 반응의 꽃인 촉매catalyst이다. 촉매가 하는 일은 물질과 반응 여건에 따라 다양하다. 분자를 붙잡아 억지로 반응시키기도 하고 반응하기 쉬운 특성으로 변형시키는 작용도 한다. 그런가 하면 반응하기 위해 넘어야 할 장벽인 '에너지 배리어energy barrier'*를 낮추어주는 역할을 하기도 한다. 이렇듯 상황에 맞게 자신을 적용시켜 반응속도를 높이지만 반응이 끝나면 원래 모습을 그대로 유지한 채 남아 있다. 반응 과정을 통해 변화하면 그것은 반응물이다. 반면 촉매는 반응을 도우면서도 스스로의 정체성을 유지한다.

조직에서 촉매 역할을 맡는 것은 리더들이다. 팀원을 독려해 반응하게 하고, 도전적 업무를 부여함으로써 육성시키며, 리스크를 본인이 감당할 수 있을 정도까지 줄여줌으로써 기꺼이 시도해볼 수 있도록 하는 역할을 맡는다. 특히 에너지 배리어를 낮추어주는 역할은 장기적으로 매우 중요한데, 리더는 직원들이 업무에 과다하게 소모되지 않으면서 목표를 달성하게 도움으로써 조직과 개인의 건강을 보호한다. 신속한 반응을 이끌어내는 데 있어서 리더의 역할은 아무리 강조해도 지나치지 않을 것이다.

화학 반응속도론이 제시하는 스피드 요인들을 조직 이론에 대입해 정리해보면 이렇다. 첫째, 반응물 특성 요인은 외향적이고 교류 지향적인 인재를 확보하고 이들에게 관심을 가질 것을 제안한다. 둘째, 물질의 상태 요인은 지나친 위계나 부서이기주의를 지양함으로써 아이디어의 흐름을 원활하게 만들 것을 권한다. 셋째, 농도 요인은 반응을 통해 새로운 성과를 산출하기를 기대하는 인력이 너무 소수이

＊화학 반응이 일어나기 위해 필요한 에너지량으로, 충분한 에너지를 얻은 분자만이 이 장벽을 넘어 반응에 이를 수 있다. 촉매는 이 장벽을 감소시키는 역할을 한다.

면 안 된다는 점을 지적한다. 그리고 공간 배치나 실시간 커뮤니케이션 툴, 업무 플랫폼 공유를 통해 사람들의 접촉 기회를 높이라고 조언한다. 넷째, 온도 요인은 구성원과 조직의 보유 역량을 높여야 반응이 더 빨라진다는 점을 적시한다. 다섯째, 압력 요인은 조직의 전략에 잘 정렬되어 있고 목표 지향성이 높을 때, 그리고 엄정한 평가가 이루어질 때 반응이 더 활발해짐을 강조한다. 마지막으로, 촉매요인은 조직의 리더가 구성원의 활동 반경을 넓혀주는 등 새로운 가치를 창출해내는 반응이 신속히 일어날 수 있도록 그때그때 상황에 적합한 리더십을 발휘할 것을 제안한다. 화학 반응속도 요인과 조직 반응속도 요인, 그리고 이 요인들을 활용한 조직 스피드 해법을 요약

표 2 | 화학 반응속도론과 조직 반응속도론

화학 반응속도 요인	조직 반응속도 요인	조직 스피드 해법
반응물의 특성 (결합안정성, 전기적 특성)	구성원 성향	외향적이고 교류 지향적 인력의 채용 및 양성
물질의 상태 (고체, 액체, 기체)	팀 조직, 위계성, 조직 운영 방식	전환 배치, 태스크포스팀(TFT) 활성화, 혁신 조직 운영
농도	동일 분야(과제) 종사자 규모, 협업 가능한 팀의 수	자연 발생적 조우, 토론을 돕는 인테리어 설계, 네트워크 활성화
온도/에너지	재량권과 보유 지식, 전문성	전문가 조직, 지식 경영, 기술 기업
압력	전략과 목표, 성과 평가	전략 방향성 명확화, 목표 경영, 평가 시스템 확립
촉매	리더십 스타일, 조직문화	구성원 역량을 이끌어내는 리더십 (Enabling Leadership), 실패를 용인하는 문화

하면 〈표 2〉와 같다.

지금까지 반응속도에 영향을 미치는 요인들을 살펴보았다. 그렇다면 과연 이 요인들 간 상호관계는 어떤 성격을 띨까? 유감스럽게도 화학의 반응속도론은 이 요인들 간 상호관계를 별도의 식으로 제시하지 않는다. 이 요인들이 결합했을 때 반응속도에 어떤 영향을 미치는지에 관한 구체적인 연구 결과도 아직 없다. 그럼에도 현 시점에서 한 가지는 단언할 수 있는데, 바로 특정 요인이 반응속도에 미치는 영향이 다른 요인의 영향에 대해 독립적이지 않다는 것이다. 예를 들어, 물질의 상태와 온도가 반응속도에 미치는 영향은 서로 무관하지 않다. 이 말은 특정 요인이 증가하면 다른 요인의 영향력 또한 증가할 수 있다는 뜻이다. 결국 조직 반응속도론의 반응식은 요인 간 덧셈 관계가 아닌 곱셈 관계로 나타날 것이다.

$$y = a + b x_1 \times c x_2 \times d x_3 \times e x_4 \times f x_5 \times g x_6 \cdots\cdots$$

이는 반응속도 요인들이 서로 시너지를 낼 수 있다는 뜻이 된다. 이를테면, 조직 구성원의 역량(온도)이 높아지면 목표나 전략적 방향성(압력)의 효과가 배가될 수 있다. 만약 역량이 낮아지면 어떤 결과가 나올까? 같은 맥락에서 목표 제시의 효과가 반감될 수 있을 것이다. 속도 요인 간 상호의존성, 더 정확히 말해 요인의 효과 간 상호의존성은 조직 내 각 요인의 수준을 점검해볼 충분한 유인을 준다. 특정 요인의 효과가 다른 어떤 요인이 지나치게 낮아 충분히 발휘되고 있지 않음을 알아내는 것은 중요하기 때문이다.

조직 반응속도론은 현장에서 어떻게 활용될 수 있을까? 우선, 조직 스피드를 높이는 방법의 체크리스트 역할을 할 수 있다. 우리 조직의 온도와 농도를 체크해볼 수 있다. 둘째, 직관적으로 이해할 수 있다는 점 때문에 조직 변화의 필요성을 설득하는 데 효과적일 것이다. 셋째, 컴퓨터 시뮬레이션을 통해 각 요인이 우리 조직 스피드에 미치는 영향력, 그리고 요인들이 결합되어 만들어내는 영향력을 도출해볼 수 있다. 이 모든 접근법은 조직 스피드라는 개념을 훨씬 더 가시적이고 감지 가능한 것으로 우리 앞에 제시해줄 것이다.

3부

지구상에서
가장 빠른 기업들

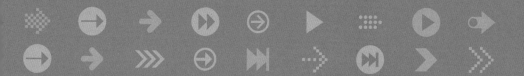

일간지의 경제면과 산업면, 그리고 경제신문의 1면은 스피드 특화 기업들 뉴스가 차지하고 있다. 그뿐인가! 기업이 이만큼 대중의 생활에 깊이 파고든 것은 GE의 백열전구 이후 처음이 아닌가 싶다. 얼리 어댑터라고 전혀 말할 수 없는 사람들조차 이 기업들이 새로 내놓은 서비스를 뉴스가 뜨기도 전에 이미 사용하고 있는 자신을 발견한다.

물론 이들도 기업이니만큼 영속하지는 못할 것이다. 산업의 변화 속도로 보면 구세대 기업보다 더 쉽게 쇠퇴할 가능성도 있다. 그럼에도 이 기업들이 새로운 스피드를 보여주고 있고 빠른 기업의 전형이 되고 있다는 것은 인정해야 할 것 같다. 게다가 이 기업들이 가진 스피드 드라이버, 즉 목표와 권한 그리고 신뢰는 변화하는 사업 환경에 최적화되어 있다.

우리는 이들 스피드 특화 기업을 배워야 한다는 것을 직관적으로 알고 있다. 그러나 막상 시도하려 하면 매우 부담스럽다.

3부에서는 이들의 의사결정과 실행 스피드가 대단히 빠르지만 동시에 우리가 충분히 분석하고 이해할 수 있는 수준임을 확인하자. 그리고 이들의 스피드 드라이버가 한국 기업의 그것과 어떻게 다르게 작동하는지 살펴보고 우리를 변화시키는 데 활용해보자.

11장

3세대 스피드의
대표주자, 구글

3부에서 다루려는 스피드 기업들은 현재 최고의 스피드 강자들이다. 그중에서도 구글*은 3세대 스피드의 대표주자 또는 상징이라고 불러도 손색이 없을 것이다. 1998년 설립된 구글은 아직 스무 살이 채 되지 않은 젊은 기업이지만 이미 시가총액 기준으로 이 세상에서 가장 값비싼 회사the most valuable company in the world이다. 구글의 스피드는 과연 어떤 모습일까? 어떤 모습이기에 한달음에 정상에 등극한 것일까? 구글이 빠르다는 데 이견을 다는 사람은 별로 없겠지만 그 속도를 만들어내는 메커니즘에 대해서는 마치 눈 감고 코끼리 다리 만지듯 제각각의 주장들을 펼친다. 이번 장에서 나는 구글이 빠른 이유, 그 저변에 깔린 작동 방식에 관한 이야기를 한데 모아 코끼리를 그려보려 한다. 한두 군데가 빠져 다소 어쭙잖은 코끼리라 해도 독자에게 대체적 형상은 보여줄 수 있기를 바란다. 생생한 느낌을 전달하기 위해 인터뷰한 내용을 가능한 한 그대로 살리겠다.

---

* 구글은 2015년 알파벳(Alphabet)이라는 이름으로 지주회사를 출범시켰다. 정확히 말해, 이제 구글은 검색엔진을 포함한 인터넷 비즈니스 관련 기업을 지칭하지만, 이 책에서는 편의상 두 회사를 구분하지 않고 구글로 통칭한다.

"구글의 스피드는 세계 최고다"

스피드를 주제로 구글 임직원들을 인터뷰할 때 주로 나는 "경쟁사와 비교했을 때 구글은 어느 정도나 빠른가?"라는 질문으로 시작했다. 사실 스피드 연구 대상이 된 기업들을 인터뷰하면서 예외 없이 이 질문을 던졌지만 구글만큼 자신 있게 "우리는 세상에서 제일 빠르다"라고 대답한 경우는 없었다. 물론 구글 직원들도 자사가 모든 면에서 최고로 빠르다고 말하지는 않는다. 구글이 현재 그 누구보다 우위인 부분은 시장을 향한 스피드speed to market이다. 다시 말해, 개발과 영업의 스피드가 빠르다.

구글은 동종의 다른 기업들에 비해 어느 정도나 빠른가?

구글이 얼마나 빠른가 하는 질문은 조직 내 어느 집단에 대해 묻는 것인지에 따라 다르다. 전사 지원 조직도 있고, 마케팅도 있고, 개발도 있고……. 이들은 다들 서로 다른 사이클로 움직인다. 구글이 총력을 기울이는 스피드는 '시장을 향한 스피드'이다. 구글은 새로운 프로덕트 피처new product features를 테스트하고 반복하는 데 있어서는 믿을 수 없을 정도로 빠르다. 세계 최고의 스피드라고 말할 수 있다. 세일즈가 새로운 판매 기회를 포착해 추진하는 스피드도 매우 빠르다. 역시 세계 최고 수준이다. 하지만 조직의 다른 측면에서는 다른 회사들보다 빠르다고 말할 수 없을 것 같다. 구글의 채용 방식에 관해서는 아마 한 번쯤 들어보았을 것이다. 시간이 많이 걸리는 프로세스다. 그동안 개선을 많이 했지만 여전히 시간이 꽤 걸린다. 구글도 몇몇 측면에서는 스피드 향상이 필요할 것 같다.

세일즈가 빠르다는 것은 무슨 뜻인가? 제품 개발이 빠르다는 것은 금방 이해가 가는데, 영업이 빠르다는 것은 정확히 무슨 의미인가?

구글은 여러 가지 플랫폼 프로덕트를 가지고 있다. 애드워즈AdWords, 애드센스AdSense, 유튜브YouTube 등등. 그 프로덕트 팀 옆에 세일즈 팀이 있다. 만약 이들이 새로운 프로덕트 피처를 특성 권역에 제공하겠다(구글 임직원들은 이를 '지오-타깃팅geo-targeting'이라고 부른다)고 하면, 구글은 그 일을 세계에서 가장 빨리 해내는 기업이라고 보아도 틀리지 않을 것이다. 구글은 강력한 세일즈 팀을 보유하고 있다. 세일즈 팀들은 내부 시스템, 보고 체계, 데이터 기반 접근법에서 탁월하다. 기회 포착도 빠르고 목표도 대단히 공격적으로 잡는다. 제품이 준비되면 세일즈 팀은 즉시 행동으로 들어가, 예를 들어 1, 2주 내로 미국 전역에서 목표한 성과를 만들어낸다.

혹시 세일즈는 제품 개발 단계에서도 개입하는가?

개발 중일 때도 세일즈가 개입한다. 그런데 이해하고 넘어가야 할 것이 있는데, 구글의 세일즈는 굉장히 구조화된 팀이고 활동이라는 것이다. 제품이 준비되기 전에는 아주 작은 팀이 개발 팀과 의견을 교환하고 정보를 받는다. 제품이 준비되면 세일즈도 곧바로 지오 타깃팅을 실행한다. 지역과 피처별로 최적화된 조합을 찾아 세일즈에 들어간다. 그런데 세일즈 솔루션이나 목표는 다 자동화되어 있다. 데이터 분석을 통해 최적화 솔루션과 최적화 포트폴리오를 하룻밤 사이에 자동 추출 해낸다. 이런 게 가능하기 때문에 구글 스피드를 세계 최고라고 말할 수 있다. 요약하면, 최고의 인재, 가장 효과적인 데이터 기반 접근, 솔루션을 곧바로 실행화할 수 있는 조직 구조, 그리고 새로운 기회는 반드시 포착하겠다는 자세가 스피드를, 그리고 판매성장을 이끌어낸다고 할 수 있다.

우리는 구글을 '원대한 꿈을 꾸는 기업', '아무도 생각해내지 못한 것을 시도하는 기업'으로 알고 있다. 실제로 그럴 것이다. 하지만 앞의 인터뷰 내용에서 우리는 "시장을 향한 스피드"에 대한 특별한 몰입이야말로 구글의 원대한 꿈을 실현시키고 또 이 회사가 현재의 위상을 갖게 만든 핵심 요소임을 알 수 있다. 직원들이 자신 있게 말하는 "세계 최고의 스피드" 뒤에는 그 스피드를 발현시키는 고유의 방식과 기준이 작동함을 알 수 있다.

구글은 태생적으로 스피드 성향을 가지고 있었다. 2000년 봄 창업한 지 2년밖에 안 되는 새내기 기업가 래리 페이지가 같은 실리콘밸리 내 반도체 회사인 인텔의 초청을 받는다. 컴퓨터를 구입하는 고객 입장에서 인텔 개발자 대회Intel Developers Forum에 와서 인텔에 요청

할 사항들을 알려달라는 것이었다. 그곳에 참석한 래리 페이지는 살아 있는 전설인 인텔 CEO 앤디 그로브 Andy Grove 앞에서 잔뜩 긴장한 채로 "검색엔진은 일종의 인공지능이다. 지능이 있으면 인터넷상의 모든 것을 이해할 수 있다. 그리고 이 지능으로 계산을 많이 하면 할 수록 답은 반드시 더 좋아진다. 우리가 보다 빠르고 강력한 컴퓨터를 보다 많이 필요로 하는 이유이다. 이 세상에는 계산을 통해 개선할 것들이 너무나 많다"라고 말한다.[*] 2000년도에 그가 말한 계산과 스피드를 지금도 구글은 이 세상 어느 기업보다 확실하게 실천하고 있는 것이다.

3세대 스피드의 정수

앞에서 말했다시피 구글은 3세대 스피드의 정수를 보여주는 회사이다. 여기서 3세대 스피드란, 다시 요약하자면 실험, 오너십, 실패 용인, 아이디어의 자유로운 흐름이 빠르게 반복되며 답을 찾아가는 스피드를 말한다. 여기서 또 한 번 강조할 것은, 3세대 스피드의 핵심은 실험이나 오너십과 같은 특성의 존재 여부가 아니라, 그러한 특성들이 스피드를 내고 있어야 한다는 것이다. 실험을 수행하고 오너십을

---

* ⟨http://www.intel.com/pressroom/archive/speeches/ag021500.htm⟩.

장려하는 회사는 많지만 이들이 모두 스피드를 내는 것은 아니다. 스피드를 내고 있지 않다면 아무리 바람직한 요소를 갖추고 있어도 3세대 스피드 기업이라고 불리기는 어려울 것이다. 이런 점에서 구글은 프로세스나 전략적 결정이 아닌 실험을 기반으로 스피드를 발휘해온 3세대 스피드 기업이다.

구글이 3세대 스피드의 정수라고 해서 일하는 방식을 처음부터 그대로 고수해온 것은 결코 아니다. 오히려 구글은 실험을 스피드화하는 방향으로 끊임없이 변화해왔다고 하는 편이 맞을 것이다. 내가 구글과의 인터뷰를 시작한 2000년대 중반과 지금을 비교해보아도 구글은 많이 달라졌다. 그럼에도 나는 이 회사가 여전히 3세대 스피드의 정수를 보여준다고 생각한다. 독자도 다음의 인터뷰 내용을 읽으며 한번 판단해보기 바란다.

구글은 가장 분권화된 회사로 알려져 있는데, 실제로 그런가?

예전엔 그랬지만 그 뒤로 많은 진화가 있었다. 구글은 한때 오퍼레이팅 커미티operating committee 방식, 즉 만장일치 방식으로 의사결정을 했다. 하지만 래리가 CEO가 되고부터는 많이 바뀌었다. CEO가 의사결정에 깊숙이 개입한다. 분권화되어 있을 때의 관료주의, 안일함이 많이 없어졌고, 스피드와 책임감이 강조되고 있다.

유명한 구글의 실험은 계속되고 있는가?

예전 같지는 않다. 예전에는 뭐든지 실험했다. 하지만 이제는 중요한 것을 실험하는 쪽으로 바뀌었다. 이를테면 X*는 중요한 프로젝트들로 이루어져 있고 주된 일하는 방식이 실험이다. 하지만 주변적인 것은 실험을 많이 하지 않는다.

구글은 플래닝을 많이 하는 편인가?

엄청나게 많이 한다. 플래닝도 많이 하고 분석도 많이 한다. 그런데 구글은 이런 프로세스를 거치는 데 시간이 오래 걸리지 않는다. 구글에서는 내부적으로 입수 가능한 데이터도 많을 뿐 아니라 시장에서 데이터를 얻는 데도 관심이 매우 높다. 그걸 다 분석하면 의사결정에 필요한 자료는 사실상 거의 갖추게 된다고 할 수 있다. 그런데 그 프로세스가 상당히 빠르다. 의사결정에 필요한 분석에 시간을 몇 달씩 쓰는 건 구글의 생리에 맞지 않는다. 그게 스피드에 있어서 구글의 강점이다.

논쟁은 어떤가? 구글은 혼돈의 논쟁을 한다고 하던데, 스피드를 저해하지 않나?

철학의 문제인 것 같다. 물론 단기적으로는 논쟁이 스피드를 줄인다. 그건 맞다. 하지만 전체를 보면 논쟁을 통해 스피드가 높아진다는 것

---

* 구글의 사내 연구기관 '구글 X'는 명칭이 'X'로 변경되었다.

이 구글의 철학이다. 신입 직원들은 데이터를 들고 와서 논쟁하길 좋아한다. 그 데이터가 이미 사용되었는지 확인해야 하는 것이 원칙인데도 그렇게 하지 않는 경우도 종종 있다. 경영진은 이걸 두고 "티처블 모멘트teachable moment"라며 농담한다. 가르침을 줄 수 있는 기회라는 것이다. 만약 비즈니스 오너가 자기 생각을 뒷받침해줄 만한 데이터를 발견했다면 당장 가지고 와서 논쟁을 시작할 것이라고 예상하면 된다. 물론 다들 약간의 아량tolerance을 가질 필요는 있다.

구글에서는 모든 정보가 다 오픈된다고 하던데, 정말인가?

모든 정보가 다 오픈되는 것은 아니다. 하지만 정말로 많은 정보가 오픈되는 것은 맞다. 규정준수compliance에 대한 강조를 많이 한다. 정보 유출은 당연히 절대 금지다. 그래도 어기는 경우가 있기는 하다. 하지만 어기면 다 찾아낸다. 찾아낼 수 있다는 자신감 때문에 내부 공개가 가능하다고 할 수 있다.

이 인터뷰를 통해 알 수 있는 것은 무엇인가? 구글이 분명히 점차 기업화되어가고 있다는 점이다. 그리고 실험 역시 보다 조직화되어, 실험이 필요한 과제와 그렇지 않은 과제를 구분하고 전자에 실험을 집중시키고 있다. 이러한 경향이 구글을 언젠가는 1세대 또는 2세대 스피드 기업으로 만들까? 아니면, 아예 스피드 강점이 없는 기업으로 더 퇴보시킬까? 아직 판정하기에는 이르다. 이 점이 향후 몇 년간 흥미로운 관전 포인트가 될 것이다. 이 책의 프롤로그와 5장에서 보았듯이 스피드 특화 기업의 창업자들, 특히 구글의 래리 페이지는 규모가 커지면 스피드를 상실하고 마는 기존 거대 기업들의 '비극'을 답습하지 않겠다고 다짐한다. 과연 그 다짐은 이루어질까?

한 가지 분명한 것은 스피드 원천에 대한 생각에는 변함이 없다는 점이다. 이제는 과거처럼 모든 문제를 일일이 실험하지는 않지만, 실험이야말로 자신들의 원대한 꿈을 실현시킬 근간이며 기본적인 일하는 방식이라는 믿음은 여전하다. 또 논생을 통해 궁극적으로는 더 빨라진다는 철학도 강고하다. 정보 공유 역시 필수다. 이 모습이 유지되는 한 구글은 계속해서 3세대 스피드의 정수를 보여줄 것이다. 구글의 조직화는 3세대 스피드를 가속화하기 위한 변화라고 일단 믿어보자.

비전에 기반한 의사결정

비전에 기반한 의사결정vision-driven decision-making은 구글 스피드의 또 다른 특징이다. 앞에서 스피드의 제1드라이버로서 '목표'를 살펴보았는데, '비전'은 기업의 장기적 목표다. 이를테면 한 기업이 '10년 내에 이루고자 하는 목표' 또는 기간을 상정하지 않고 '영속적으로 추구하고자 하는 방향'이라고 할 수 있다. 따라서 비전에 기반한 의사결정이라는 것은 전사적 목표나 중장기 목표에 기반한 의사결정과 비슷한 의미를 가진다고 하겠다. 그럼 지금부터 구글이 어떻게 의사결정을 하는지 살펴보도록 하자.

구글에서는 누가 의사결정을 하는가?

아주 큰 결정은 이른바 'L팀(래리의 팀)'에서 한다. 하지만 대다수의 주요 의사결정은 프로젝트 리더가 내린다고 보면 된다. 이들은 VP Vice President나 EVP Executive Vice President이다. 그런데 디렉터director 급에서 내려지는 결정도 무수히 많다.

자신이 어떤 의사결정 권한을 가지고 있는지는 어떻게 아는가? 책임과 권한이 문서화되어 있나?

책임과 권한이 따로 명시되어 있는 것은 아니다. 나의 담당 업무, 즉 나의 직위job title와 책임 범위domain of responsibility가 내 책임과 권한을 결정한다. 내가 어떤 일을 맡고 있는 매니저라면 그 일과 관련된 의사결정자는 나다. 예를 들어, 고객 어카운트 포트폴리오를 맡고 있는 매니저가 있다고 하자. 그러면 그 고객들에 대한 결정은 그 매니저의 몫이다. 만약 그 매니저가 맡고 있는 고객뿐 아니라 업종 전체에 영향을 미치는 사안에 대해 결정해야 한다면, 그의 상사인 디렉터가 그 결정을 내려야 할 것이다. 그리고 글로벌한 영향을 미칠 수 있는 결정이라면 프로젝트 리더한테까지 올라갈 것이다.

의사결정에는 리스크가 따를 텐데, 구글에서는 그 리스크를 어떻게 감당하는가?

우선 비전이 있다. 모든 사람이 비전을 믿고 그에 따라 행동하면 의사결정 리스크를 부담하기가 쉬워진다. 구글은 그런 점에서 아주 잘해나가고 있다. 큰 결정이면 몇 개로 나누기도 한다. 한 번에 큰 결정을 내리지 않고 부분으로 나누면 의사결정을 내리기가 쉽다. 하지만 무수히 많은 작은 의사결정을 내리면 개별 리스크는 작아지지만 이것들을 전부 정렬align시키기가 쉽지 않다. 그래서 리스크와 정렬 간에 균형을 맞춰줄 필요가 있다.

구글은 의사결정을 할 때 데드라인을 설정하는 편인가?

구글은 의사결정을 못 내리면 안달하는 회사다. 하지만 데드라인은 의사결정보다는 실행과 행동을 두고 많이 적용된다. 즉, "언제까지 의사결정을 하자"라고 하기보다는 "언제까지 무슨 일을 하자"라는 식이다.

구글이 야후보다 빠른 것으로 알고 있는데, 무엇이 그렇게 만드나?

우선 구글은 데이터를 많이 보유하고 있기 때문에 데이터 액세스data access에 시간이 별로 안 걸린다는 이점이 있다. 이것만으로도 구글은 스피드에서 야후를 앞설 수 있다. 그리고 구글은 내부 커뮤니케이션이 활발하다. 몇 년 전까지만 해도 그렇지 않았다. 하지만 지금은 모든 팀에 팀 간 커뮤니케이션을 담당하는 사람을 정해놓고 있다. 그리고 목표는 정말 중요한 역할을 한다. 래리가 목표를 정하고 그에 상응하는 전략적 우선순위를 제시하면 모든 팀은 예외 없이 그 우선순위에 업무를 맞춘다. 이것이 내부 커뮤니케이션을 효과적으로 만드는 기초가 된다.

협업이 스피드를 저해하지 않나? 협업 활성화의 제1난관은 '누구와 협업할지를 모른다는 것'이라고 하던데, 구글은 그런 문제가 없나?
별로 없다. 구글은 협업이 굉장히 쉽고 잘되는 회사다. 아마 구글이 검색회사라는 걸 기억한다면 협업 상대를 찾는 데 시간이 별로 안 걸린다는 점을 이해할 수 있을 것이다.

이 인터뷰는 구글이 전사 전략에 대한 정렬을 얼마나 중시하는지 보여준다. 어떻게 6만 명의 대기업에서 CEO가 제시한 전사 목표에 전 직원이 정렬할 수 있을까? 구글에서는 CEO가 전략적 우선순위를 발표하면 먼저 사업부들이 그 목표에 맞춰 자기 사업부가 추진할 과제와 달성할 목표를 몇 개 정한다. 그다음으로, 각 팀들이 사업부 목표에 맞춰 팀의 과제와 목표를 설정한다. 마지막으로, 개인들이 팀 과제 안에서 자신의 목표를 정한다. 전사 목표와 맥락을 같이하는 의사결정은 물론 개인이 리스크를 지지만 전사의 목표, 그 이전에 비전을 실천한다는 점에서 부담이 한결 가벼워진다. 비전과 목표가 살아 움직이기 때문에 개인의 의사결정이 더욱 활성화될 수 있다는 것은 진정 조직과 개인의 원원win-win을 보여주는 대목이라고 하겠다. 또 전사의 사업부와 팀들이 동일한 전략적 우선순위에 기반해 과제를 만들고 추진하기 때문에 효과적으로 내부 커뮤니케이션이 가능하다. 따라서 구글은 커뮤니케이션과 협업의 스피드도 매우 높다.

야후와 구글의 태생을 비교하면 구글의 스피드를 좀 더 잘 이해할 수 있을 것 같다. 2016년 야후는 주요 오퍼레이션을 통신업체인 버라이즌에 매각하기로 결정하였고 그 결과 이제는 오퍼레이션 없이 단지 야후재팬과 알리바바 등의 지분만 가진 페이퍼 컴퍼니로 남게 되었다. 1994년에 시작한 인터넷 선발주자 야후는 한때 인터넷 접속자들이 가장 먼저 방문하는 사이트였다. 인터넷 초기, 서로 아무 연결성 없는 사이트와 정보들이 우후죽순 생겨났고 이런 파편화된 정보에 어떻게 접근해야 할지 막막해하는 사용자들을 위해 정보소스를 리스트업해서 전화번호부처럼 안내하는 사이트가 바로 야후였다. 그런데 흥미롭게도 야후는 이 안내 작업을 일일이 손으로 해냈다. 처음에는 공동창업자 2인이, 나중에는 직원들을 고용하여 인터넷 사이트 하나하나를 야후에 링크 건 후, 키워드와 카테고리를 통해 이 링크들을 디렉토리로 만들어낸 것이다. 사용자들이 야후에 접속해 디렉토리를 클릭하면 야후 직원들이 그간 열심히 링크를 걸어놓은 세상이 눈앞에 펼쳐지는 것이었다.

그렇다면 구글은 어떻게 했을까? 같은 검색 사이트이면서 야후보다 4년 늦게 태어난 구글은 처음부터 접근법이 판이했다. 구글의 검색은 사람이 하는 것이 아니라 기계에 의존하는 방식이었다. 이른바 알고리즘을 만들어 검색어에 대한 연관성 순서대로 페이지 랭킹이 매겨지도록 했다. 야후가 일일이 사람 손으로 링크를 만들어가는 동안 구글은 알고리즘만 업그레이드하면서 세상에 공개된 모든 정보가 한 번에 검색되도록 하였다. 모뎀 시대에는 어차피 인터넷 속도가 느렸기 때문에 후발주자 구글이 특별해 보이지 않았다. 하지만 인터넷이 브로드밴드로, GPS로, 클라우드로, AI로 발전해갈수록, 구글과 야후의 갭도 따라서 커져갔다.

구글의 미션은 "세상의 모든 정보를 구조화하여organizing the world's information 만인이 접근할 수 있도록 만드는 것and making it universally accessible"이다. 미션의 스케일로만 보아도 구글에 스피드는 필수일 수밖에 없다.

실패의 크기를 줄여 리스크를 감수하게 한다

실패를 무릅쓰고 시도하는 것은 3세대 스피드에 필수불가결한 요소이다. 정답이 무엇인지를 알고 출발하기는커녕 이 길이 정답으로 가는 길인지도 확실치 않은 상태에서 실험에 돌입한다. 그러다 만약 실패한다면? 실패자는 낙인찍히게 되지 않을까? 실패를 축하하는 회사도 있다고 하던데 구글도 그런 회사 중 하나일까? 구글 임직원을 인터뷰해보면 실패를 싫어하기는 구글도 마찬가지라는 걸 알 수 있다. 한 번의 대형 실패로 심한 내상을 입고 사업부가 해체되기도 하는 것은 구글에서도 얼마든지 일어날 수 있는 일이다. 하지만 실패 없이는 전진할 수 없다는 것을 잘 알고 있기에 구글은 작게 여러 번 실패하고자 노력한다. 아래의 인터뷰를 따라가보자.

제품이나 일의 결과물에 대해 얼마나 완벽을 기하나? 완벽주의를 구글의 코드라고 할 수 있는가?
아니다. 완벽주의는 구글의 코드라고 할 수 없다.

만약 부주의로 프로젝트나 프로덕트에서 실패했다면, 그 결과는 무엇인가?
그 실패가 얼마나 큰 실패냐에 따라 다를 것이다. 구글의 또 한 가지 강점은 모두 플랫폼상에서 일한다는 것이다. 그래서 누가 무슨 일을 하는지 볼 수 있고, 또 얼마나 어떻게 잘하고 잘못하는지를 알 수 있다. 그래서 엄청 빠르게 학습하는 것이 가능하다. 그것이 실패 가능성을 많이 줄여준다. 전체적인 실패 가능성이 줄어들기 때문에 더 많은 시도를 하게 만드는 효과도 있다. 큰 실패는 개인에게 부정적 결과를 가져다줄 수 있지만 구글에서는 '빠르게 실패하기fail fast'가 일하는 원칙이다. 우리는 또 "Fail before you invest a year!(1년이란 시간을 투자하기 전에 실패하라!)"라는 말도 한다.

구글의 임원에게는 새로운 사업을 찾고 시도할 유인이 있나?

구글에서는 직급이 올라갈수록 새롭고 대단한 것을 찾지 않으면 안 된다는 압박이 있다. 무엇보다도 래리로부터 압박이 온다. 그리고 그런 것을 찾아냈는지 사람들이 주목한다. 그게 유인이다.

어떤 일을 추진하기로 결정했는데 잘못된 의사결정이라서 손해를 본 경우, 그리고 일을 추진하지 않기로 결정했는데 기회를 놓친 경우가 있다고 하자. 구글에서는 어느 쪽이 더 나쁜 의사결정인가?

아마 두 번째 종류일 것이다.

어떤 사업 기회를 포착했지만 회사 내부에 필요한 스킬이나 인력이 없다면 구글에서는 주로 어떻게 하나?

그 경우 M&A나 파트너십, 신규 인력 채용을 많이 한다. 하지만 대부분은, 팀들이 작은 실험들을 먼저 해보고, 가능성을 보여줘가면서 더 큰 투자결정을 이끌어내는 식으로 대응한다.

우리는 혁신을 원하는 기업이라면 실패를 용인해야 한다고 말한다. 한번 실패로 회사를 그만두어야 한다면 누가 위험을 감수해가면서까지 새로운 시도를 하겠는가? 그렇기 때문에 3세대 스피드 기업이면 어떤 식으로든 실패를 용인하는 조직문화를 갖는 것이 당연하리라.

3세대 스피드를 발휘하려면 실험을 많이 그리고 빨리 반복해야 하는데, 실험이라는 것은 그 단어의 의미부터 실패 가능성을 담고 있으니, 실패를 용인해주지 않고서는 3세대 스피드를 기대할 수 없을 것이다. 그런데 기업이 실패를 용인한다는 것이 말처럼 쉬운 일은 아니다. 그러니 한국 기업에서는 '실패 용인'이 실제로 작동하지 않는 립서비스인 경우가 많다.

이런 딜레마 상황의 기업들에게 구글은 간단한 답을 제공한다. "실패의 크기를 줄여라. 개인이나 팀이 자발적으로 실험하게 하면 초기 시도들은 다 작다. 작은 시도는 쉽게 해볼 수 있다. 실패도 작을 것이기 때문이다"가 그 답이다. 우리 자신에게 물어보자. 우리는 모두 실패하기 싫어한다. 그래서 만약 시도해보고 싶은 것이 있다면 짧은 시간 안에 가능한 한 많은 테스트를 해봄으로써 다음 단계로 갈 것인지 아니면 중단할 것인지를 결정하려 한다. 구글은 이러한 자연스러운 행동을 하는 것이다. 3세대 스피드 기업이 아닌 경우 대체로 실패는 무겁고 크다. 이런 규모의 실패라면 구글도 용인하지 못한다. 1세대와 2세대 스피드 기업들은 실패 용인을 배우기 전에 실패의 크기를 작게 만드는 법을 배워야 할 것이다.

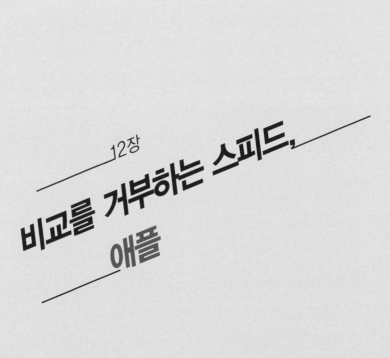

12장

비교를 거부하는 스피드,

애플

이번 장에서는 애플의 스피드를 분석해보겠다. 내가 보기에 애플은 이 세상에서 가장 독특한 기업이다. 너무나 독특하다 보니 혁신의 아이콘이긴 하지만 과연 이 회사를 3세대 스피드 기업으로 보는 게 맞는지 확신이 안 설 정도다. 게다가 구글을 배우려는 기업들은 줄을 서도 애플을 지향하겠다고 나서는 기업은 거의 없다. 그만큼 애플은 애플 아닌 다른 누군가가 비슷하게라도 구현해내기 어려운 기업이다. 그럼에도 우리가 애플을 다루지 않을 수 없는 이유는 그 존재 자체가 흥미롭다는 점, 그리고 애플의 일하는 방식을 통해서만 얻을 수 있는 통찰 때문이다. 애플을 지향하지 않더라도, 이 독특한 회사의 내부 작동 방식을 들여다보며 스피드에 대한 이해를 넓혀보자. 그리고 애플이 보여주는 3세대 스피드를 느껴보자.

한번 결정한 사항은 끝까지 고수

애플 임직원에게도 예외 없이 "경쟁사와 비교해 애플은 어느 정도나 빠른가?"라는 질문을 던졌다. 대답은 "우리를 경쟁사와 비교할 수는 없다"였다. 이구동성 애플이 빠르다고 말하면서도 남과 비교되는 것은 달가워하지 않았다. 구글처럼 "세상에서 우리가 제일 빠르다"라는 대답도 나오지 않았다. 애플 인터뷰이들은 그러면서 스피드를 나름대로 정의하려고 하였다. 고도의 집중력을 가지고 빠르게 움직이지만, 즉 스피드가 기본이지만, 그럼에도 남보다 빨리 개발을 완료해야 한다고 생각하지 않는 기업이 바로 애플이다. 따라서 그들에게 "당신들은 빠르냐?"라고 물으면 "빠르다. 그런데 그 빠르다는 것이 우리 방식으로 정의될 때 빠르다"라고 대답하는 것은 당연하리라.

애플은 경쟁사와 대비해 빠른가?

물론이다. 엄청 빠르다. 하지만 그걸 단순히 스피드로 표현하긴 힘들다. 최종 스피드도 빠르지만 그 스피드의 근저에는 한번 결정한 것은 번복하지 않고 끝까지 밀어붙이는 자신감이 있다. 그게 애플의 강점이다. 되묻거나 변경하자고 하지 않는다. 한번 의사결정을 하면 그걸로 끝이다. 물론 상황이 크게 바뀌면 전략적 결정을 다시 해야 할 때도 있다. 그런 상황이 아니면 그대로 간다. "우리는 우리가 믿는 것을 믿는다We believe what we believe"가 애플 의사결정의 가장 큰 강점이다. 그런 점에서 엄청나게 효율적이라고 할 수 있다.

한번 내린 결정을 끝까지 고수하는 것이 강점이라는 말인가? 오히려 상

황적응력이 강점이라고들 하지 않나?

애플은 사실에 기반해 의사결정을 한다. 데이터로 주도되는 결정이다. 그리고 의사결정은 한 사람이 한다. 엔지니어, 매니저 2~3명하고 테크니컬 인력 몇 명이 모여서 의사결정을 한다거나 그런 일은 전혀 없다. 기술적 결정이라면 엔지니어링 매니저 한 사람이 한다. 실리콘밸리에 있는 다른 회사들만 보아도 차이가 확연하다. 그들의 의사결정은 우리와 비교할 때 훨씬 더 사내정치에 영향을 받는다. 그러니까 한번 결정한 사항이 나중에 바뀔 수 있다. 시장 상황이 안 바뀌었는데도 의사결정은 왔다 갔다 한다. 따라서 우리의 사실 기반 결정은 당연히 능력이고 강점이라고 할 수 있다.

시장이 리얼타임으로 변하고 있는데 기존 결정을 고수하면 불안하지 않나?

당연히 불안하다! 하지만 불안하다고 해서 이미 내린 의사결정을 번복하는 게 아니라, 그 불안을 다음 제품을 위한 에너지로 모으는 것이 애플 방식이다. 그리고 불안할수록 다음번 개발이 더 빨라진다. 그사이에 아무것도 안 하는 게 아니라 새로운 데이터를 모아 분석하고 그걸 다음 단계에 어떻게 적용할지 고민한다.

모바일 기기를 만들면서 변경 없이 진행한다는 것은 대단한 일인 것 같다.

이렇게 생각해보라. 기업이 결정을 번복할 때 그 결정이 명백한 오류이기 때문에 번복하는 경우가 얼마나 될까? 생각보다 많지 않다. 원결정이 오류라고 확신해서 바꾸기보다는, 여건은 변화하는데 그대로 있는 것은 뭔가 아닌 것 같아 일단 바꾸고 보는 경우가 훨씬 많다. "그때는 몰랐는데 지금 보니 좀 부족한 것 같다", "경쟁사를 보니 우리도 기능을 좀 더 많이 넣어야 할 것 같다"…… 이런 이유로 결정 내용을 바꾸지 않나? 조직 내 알력 관계가 작용해 결정을 번복하는 경우도 많다. 어정쩡한 중간점으로 타협하는 것이다. 이러다 보면 원결정의 개선이 아닌 개악이 되어버리지 않나? 애플은 이러한 비효율성을 미리 차단하는 것이다. 이것이 애플의 무변경 원칙이다.

모바일은 지난 10여 년간 가장 혁신적이면서 동시에 가장 수익이 높은 산업이었다. 경쟁이 치열할 수밖에 없다. 실제로 스마트폰 개발은 마치 첩보전처럼 움직인다. 제품 개발뿐만 아니라 신제품이 나오기 몇 달 전부터 물밑에서 전개되기 시작하는 홍보 캠페인까지 고도의 심리전을 방불케 한다. 개발·마케팅·영업·홍보 모두 경쟁사가 어떻게 움직이는지 실시간으로 파악하는 것을 넘어 앞으로 어떻게 움직일 것인가도 예상해야 한다. 신제품이 출시되기 전에 이미 차세대를 구상해야 하고, 제품 스펙 구상만 하는 것이 아니라 시장 개발과 시장 침투 방법도 짜놓아야 한다. 그러면서 상황 변화에 따라 계속 바꾸어나간다.

이렇게 시시각각 달라지는 상황과 그에 대한 민첩한 대응이 당연시되는 시장에서 애플은 중도 변경을 거부하고 원안을 고집한다.

2007년 아이폰 출시와 함께 모바일의 중심에 선 애플은 누구보다도 이 시장의 생리를 잘 알고 있는 기업이다. 그럼에도 꿋꿋하게 한번 결정한 것을 끝까지 밀고 나가는 것이다. 애플 사람들은 이러한 방식이 더 효율적이라고 말한다. 후발주자, 미투me-too 회사들이 이리저리 휩쓸리며 헤매는 동안 애플은 처음 정한 길을 쭉 가는 것이니 효율적이라는 말도 맞다. 그러나 납득하기에는 왠지 미진하다. 목표점이 옳아야 직선을 달리는 것이 효율적이라고 판명 나는 것 아닌가? 그사이 목표점이 이동했다면 직선을 달렸다고 해서 효율적이 될 수는 없는 것 아닌가? 애플은 어떤 사고방식을 가지고 있기에 처음 세운 목표가 옳다고 자신할 수 있는 것일까?

목표가 '혁신'인 회사

애플의 목표는 혁신이다. 그리고 애플이 지향하는 혁신은 3가지를 분명히 한다. 첫째, 애플이 의미하는 혁신은 기술적 혁신이 아니라 고객 경험을 혁신적으로 바꾸어놓을 수 있는 '어떤 것'을 제공하는 것이다. 둘째, 주요한 혁신에 집중하고 중요하지 않은 기회는 무시한다.[*] 그리고 셋째, 혁신은 다른 어떤 사안에 대해서도 우선순위를 갖는다. 자, 만약 이 3가지를 확실히 담은 혁신 목표를 결정했다면 개발 기간 내내 그 결정을 고수하는 것도 가능하지 않을까?

애플 인터뷰이들은 애플이 특이하다는 것을 잘 알고 있었다. 추구하는 목표가 혁신이라는 점이 특이하다기보다 혁신이 사실상 유일하게 중요한 목표라는 점이 특이하다. 중요한 목표가 하나라면 '무변경' 원칙을 지키기가 덜 부담스러우리라.

애플의 우선순위는 무엇인가?

애플의 우선순위는 하나다. "'혁신', 그리고 모든 것은 프로덕트를 위해 존재한다Everything for the product's sake"는 것이다. 거의 완벽해 보이는 제품도 더 확실히 하고자 마지막 순간에 선적을 포기하는 경우도 있다. 경쟁 기업이 그 기회를 선점한다 해도 결코 선적하지 않는다. 그 때문에 우리는 시장에 맨 먼저 나온 제품이 아닌 경우가 많지만, 결국은 최고의 제품이기 때문에 고객의 선택을 받는다.

하지만 시장에 먼저 도착하려고 속도를 내는 것 아닌가?

애플에 있어서 스피드는 그런 의미가 아니다. 스피드에 상시로 압박당하는 것은 맞다. 하지만 그 자체가 가장 큰 목적은 아니다Constant pressure, but not the biggest motivator. 잘못 만들면 책임져야 한다. 하지만 선적이 늦어졌다고 해서 책임을 져야 하는 경우는 없다. 예를 들어, "피

---

* 스티브 잡스(Steve Jobs)는 21세(1976년)에 애플을 창업할 당시부터 일관되게, 그리고 1997년 애플에 다시 복귀해서도, 가장 중요한 것만 어젠다에 포함시킬 것을 강조했다[Fell, J. (2011. 10. 26). "Apple's Simple Marketing Manifesto". *Entrepreneur*].

처 X_{feature X}를 경쟁자가 준비하고 있으니 우리도 그걸 넣고 선적 기일 도 예정대로 맞추자" 하는 식의 스피드는 애플에선 절대 고려하지 않 는다. 물론 엔지니어링 쪽에서 처음부터 "경쟁사가 피처 X를 탑재했는 데 좋더라. 우리는 더 좋게 만들어서 11월까지 선적할 수 있다"라고 했 다면 그땐 품질뿐 아니라 시일에 대해서도 책임져야 하겠지만 말이다.

일단 데드라인을 정해놓은 뒤 그 안에서 의사결정을 하지 않나?
데드라인 안에서 의사결정을 하지만, 단지 그게 최우선순위는 아니라 는 뜻이다. 시장에 먼저 내기 위해 11월까지 개발 완료하는 게 아니라 최고의 제품을 11월까지 준비할 수 있기 때문에 11월을 데드라인으로 잡는 것이다.

무엇이 그런 의사결정을 가능하도록 만드나?
사실 애플 외에 어느 회사도 이렇게 하는 것을 못 봤다. 일반적으로 미 국의 기술 기업들은 비즈니스를 위해 프로덕트가 존재한다. 하지만 애 플에서는 프로덕트를 위해 비즈니스가 존재한다. 정말 사용자가 좋아 할 프로덕트를 만들어 그걸 사람들에게 전달하려고 비즈니스를 하는 것이다. 그러니까 이 제품을 만들면 몇 명이 구매할 것이고 그러면 이 익이 얼마나 나고…… 이런 것들은 2차적 문제일 뿐이다. 2004년 아이 폰을 시작한 것도 폰 비즈니스가 성장 산업이라서가 아니었다. "스마 트폰에 가장 많은 혁신거리가 있다. 그러니까 하자"라고 스티브 잡스가 말했다. 다들 혁신할 생각에 신이 나서 스마트폰에 달려들었다.

그럼 비즈니스 쪽 사람들은 뭘 하나? 보통은 목표 제시하고, 그 목표 도달을 위해 드라이브를 하고…… 그런 걸 하지 않나?

애플에서 비즈니스 부분은 시장을 분석하고 기존 제품에 어떤 개선이 필요한지를 조언한다. 지원 역할이다. 프로덕트 쪽 사람이 비즈니스한테 가서 "이런 것 이런 것이 있는데 어떤 것이 비즈니스가 잘될까?"라고 물어보지만 반대로 비즈니스가 프로덕트한테 가서 "이런 새로운 걸 해볼 수 있냐?"라고 제안하지는 않는다.

요즘은 실험과 반복을 강조하지 않나? 완성도는 떨어지더라도 시장에 빨리 내놓고 곧바로 사용자의 피드백을 받아 다시 완성도를 높이는 식으로 말이다.

그게 효과적일 수도 있지만 애플 방식은 아니다.

독자는 애플 방식이 이해되는가? 나는 몇 년 전 애플 코리아 임원과 이야기를 나눈 적이 있는데, 아이폰 신제품이 출시된 지 상당한 시간이 지났지만 한국 판매가 지연되고 있는 상황이었다. 예상 날짜를 물으니 "그 질문을 많이 받는다. 하지만 우리도 모른다"라는 대답이 돌아왔다. "한국 시장이 작아서 순서가 밀리는 거냐? 아니면 생산에 차질이 있는 거냐?"라고 다시 물으니 "우리는 쿠퍼티노Cupertino 본사에 제품과 관련해 어떤 질문도 할 수 없게 되어 있다. 선적하면 연락이 온다"라는 답변이었다. 하도 신기해서 질문을 이어나갔다. "그럼 출시 지연에 따른 매출 손해는 어떻게 하느냐? 목표에 도달하지 못하면 평가에서 불이익을 받지 않나?" 대답은 놀라웠다. 아무런 불이익도 없다는 것이었다. 영업은 제품이 도착하고 나서 시작하면 되는 것이고 지연에 대해서는 전혀 책임질 일도 없고 관심 둘 사항도 아니라는 대답이었다. 당시 나는 이 대화 내용이 이해되지 않았다. 내가 알고 있던 기업의 통상적 일하는 방식과 너무나 달랐기 때문에 어떻게 이해해야 할지 가닥을 잡기 어려웠다. 일반적 기업이라면 해외 법인은 "제품 도착이 늦어서 매출 목표를 못 채웠다"라고 하고, 반대로 본사에서는 "좀 늦게 도착하긴 했지만 그 기간을 잘 활용해 홍보하고 예약 판매했으면 충분히 매출 목표를 달성할 수 있었다"라며 서로 책임 떠넘기기에 바쁠 텐데 말이다. 나는 애플을 이해하는 데 수년이 걸렸지만 독자는 이쯤에서 이 회사가 얼마나 독특한 기업인지 이해했기를 바란다. 미국인들도 신기해하는 기업이 애플이다. 회사의 목표는 '고객을 위한 혁신'이고 우선순위는 '제품'이라는 말이 애플에서는 순도 100%로 실행된다.

애플의 책임주의

3세대 스피드 기업은 책임을 중시한다. 앞에서 보았듯이 구글은 책임 범위를 분명히 하는 쪽으로 조직이 이행해왔으며, 다음에 살펴볼 아마존도 책임이 강조된다. 하지만 세 기업 중 책임을 가장 철저히 따지는 회사는 아마도 애플일 것이다.

애플에는 CTOChief Technology Officer와 같이 기술적 의사결정을 조정해주는 직책이나 조직이 있는가?

없다. 애플에서 의사결정 오너십은 완전한 오너십이다. 그 사람 외에는 공동 오너도 없고 어드바이스 프로세스도 없다.

누가 어떤 결정을 하는가?

거의 모든 경우 최종 결정은 EVPExecutive Vice President의 몫이다. EVP는 기술적 결정뿐 아니라 프로덕트 매니지먼트와 프로덕트 마케팅 조직의 보고도 받고 결정한다. 그 밑에 있는 VPVice President는 각자의 영역을 결정한다. 그 밑에 디렉터가 있고 그 밑에는 엔지니어링 매니저가 있다. 각자의 직급에서 결정해 올리면 위에서 큰 결정을 한다. 애플은 굉장히 위계적인 조직이다. 그러면서도 그 위계 내에 직급은 몇 개 안 된다. 엔지니어링 팀을 이끄는 엔지니어링 매니저→디렉터→VP→EVP, 이렇게 4개 계층에서 거의 모든 의사결정이 내려진다.

의사결정 범위의 예를 들어줄 수 있는가?

아이무비iMovie라는 특정 프로덕트로 예를 들어보자. 엔지니어링 매니저가 아이무비 개발의 기술적 부분에 대한 의사결정을 거의 다 한다. 개발 스케줄이나 피처feature의 기술적 적용에 관한 결정을 내린다. 그위의 디렉터는 기술적인 것 외에 다른 결정도 한다. 어떤 피처를 넣고어떤 피처를 뺄 것인가 등, 즉 기술적 의사결정 외에도 프로덕트 전체에 대해 결정한다. 그리고 그 프로덕트를 책임지는 사람은 VP다. 만약아이무비에 완전히 혁신적인 무엇이 들어가는 사안이라면 그긴 VP 치원에서 결정한다. 전략적 대변경이 필요하다면 디비전 헤드Division Head인 EVP에게 갈 수도 있다. 그런 것 없이 프로덕트를 변경할 때는 웬만큼 큰 혁신까지도 거의 VP 수준에서 결정이 내려진다.

엔지니어링 팀의 규모는 어느 정도인가?

대체로 8명 정도이다. 내가 아는 가장 큰 팀이 15명이다.

작은 팀으로 유지하려고 노력하는가?

그렇다. 팀 규모는 작게 유지하고, 한 사람 한 사람의 업무가 굉장히분명하게 규정되며, 다른 사람 업무와 중복되지 않도록 한다.

책임소재는 분명히 할 수 있을 것 같다.

물론이다. 엔지니어뿐 아니다. 애플은 전 직원 한 사람 한 사람에게 특정 부분 책임을 부여하고, 그 일이 잘못되면 다른 누구도 아닌 그 사람한테 책임을 묻는다. 이를 두고 DRIDirectly Responsible Individual(직접책임자)라고 부른다.

개개인의 업무가 확실히 규정되어 있다는 것이 협업에 어떤 영향을 미치는가?

애플의 조직과 업무는 협업 니즈가 최소화되도록 구성되어 있다. 그래서 예를 들어, iOS 엔지니어가 애플TV의 UI 인력과 협업할 필요는 생기지 않는다. 하지만 이건 정상적 상황에서 그렇다는 것이고, 상황에 따라서는 같이 일해야 할 때도 있다. 이를테면 OS가 변경되어 UI에서 새로운 수준의 사진 피처가 들어와야 한다고 하자. 이럴 때는 엔지니어 직급에서 자발적으로 협업하는 것이 아니라 양쪽 VP들이 만난다. 그래서 이 둘을 포함하는 팀을 구성한다. 그리고 업무를 다시 부여한다. 재미있는 것은, 사람들이 새 팀으로 빠져나간 만큼 기존의 팀 업무는 지연된다. 첫 번째 아이패드iPad가 개발될 때 그랬다. 아이패드 개발을 위한 엔지니어들이 충분치 않아 전사적으로 엔지니어들을 아이패드 개발 업무에 재배치했다. 덕분에 다른 모든 프로젝트는 지연되었고, 이 지연은 인정되었다. 우선순위가 아이패드로 바뀌어서 발생한 지연이었으니 당연히 인정된 것이다.

인터뷰 내용에서 볼 수 있듯이 애플의 책임주의는 첫째, 의사결정 오너십, 둘째, 업무와 영역의 분장이 분명한 조직 구성, 그리고 마지막으로, DRI라는 제도화를 통해 실행되는 강력한 룰이다. 특히 DRI는 그 위력이 대단한데 간부만이 아니라 모든 개발자, 기능 인력, 심지어 청소 요원들까지 DRI를 갖는다. 그리고 DRI는 겹치지 않는다. 이를테면 1층의 청소 상태를 책임지는 사람은 단 1명인 것이다. 본인이 결정하고 본인이 책임질 뿐 누구와도 공동으로 소유하지 않고 누구의 탓도 하지 못한다. 그러니 애플 임직원은 의사결정의 무서움과 무거움을 실감하지 않을 수 없다. 이 때문에 자신의 모든 것을 쏟아 최선의 결정을 하려 하고, 그 결정에 대해 자신감을 갖게 된다.

이 책을 쓰고 있는 현재 애플은 매출 기준 세계 최대의 기술 기업이며 브랜드 가치에서는 2위 기업과 2배 차이를 보이는 압도적 1위다. 그럼에도 불구하고 이 회사가 기로에 서 있다는 느낌은 받는 것은 왜일까? 실제로 많은 사람들이 최근 들어 "애플이 예전 같지 않다", "아이폰에 눈에 띄는 혁신이 없다"라고 평한다. 지금까지 애플 사례를 읽은 독자는 어떻게 생각하는가? 앞으로 애플은 어떻게 될까?

아마도 아이폰의 혁신성이 떨어지는 것은 스마트폰 자체의 기술적 포화 때문일 가능성이 크다. 어쩌면 스마트폰은 이제 디바이스라기보다는 인프라로 간주될지도 모른다. 그렇다면 당분간 애플을 포함한 모든 스마트폰 업체들이 눈에 띄는 혁신적 제품을 내놓지 못할 것이라는 말이 되지만, 이때 가장 큰 충격은 애플의 몫일 것이다. 애플을 애플답게 하는 것은 매출 규모나 브랜드 가치가 아니라 혁신이다. 혁신 중에서도 "세상에 없던 고객 경험user experience"은 애플의 정체성 이라고 해도 과언이 아니다. 만약 애플이 놀라운 고객 경험을 더 이 상 선사하지 못한다면 매출과 브랜드 가치 1위는 빛바랜 훈장일 뿐일 것이다.

애플은 새로운 '혁신할 거리'를 찾고 있다. 전기차나 자율주행차 개 발에 힘을 쏟고 있기도 하다. 그런데 문제는 4차 산업혁명 시대의 혁 신은 과거 그 어느 때보다 협력과 융합과 개방성을 필요로 한다는 점 이다. 주지의 사실이지만 애플은 개방성을 좋아하지 않는다. 통제력 을 가지길 원한다. 앱스토어라는 통제형 플랫폼에 얽매여 서비스 확 대의 기회를 잃고 있다. 틀릴 수도 있지만, 나는 애플이 개방과 세력 확장보다는 여전히 손으로 만질 수 있고 눈으로 볼 수 있는 자기만의 혁신을 택할 것이라 예측해본다. 만약 그게 아니라 개방과 세력 확장 을 택한다면 당분간 애플 고유의, 비교를 거부하는 스피드는 기대하 기 어렵지 않을까 생각한다.

마지막으로 애플의 스피드를 요약해보자. 애플은 이 책 앞부분에 서 다룬 스피드의 3가지 드라이버, 즉 목표, 신뢰, 권한이 확실한 기 업이다. 물론 애플에서는 표면적으로 권한보다는 책임이 강조된다. 하지만 권한과 책임은 동전의 앞뒷면이다. 내가 유일한 책임자라는 것은 나만이 권한을 가지고 있다는 말이다. 신뢰는 애플에 있어 스스 로에 대한 믿음이다. "우리는 우리가 믿는 것을 믿는다"가 애플의 자신감을 가장 잘 보여준다. 그리고 목표 역시 확고하다. 애플의 스피드는 퍼스트 무버가 되겠다는 것도, 최단 시간 개발을 향한 것도 아니다. 이들은 세상의 모든 고객에게 새로운 경험을 선사하고 싶어하며, 그것을 최우선에 두고 매진하는 스피드다. 결코 쉽지는 않겠지만, 이 독특한 스피드 특징이 오래 지속되길 바란다.

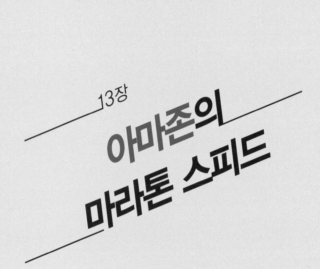

13장

아마존의
마라톤 스피드

아마존은 지극히 역동적이면서 동시에 지극히 일관적인 기업이다. 아마존이 표출하는 역동적 일관성이 워낙 선명하다 보니 이 회사를 묘사하기가 어렵지는 않을 것 같다. 바로 이런 점이 스피드 기업의 중요한 공통점이 아닐까? 다양한 상황과 사업, 조직과 사람을 관통하는 모두스 오퍼란디modus operandi(작동 방식)가 단순명료하게 한눈에 들어오는 회사. 아마존은 매출액과 기업 가치 기준으로 세계 1위의 인터넷 소매업체로 매출 1,000억 달러, 종업원 27만 명이라는 거대한 규모를 자랑하지만, 생각하는 방식과 일하는 방식을 몇 마디 말로 요약해낼 수 있는 단순함의 미덕을 가진 기업이기도 하다. 그 몇 마디를 찾아가보자.

실행이 쉬운 회사

아마존과 같이 큰 규모의 회사가 실행에서 빠르려면 둘 중 하나여야 한다. 최고위층의 의사결정을 조직이 전개시켜나가는 속도가 빠르거나 아니면 조직의 하부가 신속히 의사결정을 해서 빠르게 움직여야 한다. 아마존은 단연 후자에 해당한다. 아마존도 당연히 대형 전략이 있고 대규모 결정도 한다. 하지만 아마존 임직원들이 "우리는 빠르다"라고 자평하는 근거는 회사 차원의 전략적 빠르기가 아니라 현장의 빠른 실행에 있다. 첫 질문으로 나는 아마존의 의사결정 속도를 물었다. 이 질문을 듣고 이들 머릿속에 맨 먼저 떠오른 것은 우리가 뉴스를 통해 알고 있는 M&A나 신제품 개발 결정이 아니라 현장에서의 결정이다. 그리고 그 결정은 사실 실행과 구분되지 않는다. 결정하는 사람 따로 있고 실행하는 사람 따로 있다는 것을 아마존 사람들은 믿지 않는다. 그만큼 실행 중심의 회사인 것이다.

아마존의 의사결정 스피드는 빠른가?

매우 빠르다. "그 자리에서 결정하는 것"이 기준이다. 의사결정이 신속해야 한다는 점을 항상 의식하고 있다. 회의는 많지만 모든 회의에 긴장감이 있고 느슨해지는 분위기는 전혀 없다. 그리고 회의는 현재 상황을 잘 반영하고 회의 참석자들의 공유의식이 높다. 그래서 모든 것이 신속하게 결정된다.

실행도 빠른가?

실행도 빠르다. 아마 신제품 개발 및 출시는 그렇게 빠르지 않을 것이다. 하지만 반복iteration해서 향상시키는 것은 정말 빠르다. 신제품 개발에서 늦어지는 시간을 벌충하고도 남는다.

이터레이션이 빠르다면 완벽성을 강조하지는 않는다는 말인가?

전혀 강조하지 않는다. 본사가 우리랑 가까이 있는 MS와 보잉을 보면
확실히 비교된다. 이들은 미리 치밀하게 짜인 계획하에 움직인다. 사
전에 계획된 예산이라는 바운더리 내에서 일하는, 이른바 '버짓-바운
드budget-bound' 방식이다. 그러다 보니 뭘 하고 싶어도 예산이 없으면
못한다. 하지만 아마존은 다르다. 첫째, 훌륭한 아이디어가 있고, 둘
째, 그 아이디어가 데이터로 백업될 수 있으면, 추진이 가능하다. "그
일이 고객에게 이익이 되는가?"라는 질문에 "예스"라는 대답이 나오
면, 그다음엔 실행에 옮기면 된다. 아마존은 자기 아이디어를 백업할
수만 있다면 실행으로 옮기는 건 너무나 쉬운 회사다. 허들hurdle이 최
소화되어 있다.

실례를 들어줄 수 있나?

한 팀에서 얼마 전 티셔츠에 고객 이름을 프린트해주는 맞춤화 상품
아이디어를 냈다. 의류 데이터 팀과 함께 관련 데이터를 분석해보니
고객이 그런 상품을 원할 것이라는 답이 나왔다. 그래서 실행에 옮겼
다. 아주 쉽다. 새로운 아이디어가 나오고 데이터로 백업되면 그 팀은
곧바로 과제의 우선순위를 재배열reprioritize한다. 이런 일은 아마존 곳
곳에서 하루에도 몇 번씩 일어난다.

방금 말한 결정은 팀장급에서 내려졌나? 더 위 직급에 보고해야 하는 것은 아닌가?

그 결정은 시니어 매니저senior manager 직급의 팀장이 내렸다. 직급이 중요한 게 아니다. 어떤 일을 추진하는 데 필요한 인적 리소스만 충분히 가지고 있으면 얼마든지 추진할 수 있다. 시니어 매니저급의 권한이 크다. 만약 사람이 더 필요한 일이라면 디렉터급으로 올라가서 승인을 받는다. 데이터로 백업된 아이디어라면 디렉터의 승인도 금방 난다. 승인을 받기 위해 별도의 작업을 추가로 해야 한다거나 승인을 받을 수 있을지 없을지 판단을 받는 게 아니라 그 디렉터를 통해 인력을 더 받기 위한 프로세스다.

마라톤에 임하는 자세

마라톤은 완주가 가장 큰 성공이라고들 한다. 마라톤을 준비할 때는 어떻게 하면 지구력을 조금이라도 더 기를 수 있느냐에 집중할 것이고 막상 마라톤 경기에 임할 때는 '끝까지 뛰겠다는 각오'가 필요하리라. 아마존은 우직하다 싶을 정도로 타협이 없다. 얕은 수를 쓰지 않고 잔머리도 굴리지 않는다. 매일매일 열심히 하고 최선을 다한다. 직원들은 근로 강도에 대해 불평하고 공급사들은 저가에 대해 불만의 목소리를 높이지만 아마존은 수정이 별로 없다. 해오던 방식으로 꾸준히 한다. 구글은 채용 인터뷰에서 자신이 이루고 싶은 목표에 대해 "10년 내에 실현시켜보고 싶은 꿈이다"라고 말하는 지원자는 탈락시킨다고 한다. 구글 구성원이라면 '10년 내'가 아니라 지금 당장 실현시켜보고 싶은 꿈을 꾸어야 한다는 뜻이다. 이렇듯 목표에 빨리 도달해야 한다고 생각하는 회사가 구글이라면, 아마도 아마존은 그 지원자에게 "그럼 10년 내내 그 일을 하되, 쉬지 말고 하라"라고 권할 만한 회사다.

다른 기술 기업과 비교했을 때 아마존 스피드의 특징은 무엇인가?
많은 기술 기업을 보았지만 아마존만큼 열심히 일하는 기업은 없다. 기술 기업들을 보면, 밤을 새워서 개발하고 나면 휴식하고 한참 생각하고 그다음 또 새로운 개발에 매진한다. 하지만 아마존은 리테일retail에서 출발했다. 리테일은 주간 단위로 움직인다. 일日 단위 체크도 한다. 그리고 그게 모여 1년이 된다. 아마존은 쉬지 않는다. 리테일 사이클을 테크놀로지에 그대로 옮겨다놓았다고 보면 된다. 지금은 리테일과 동떨어진 업무가 많지만 크게는 다 같은 사이클로 움직인다. 그런 사고방식으로 일한다. 회사의 컨트롤 시스템이나 보고 기능도 전부 리테일향向이다.

구글은 '세상을 바꿀 꿈moonshoting idea'을 강조하는데, 아마존도 그런가?
물론이다. 아마존은 엄청 빨리 움직이지만 동시에 길게 보는 회사다.

그 긴 시간 동안 수백만 번의 활동을 하자는 것이다. 아마존에서는 장애물 때문에 중단하는 일은 있을 수 없다. 성과가 당장에 나오지 않더라도 장기적 결과를 믿고 간다. 제프 베조스Jeff Bezos는 아마존에서 분기 실적이란 그저 "무작위성 정기 이벤트"라고 말한다. 2013년 베조스가 원자력으로 1만 년 동안 작동하는 시계를 텍사스 동굴에 세운 것도 그들의 시야가 장기적 성과를 향한다는 것을 상징적으로 보여주기 위해서다. 그러면서도 굉장히 현장 중심이며 일간 업무를 중요시한다. 베조스는 "매일 무엇인가를 발명하라Invent something everyday"라고 주문한다. 대단한 혁신은 한 번에 오는 것이 아니라 수백만 번의 작은 실험과 시도를 딛고 도달하는 것이라는 의미다. 그런 생각이 아마존을 지배한다.

구글과 아마존 사고방식의 차이는 무엇이라고 생각하는가?

구글은 아마존에 비해 내부적으로 분리가 있는 조직이다. 같은 구글 직원이라도 엔지니어가 아니면 일하는 방식에서 차이가 많다. 아마존은 정말 하나로 움직인다. 그 점이 다르다면 다르다.

하드웨어·소프트웨어·서비스가 한 회사 안에 있는 것이 대세인데, 아마존에서는 충돌이 없는가?

있다. 아마존은 킨들Kindle을 시작으로 디바이스에 진입했고, 지금은 파이어 태블릿Fire Tablet, 파이어TV, 아마존 에코Amazon Echo 등등을 하고 있다. 다 M&A한 자회사들이다. 이들을 아마존화하는 과정에서 상당한 마찰이 있었다. 알다시피 우리는 태블릿과 폰에서 2년씩 늦었다. 폰을 개발하기 시작했을 때 그 회사 경영진은 TV 플랫폼을 쓰자고 했다. 그러면 개발 기간을 단축할 수 있으니까. 하지만 베조스 생각은 반대였다. 별도로 만들어 고객 경험을 알아보고 거기서 출발해 개선해나가고 싶어했다. 의견 충돌로 자회사 경영진이 많이 교체되었다. 결국 파이어 폰Fire Phone은 시장 점유에서 실패했고 일단 중단 상태지만 베조스는 디바이스 자체를 많이 파는 게 목적이 아니라 고객 경험을 너끌어올릴 방법을 찾는 것이 목적이다.

자연스러운 기강과 문화가 속도를 창출

아마존에는 작은 행동들이 규칙으로 정착되고 임직원이 이 규칙들을 준수하면서 궁극적으로 속도로 이어지는 연결고리가 있다. 대단한 첨단 시스템이 아니다. 창업 이래 지속된 행동이 간단히 몇 줄로 명문화되어 존재한다. 문서 형태가 아닐 수도 있다. 누구나 따르는 의례 같은 것일 수도 있다. 이런 의례가 아마존에서는 일하는 방식을 규정한다. 그리고 누구나 이 방식을 존중해야 한다는 점에서 기강discipline이라고 부를 수 있을 것 같다. 마치 숨 쉬듯 자연스러운 기강이 있는 회사, 좇아야 하는 순서가 있는 회사가 아마존이다. 다른 회사들은 이런 아마존이 얼마나 부러울까?

3세대 스피드를 발휘하는 기업들의 공통점 중 하나가 바로 이 '기강'이다. 구글과 애플도 기강에서는 둘째가라면 서러운 회사들이다. 기강은 이 책의 5부에서 '투명성'이라고 표현한, 스피드 기업이 지닌 특징의 다른 이름이기도 하다. 3세대 스피드 기업의 기강은 최소한을 규정한다. 거창한 문서를 들이대는 것이 아니라 최소한만 지키되 확실히 지키기를 기대한다. 나머지는 오너십이나 자율성으로 해결한다. 몇 가지만 지키면 되니 빠르고, 다들 확실히 지키니 더 빠르다.

의사결정을 할 때 데드라인을 사용하는가?

항상 사용한다. 아마존은 리듬cadence을 타는 사업이 많아 데드라인이 계절별로 설정된다. 예를 들어 "내년 1월에 출시할 주요 프로덕트의 OP1Operating Plan version 1 프로세스는 올여름까지 완료해야 한다" 등이다. 그걸 수정한 OP2가 언제까지 나와야 하는지도 정해진다. OP2 이후 다음 52주는 매일 현황을 체크한다. 물론 데일리 플래시 체크daily flash check(일일점검)도 한다. 모든 것이 오퍼레이팅 캘린더 안에서 프로세스 사이클에 의거해 이루어진다. 단, 전략의 큰 변화가 필요할 경우 사이클을 벗어나 의사결정 시점을 정하는 것이 가능하다. 그럴 때는 사업 리듬에 상관없이 다시 작성한 플랜을 제출한다.

누가 플랜을 작성하나?

사업부BU; Business Unit의 시니어 매니저나 디렉터 레벨에서 작성한
다. 이들이 플랜을 "오운own한다"라고 말한다. 내부 리뷰가 있고 그
룹 외부 리뷰도 있을 수 있다. 작성한 플랜의 리뷰 회의에는 여러 명의
VPVice President, 1명 이상의 SVPSenior Vice President가 참석하고, 만약 더
큰 플랜이면 2~3명의 SVP가 참석한다. 공식적인 리뷰다.

임원들은 MBO Management by Objectives를 가지고 있나?

임원뿐 아니라 플랜 안에 들어가 있는 사람들은 다 MBO를 가진다.
OP1을 작성할 때 어떤 척도로 평가받을지 정하게 되어 있다. 그런데
흥미로운 점은, 대개 여기서 다루는 목표는 매출이나 이익과 같은 아
웃풋 목표가 아니라 인풋 목표라는 것이다. 수십억 달러 대형 비즈니
스라면 200~300가지 인풋 목표를 정한다. 그 진행 상황을 전부 주간
비즈니스 회의에서 체크한다. 인풋 목표 중 핵심적 사항 일부를 S팀 목
표S-team goals로 정하고 베조스를 포함하는 최고경영진에게 이 목표들
을 보고한다. 이것만 보아도 회사의 대형 프로젝트가 어떻게 진행되
고 있는지 한눈에 파악할 수 있다. 회사의 성장에 중요한 사업들에
어느 정도의 인풋이 들어가고 있는지를 파악할 수 있다는 뜻이다.

바로 이 부분에서 아마존의 욕심과 특징이 그대로 드러난다. 회사
가 가장 중시하는 프로젝트 진척 정도를 성과로 재는 것이 아니라 얼

마만큼의 인풋을 넣고 있는지로 잰다! 목표를 체크하기는 하는데 아웃풋 목표가 아니라 인풋 목표다! 아마존에서 리테일식 점검과 쉼 없는 진행은 엔지니어링 팀이라고 해서 예외 적용이 없다. 엔지니어링 팀도 크게 보아 리테일식으로 일한다. 아니, 리테일식 점검에 엔지니어링 특유의 몰입을 더해 아마 업무 강도나 근로 시간에서는 타의 추종을 불허하지 않을까 한다.

엔지니어링 팀의 목표는 어떻게 정해지나?

엔지니어링도 OP1 안에서 정해진다. 사업부 안에서 엔지니어링 부분의 목표는 굉장히 일목요연하며 역시 매주 체크된다. 그러니까 엔지니어링 팀도 사업 목표와 플라이휠에 얼마나 기여하는지가 분명하다. 마일스톤이 세세하고 목표도 구체적이다. 한 가지 마일스톤을 가지고 엔지니어링 팀은 보통 1~2주를 질주sprint한다. 엄청난 양의 인풋을 짧은 시간 동안 투입한다. 팀 규모 자체가 작다. 전형적인 피처 팀을 우리는 투-피자 팀two-pizza team이라고 부르는데, 피자 2판을 시키면 전원의 저녁으로 충분할 정도의 규모라는 뜻이다. 최대 6~8명을 넘지 않는 것이 규칙이다. 이렇게 함으로써 내부 커뮤니케이션 비용을 줄이고 일을 빨리 진행할 수 있다. 작은 팀은 진행 상황을 확실히 파악할 수 있게 해준다. 그리고 대단히 민첩하다. 아마존에서는 엔지니어를 다른 팀에 빌려주는 일이 많은데, 다른 회사에서는 보지 못했다. 만약 내가 엔지니어링 팀 매니저인데 다른 팀의 개발에 의존하고 있다고 하

자. 그런데 그쪽 팀에서 가져온 스케줄이 너무 늦다면 내 팀 엔지니어를 그쪽 팀에 빌려주어 일을 더 빨리 진척시킨다. 이런 식으로 굉장히 다이내믹하게 일한다.

혹시 독자 중에 조직문화나 핵심가치 같은 단어를 너무 자주 들어 지겨운 사람이 있을지도 모르겠다. 아마존이 독자의 냉소주의를 깰 수 없다면 이 세상 어느 회사도 깰 수 없을 것이다. 아마존은 가치가 살아 있는 회사다. 그렇다고 목소리 높여 가치만 외치는 회사는 아니다. 그냥 일할 때 가치를 잘 활용하는 회사다. 공유하고 그대로 따르자는 것이다. 아래의 인터뷰 내용을 보자.

'높은 공유의식'을 좀 자세히 설명해달라.

사업부 주간 회의에서는 실적 프린트물을 나눠주는데 커버 페이지에는 그 사업부의 신조가 인쇄되어 있다. 예를 들어, 아마존프레시 그룹이라면 아마존프레시의 신조Tenets of AmazonFresh가 있다. 전부 6~7개인데 상황에 따라 바뀐다(전사 핵심가치나 리더십 원칙과는 별개다). 매우 간결하면서도 쉬운 문장으로 되어 있다. 상황이 바뀌어 신조 중 하나가 변경되어야 한다면 해당 사업부 회의에서 문제 제기가 이루어진다. 참석자들이 변경에 동의하면 회의 종료 후 지원 팀을 거쳐 변경이 공식화된다. 이메일로 반대 의견을 받는 경우도 있다. 그래서 변경되면 다음번 주간 회의 프린트물 커버에는 새로운 신조가 실린다. 한

두 달에 한 번씩은 변경되는 것 같다. 신조의 예를 들면 이러하다. "스피드는 우리 사업에 중요하다. 완벽한 의사결정이냐 빠른 변화냐 중에 선택해야 한다면 우리는 후자를 선택할 것이다Speed is important to our business. Given a choice of making a perfect decision or speedy change, we will be biased toward speed" 또는 "아마존에서는 판매가 간단하고 실시간이고 쉬워야 한다Selling at Amazon should be simple, real time, and painless". 더 이상 강조될 필요가 없어져도 신조에서 제거된다. 신조는 의사결정 스피드에 큰 도움을 준다. 신조에 맞거나 반대로 신조에 배치된다면 굳이 논쟁이 길어질 필요가 없다.

회의는 어떻게 진행되나? 효율적인가?

아주 효율적이고 빠르다. 모든 보고서/프레젠테이션 자료는 6쪽짜리 워드로 작성한다. 파워포인트는 안 된다. 사진이 들어가도 안 된다. 그 뒤에 300쪽짜리 첨부가 붙을지언정 회의에서 논의하는 것은 오직 6쪽 뿐이다. 회의는 1시간 이하로 진행된다. 회의에 들어오면 전원이 조용히 25분 30초 동안 보고서를 읽는다. 보고서 내용을 숙지한 상태에서 회의를 하겠다는 것이다. 논의는 그 뒤에 시작해 30분 정도 쓴다. 회의는 의사결정을 하려는 것이 목적이 아니다. 옵션을 몇 개 가지고 와서 어느 것이 더 좋은가를 묻는 포맷도 아니다. 우리는 이것을 이렇게 하려고 한다는 것을 한 가지로 명료하게 제시하고 그에 대한 코멘트를 받는 것이다. 즉, 의사결정은 이미 보고서 안에 들어 있고 그 의사결정의 질에 대한 의견을 듣는 것이다. 데이터 불충분이 제일 많이 지적된다. VP들은 OP1을 워낙 많이 보아왔고 코멘트 경험도 많아 회의에서 활약하는 정도도 크다. 담당자들은 만약 도저히 안 되겠다 싶으면 회의 후 보완에 들어간다. 하지만 보완하지 않고 그대로 가도 된다. 그들의 책임일 뿐이다.

할 일이 산적한 회사, 그래서 1분 1초도 낭비할 틈이 없는 회사가 아마존이다. 그런 아마존에 있어 핵심가치와 조직문화는 교육을 받거나 논의를 해야 하는 주제가 아니다. 단순하고 빠르게 일이 진행되게끔 도와주는 도구이다. 아마존은 회의 자리에서만이라도 핵심가치가 작동한다면 경영에 얼마나 큰 힘이 되는지를 증명해주는 사례일 것이다.

협업이 잘되는 이유, 플라이휠

제프 베조스가 식당에서 종이 냅킨 위에 그렸다는 플라이휠Flywheel*은 아마존의 욕심과 방향성 그리고 논리의 압축이다. 혹시 독자는 아

---

* 플라이휠은 엔진이나 기계의 회전에 안정감을 주면서 동시에 기계 전체에 골고루 속도를 배분해주는 역할을 하는 무거운 바퀴이다. 여기서는 베조스가 그린 '아마존의 전략 논리'를 의미한다.

그림 8 | 아마존의 플라이휠 ||||||||||||||||||||||||||||||||||||||||||||||||||||||||||||||||||||||||||||||||

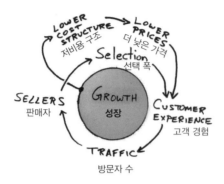

||||||||||||||||||||||||||||||||||||||||||||||||||||||||||||||||||||||||||||||||||||||||||||||||

마존 직원과의 한바탕 말싸움을 각오하고 교환이나 환불을 주장했다가 허탈하리만큼 쉽게 요구가 수용된 경험이 있는가? 설사 고객의 실수가 있었다 해도 간단하게 손해를 보상해주는 아마존의 고객 우선 정책은 바로 플라이휠에 근거한다. 플라이휠은 단순하고 명쾌한 방식으로 아마존에서 수행되는 모든 일의 의미 형성sensemaking을 지원한다. 무엇보다도 회사 전체를 중시함으로써 자기 업무, 자기 팀 업무를 넘어 협업이 활성화되게 한다. 아마존의 협업부터 살펴보자.

협업은 어떤가? 아마존은 결과 지향적인 조직이라고 들었는데, 그럴 경우 서로 경쟁하는 분위기가 있지 않나?

임원 레벨에서 특별히 경쟁적이지는 않다. 어떤 일을 진행할 땐 시작 단계부터 복수의 시니어 매니저를 포함시킨다. 실제로 여러 그룹의 도움을 받아야 하고 연관되어 진행해야 한다. 그래서 플랜이 1명의 임원만 포함시키는 경우는 거의 없다. 누구나 아마존 비즈니스와 전략의 성공에 기여해야 한다는 것은 문화에 잘 녹아 있다. 그리고 그렇게 하도록 기대된다. 나도 내 그룹이 아닌 10개 이상의 주간 비즈니스 회의에 참석했고 그 자리에서 내 전문성에 기반해 활발한 코멘트를 하도록 기대되었다. 물론 자기 업무를 완수하는 것이 제1의 과제인 것은 맞다. 하지만 동시에 아마존의 개개인은 회사 성장에 기여해야 한다는 것이 문화적 코드다. 그것을 도식화한 전략이 플라이휠이다.

플라이휠은 '고객 경험'에서 출발한다. 멋진 고객 경험을 제공하면 웹사이트 트래픽이 늘어나고 더 많은 판매자가 들어오고 그래서 선택 범위가 넓어지면 더 멋진 고객 경험을 제공할 수 있게 된다는 것이다. 어떤 사업부에 속해 있든 어떤 업무를 하든 이 플라이휠에 기여해야 한다. 협업은 아마존의 철학이라고 할 수 있다. 만약 자기 일만 하고 회사 차원의 이익에 기여하고자 노력하지 않는다는 것이 알려지면 좋은 평가를 받지 못한다. 그렇다고 다른 비즈니스 회의에 들어가 자기 시간을 쓴다고 해서 그걸로 평가받는 것은 전혀 아니다. 당연히 그래야 한다는 것이 기본 가정이다.

코어core(중심)가 분명하면 협업이 잘 일어날 수 있다는 것을 아마존은 증명해준다. 타 부서나 타 사업부의 협업 요구를 받으면 우리는 흔히 "관점 차이"나 "입장 차이"를 내민다. 즉, 생각이나 입장이 달라 상대의 요구에 응할 수 없다고 말하는 것이다. 단순 명쾌한 아마존의 플라이휠은 코어다. 이 코어는 불변한다. 많은 기업들이 세상이 어떻게 바뀔지 예측하느라 바쁘고 예측이 틀릴까 봐 불안해할 때, 아마존은 변하는 것이 아니라 불변하는 것에 베팅betting하겠다는 것이다. 10년 후, 20년 후에도 변치 않을 것을 두고 도움을 요청하는 데 누가 거절할 수 있으랴.

아마존의 평가는 상당히 엄정하다고 들었는데, 엄정한 상대평가가 협업을 저해하지는 않나? 같은 도시에 있는 MS는 상대평가 때문에 협업을 꺼린다고 들었다.

MS에 대해서는 나도 많은 경험이 있다. MS 엔지니어들은 일을 많이 안 하는 편이다. 그리고 그들은 일을 안 해도 큰 문제가 없다. 아마존은 전혀 그렇지 않다. 작은 팀에서 일을 안 하면 금방 드러난다. 그리고 아마존은 성장 기업이라서 조직 내 이동이 많고 또 그렇게 하도록 기대된다. 그렇기 때문에 어디를 가더라도 특별대우는 없다. 다른 부서로 가게 되면 가서 가방 내려놓고 바로 일을 시작하는 식이다.

아마존이 외형 성장을 하면서 스피드가 하락하는 징후가 보이는가?

그런 것 같지는 않다. 아마존의 성장 한계는 '아마존 문화에 맞는 인재'를 '채용하는 속도'로 결정된다. 이 2가지 조건이 동시에 충족이 안 되면 성장이나 일하는 스피드가 줄어들 것이다. 아직 그런 일은 일어나지 않았다. 아마존은 리더십이 굉장히 강하다. 현재의 리더십이 유지되는 한 스피드가 줄어들지는 않을 것 같다.

아마존의 스피드는 단거리 스프린트가 아니라 마라톤이다. 베조스는 변화에 집중하기보다는 변하지 않는 것에 집중하겠다고 말한다. 예를 들어, 10년 후 많은 것이 몰라보게 바뀌겠지만 그렇다고 해서 고객이 상품 가격을 올려달라고 요청하지는 않을 것이라는 이야기다. 따라서 아마존은 '안심하고' 가격을 더 내리는 데 집중하겠다는 것이다. 예상을 뛰어넘는 확장과 성장 속에서도 자신이 고객에게 어떤 존재인지를 항상 기억하는 아마존, 그래서 믿음이 간다. 이것이 마라톤 스피드의 기초가 아닐까 한다.

4부

스피드 도전에
직면한 기업들

3부에서 살펴본 기업들이 3세대 스피드의 강자라면 4부에서 다루는 기업들은 1세대·2세대 스피드의 강자들이다. 3세대 스피드의 시대가 열리기 전 이들의 위상은 한마디로 압도적이었다. IBM, GE, MS, 그리고 인텔. 이들은 단순히 매출과 수익만 높은 기업이 아니라, 각자의 자리에서 새로운 시대를 열고 산업을 이끈 진정한 선도자였다. 수많은 기업이 이들을 닮고 싶어했고 실제로 열심히 배우고 모방했다. 아마 이들이 있었기에 '빠른 추격자'라는 말도 나오지 않았을까. 그런데 3세대 스피드 시대의 도래와 함께 이들을 향한 선망의 시선은 사라졌다. 그렇다고 이 기업들이 위험한 지경에 처한 것은 전혀 아니다. 4개 기업 중 상황이 가장 힘들다고 할 수 있는 IBM조차 여전히 누구도 무시 못할 기술 자산과 역량을 자랑하고 있고, 나머지 3개 기업은 재무 성과마저 여전히 좋다. 심지어 MS는 세상에서 가장 큰 수익을 올리는 기업 중 하나로 남아 있다. 그런데도 왜 선망의 시선이 사라졌을까? 그 시선이 다른 곳으로 옮아갔기 때문이다. 이들에게 쏟아졌던 관심과 부러움은 애플이나 구글, 아마존을 향하고 있다. 사람들은 이제 IBM이나 GE를 닮고 싶어하지 않는다. 이들의 미래를 따라가고자 하지 않는다. 이들은 더 이상 빠른 기업의 표상이 아니다.

IBM과 GE, 그리고 MS와 인텔은 3세대 스피드의 역습 속에 다시 빨라지고자 총력을 기울이고 있다. "다시 빨라진다"라는 것은 과거로 돌아가는 것이 아니다. 과거의 스피드와 지금의 스피드는 다르다. 이들은 3세대 스피드의 파도에 올라타려 애쓴다. 만약 3세대 스피드를 또 놓치면 정말 미래가 없거나 고통스러울 것임을 이들은 알고 있다. 그리고 우리에게는 바로 이 점이 지금이야말로 이 기업들을 제대로 배워야 하는 이유가 된다. 이들에게 그동안 무슨 일이 있었는지, 이들의 변화 노력이 과연 성공할지 살펴봄으로써 지금 우리가 꼭 필요로 하는 가르침을 얻을 수 있을 것이다.

14장

IBM은 다시
빨라질 수 있을까?

'전통의 강자'를 이야기하면서 과거의 영광을 언급하지 않을 수는 없다. IBM도 100년을 훌쩍 넘는 시간을 거치며 수많은 영광의 스토리와 기억할 만한 순간을 만들어냈지만 그중에서도 1990년대 초의 위기 극복과 회생 과정이 가장 흥미롭지 않나 생각된다. 먼저 그 당시의 상황과 해법을 살펴본 후 이 스피드 연구를 위해 진행한 인터뷰 내용으로 들어가기로 하자. 좋은 비교가 될 것 같다.

'원 IBM One IBM'으로 스피드를 높이다[*]

1991년 IBM은 창립 80년 만에 처음으로 적자를 낸다. 그것도 28억 달러라는 어마어마한 규모의 적자였다. 바로 1년 전인 1990년만 해도 《포천》 500대 기업 최고 수준인 60억 달러 흑자를 시현한 회사가

---

[*] 이 부분은 그동안 내가 썼던 IBM 관련 보고서들과 다음의 연구를 참고하였다. Applegate, L. M., Austin, R. & Collins, E. (2005. 4. Revised 2009. 6). "IBM's Decade of Transformation: Turnaround to Growth". Harvard Business School Case. 805-130.

그야말로 한순간에 바닥으로 추락했으니 실로 엄청난 쇼크가 아닐 수 없었다. 게다가 적자는 1991년 한 해로 끝나지 않았다. 1992년 적자 규모는 50억 달러로 늘었고, 1993년에는 구조조정 비용까지 더해져 무려 81억 달러라는 적자를 기록하였다. 3년간 누적 적자가 원화로 무려 16조 원을 넘었다.

　위기의 원인으로는 여러 가지를 들 수 있었지만, 가장 핵심적인 원인은 IBM이 자사의 주력인 메인프레임mainframe을 과신하면서 IT 신조류의 확산 속도를 과소평가했기 때문이 아닐까 한다. 당시 IT는 PC 대중화에 이어 서버server의 시대를 열고 있었다. IBM도 메인프레임, PC, 서버 등 IT를 총망라하는 제품군을 가지고 있긴 했지만 머릿속으로는 '우리 회사는 메인프레임 회사'라고 생각하고 있었던 것이다. 메인프레임이 매출의 절반, 이익의 70~80%를 차지하고 있었으니 어찌 보면 자연스러운 일이었지만, 문제는 여타 제품 사업부들이 스스로를 주主가 아니라 부副로 여기면서, 메인프레임의 일하는 방식을 추종했다는 데 있었다. 메인프레임은 지금도 그렇지만 정부기관이나 은행 같은 소수 신용도 높은 고객을 상대하는 고수익 사업이다. 다른 사업부들은 메인프레임보다 수익성도 낮고, 대중적 시장이 타깃이고, 제품 변화 속도도 빨랐다. 그런 차이에도 불구하고 이들은 각자의 시장에 맞추는 것이 아니라, 메인프레임 방식으로 일했다. 그러다 보니, IBM은 무슨 사업을 하든 비용은 높고 속도는 느렸다. 또 시장보다 내부 절차를 중시하는 관료주의가 전사에 만연했다.

고비용, 관료주의, 느린 속도는 IBM에 구원투수로 취임한 CEO 루이스 거스너Louis V. Gerstner, Jr.가 짚어낸 IBM의 3대 문제점이기도 했다. IBM은 이 문제점들을 해결해나가기 시작했다.

첫째, 비용에 대해서는 1993년 기준 매출 대비 경비 비율이 42%였는데 이를 33%까지 줄여야 회생이 가능하다는 결론이 나왔다. 금액으로 70억 달러의 감축이 요구된 것이다. 결국 7만 5,000명이라는 대규모 감원이 단행되었으며 조직도 구조조정을 했다. 특히 고비용 문제가 심각했던 PC 사업부의 경우 씽크패드Thinkpad 하나만 남기고 나머지 브랜드는 전부 없앴다. 또한 125개의 데이터 센터를 3개의 권역 메가 센터와 11개의 서버 농장server farm으로 단순화했다. 결국 70억 달러의 비용 감축을 달성한다.

둘째, 조직을 전략에 정렬시켰다. 조직을 전략에 맞춘다는 것은 말은 쉽지만 막상 추진하려고 하면 걸림돌이 많다. 조직에는 소속된 구성원이 있고, 고유의 역량과 역할이 있으며, 회사 내부의 다른 부서뿐만 아니라 외부와도 연결되어 있다. 어떤 식으로 설계하든 잡음이 없을 수야 없지만, 하물며 새로운 전략에 맞추겠다니! 대규모 감원과 함께 아예 조직을 새로 그릴 수 있었던 것은 그만큼 당시 IBM의 상황이 위급했기 때문이라고 할 수 있다.

IBM은 고객의 모든 IT 니즈를 원스톱으로 해결해주겠다는 이른바 토털 솔루션 제공 전략을 새롭게 수립했는데, 이를 구현하려면 조직이 유기적인 하나로 움직이지 않으면 안 된다는 것을 알아냈다. 그래서 착수한 것이 '원 IBM'이었다. 먼저 조직 구조부터 고객에게 맞추기로 하였는데, 그때까지 따로따로 움직이던 20개 이상의 제품별 디비전들을 7개의 큰 비즈니스 그룹으로 통합해 모두 CEO에게 직접 보고하도록 했다. 고객이 디비전을 이곳저곳 찾아다닐 필요가 없도록 하겠다는 것이었다. 그리고 전략 실행을 밀착 점검하기 위해 CEO와 비즈니스 그룹장, 그리고 스태프 조직 헤드 11명이 2주마다 모여 진행 상황을 체크했고, 권역별 주요 임원과 디비전 사업부장 35명도 CEO와 월 1회 만나서 글로벌 전략·전술을 점검했다.

셋째, 스피드를 높였다. 내부 진단을 통해 IBM은 전체 프로젝트의 3분의 1 정도가 경쟁사 대비 2배의 시간을 쓴다는 것을 알아냈다. 그래서 일단 개발부터 바꾸었는데, 그때까지 결과 중심의 관리를 하던 것을 개발 프로세스상의 주요 길목을 중간중간 점검하는 방식으로 변경하였다. 즉, 결과가 나올 때까지 기다려주는 게 아니라 중간에 개입하여 속도를 높이도록 독려하는 것이다. 놀랍게도 IBM은 이 방법으로 개발 시간을 67%나 단축할 수 있었다. 또 구매와 물류의 경우 기획과 관리를 뺀 모든 다른 활동을 외부에서 아웃소싱하는 것으로 결정했다. 특히 구매는 전자 구매로 바꿔 자재 주문서 작성과 결재에 소요되는 시간을 48시간에서 단 2.5시간으로 획기적으로 단축시켰다. 그뿐 아니다. 그동안 우후죽순 생겨나 따로 움직였던 31개의 사내 네트워크를 1개의 프로토콜 TCP/IP로 통합함으로써 커뮤니케이션 속도도 크게 높였다. 또한 사내에서 빠르다고 평판이 난 프로젝트 리더들을 모아 이른바 스피드 팀speed team을 구성했는데, 이들의 과업은 빠른 팀과 느린 팀을 비교해 차이를 분석해내고 속도를 저해하는 요인을 찾아내는 것이었다. 회사는 스피드 팀의 결과물로 전사 교육을 실시했다.

다른 기업 사례와 달리 IBM만 특별히 과거 이야기를 길게 서술하는 이유가 있다. 우선 1990년대 초 IBM이 맞은 위기는 한국의 빠른 기업에게도 얼마든지 일어날 수 있다는 경고가 될 수 있어서다. 1993년 IBM의 위기 극복 사례는 마치 턴어라운드turnaround(기업 회생)의 교과서처럼 필요한 작업을 다 포함하고 있다. 고비용 구조의 조정, 전략에 맞춘 조직 재설계, 그리고 일하는 방식의 스피드 제고는 하나같이 힘든 과제다. 하지만 자발적으로 3세대 스피드로 이행하는 데 실패하고 강제된 구조조정을 해야 한다면, 힘들지만 필요한 이 3가지 작업을 이행하지 않으면 안 될 것이다.

새로운 트렌드의 발견을 선도

IBM은 새로운 트렌드를 찾아내고 시도해보는 데서 빠르다. 기술 센싱technology sensing뿐 아니라 미래 방향이나 트렌드를 발견하고 의미를 부여하는 데 능숙하다. 이는 당연히 큰 장점이나, 너무 일찍 착수하는 바람에 오래 기다리는 경우도 많아 재무적 부담이 되기도 한다.

특히 가장 먼저 시작해놓고도 실행 스피드가 느려, 실제 경쟁에서 선두 자리를 놓치는 경우도 적지 않다.

IBM을 빠른 기업이라고 할 수 있나?

'빠를 때는 빠른' 기업이다. 어느 영역이냐에 따라 다르다. 예를 들어, 개발 완료된 소프트웨어나 애플리케이션에 대해 판매를 시작하는 데 시간이 많이 걸리는 편이다. 그런가 하면 개발 자체는 비교적 빨리 완수해낸다.

의사결정과 실행 중 어느 쪽이 더 빠른가?

의사결정은 아주 빠르고 실행은 업계 중간 정도이다. 의사결정의 경우 스피디하기도 하지만, '남보다 일찍earlier than others'에 강점이 있다. 온 디맨드on demand, 클라우드 컴퓨팅cloud computing 등을 가장 먼저 채택했다. 클라우드는 IBM이 시작한 지 10년 동안 시장이 만들어지지 않았을 정도다. 2014년 1월 로메티Ginni Rometty는 '왓슨Watson'을 별도 사업부인 왓슨 그룹으로 승격시키고 10억 달러 투자를 결정했는데, 다들 이 빠른 결정에 놀랐다. 인지력 있는 슈퍼컴퓨터 왓슨도 7~8년 전 TV 퀴즈쇼 〈제퍼디Jeopardy〉에 출연시켜 다른 참가자들과 경쟁하도록 해 보자는 아이디어로 나왔다. 그런데 이 아이디어가 성공적으로 발전하면서 결국 그룹화 결정을 이끌어낸 것이다. IBM은 '될 만한 아이디어'를 보면 그에 투자하겠다는 의사결정이 빠르다. 재무나 인사 등 간접

기능들도 굉장히 빠르고 강력하다.

혹시 의사결정의 크기가 작아졌는가? 예전에 비해 '작은 의사결정'들이 대세라고 생각되나?

IBM은 예전에도 아이디어가 활발히 실험되었지만 지금은 확실히 '빠른 실패 모델model of fail fast'이 대세다. 이것은 모든 거대 기술 기업들의 필연적인 방향이라고 생각한다. 왓슨도 초기에는 아이디어로 출발해 얼마 지나 20~30명 정도의 과학사가 참여하는, 예산 800만~1,000만 달러 정도의 프로젝트가 되었다. 대기업에서 1,000만 달러 이하 프로젝트는 충분히 실패를 감수할 수 있을 정도의 규모다. 처음에는 퀴즈쇼에 출전시켜보려고 만들었지만 지금은 빅데이터를 이용해 암 치료 등 의료 분야에 적용하고자 한다. 작은 의사결정이 길을 만들고 나중에 큰 전략으로 발전한다.

실행 스피드는 어떤 근거로 '중간 정도'라고 말하는 것인가?

아이디어도 많이 나오고 의사결정도 빨리 되는 반면 시장으로 나가는 데 시간이 많이 걸린다. 예를 들어, 예전에 MS의 윈도우와 경쟁하려고 OS/2를 개발했는데 시장에 나오기까지 너무 오래 걸려 결국 없어지고 말았다. 이런 경우는 많다. 의사결정은 빨리 되었는데도 그 뒤 실행이 느리고 특히 개발보다는 개발 이후 시장에 나오는 과정이 느려 타이밍을 놓치는 경우가 많다.

IBM은 '선도한다'라는 것이 자연스러운 회사다. 시장을 선도하는 것은 물론 트렌드를 논하고 방향을 제시하기를 좋아한다. 사회와 미래에서의 자사 역할에 대해 자부심도 높다. IBM의 전략인 '스마터 플래닛Smarter Planet'은 인류 미래에 대한 다면적 분석을 토대로 하며 다양한 기술을 포괄하는 '전략계의 일류 작품'이다. 추측건대 IBM의 전략을 참고해 사업 전략을 구상한 기업이 한둘이 아닐 것이다.

이런 기업이, 클라우드 컴퓨팅을 시작하고 10년 동안 시장이 생기기만 기다린 선도자가, 학수고대한 시장이 본격화되자마자 다른 기업에, 그것도 소매업을 하는 아마존에 1위를 빼앗겼으니 얼마나 큰 수모였을지 상상이 가는가! 메인프레임을 독점하던 시대는 예전의 IBM에나 적용되는 이야기다. 지금의 IBM은 레드오션에서 경쟁해야 한다. 1993년 대대적인 변신 작업 이후 IBM은 상시 구조조정을 선포했고 실천했다. 그 어떤 것도 그대로 머무르지 않을 거라는 위기의식이 상존한다. 그럼에도 다시 태생부터 빠른 인터넷 기업들에게 스피드에서 밀리고 있는 것이다.

규정과 프로세스의 스피드로는 부족

IBM은 과거에 비해 빠르다. 강력한 센싱 기업 IBM은 인터넷 기업의 발흥과 그들의 강점을 놓치지 않았다. 스스로도 빨라져야 한다는 것을 느꼈고 실제로 빨라졌다. 하지만 이들과 경쟁하기에는 여전히 부족하다. IBM은 뼛속까지 프로세스 기업이다. 규정대로 움직이고 R&R이 지배하는 조직이다. 그것이 IBM을 빠르게 하는 동시에 3세대 스피드 강자보다 느리게 만든다.

IBM에서는 누가 의사결정을 하는가?

만약 의사결정이 금전적인 것이라면 금액에 따라 의사결정자 직위가 다르다. 사인오프sign-off를 할 수 있는 한도 금액이 정해져 있다. 영업에서는 이것이 명확하다. 다른 직무에서도 직무기술서job description에서 상당히 분명히 권한을 정해놓고 있다. 결정 권한에 대한 혼란은 별로 없다. 금전 관련 의사결정이 아니라 액션action을 취하느냐 마느냐의 결정decision이라면 특히 직무기술서에 명시되어 있다. 자기 권한이면 본인이 결정하고 아니라면 위로 올려 보내야 한다. 상당히 분명하다.

IBM의 크고 작은 프로세스에는 책임자가 있다. 이들을 프로세스 오너process owner라고 부른다. 자신의 프로세스에서는 이들이 의사결정을 한다. 이들이 의사결정 오너가 되는 것이다. 오너가 있으면 책임소재가 분명해진다. 그렇지 않으면 위원회가 결정을 하게 되거나 복잡한 합의가 별도로 필요하다. 오너가 있는 편이 훨씬 빠른 의사결정을 가능하게 한다. IBM에서 의사결정 오너는 분명하다. 10년 전에는 오너가 없었다. 그래서 의사결정이 느렸다. 상당한 변화이다.

IBM에서 빠른 의사결정 니즈는 어떻게 형성되고 있나? 무엇을 기준으로 하며, 무엇이 드라이버인가?

IBM은 과거에 비해 정말 빨라졌다. 효율을 중시한다. 한때는 간접비가 엄청났고 움직임이 느린 공룡 기업이었지만 하드웨어에서 소프트웨어, 서비스로 이행하면서 사이클이 달라지니까 우리 자신도 빨라지지 않으면 안 된다는 것을 절감했다. 지금은 경쟁사들의 존재가 우리로 하여금 빠르지 않으면 안 되게 만든다. 예를 들어, IBM은 구글이나 아마존과 데이터 센터를 두고 경쟁한다. 이 두 기업은 엄청나게 빠르다. 우리가 이들보다 느리게 움직이면 결과는 뻔하다. 사업이 망한다.

조직 계층이 의사결정을 느리게 만들지는 않나?

예전에는 위계 때문에 의사결정이 느려졌었다. 지금은 그렇지 않다. 지금은 퍼스트 라인 매니저first line manager가 직접 임원에게 보고한다. 예전에는 생각조차 할 수 없었던 일이다. 지난 10년간 적어도 4개의 계층이 제거되었다. 예를 들어, 2000년대 초 IBM의 디렉터director는 피프스 라인 매니저fifth line manager였다. 즉, 그 사람 밑에 4개의 관리계층이 있었다는 말이 된다. 지금은 1개 계층밖에 없다. 계층의 수도 줄었지만 아래 계층이 최상위 계층과 직접 논의하고 보고할 수 있게 된 것이 큰 변화다.

그렇다면 지금의 디렉터는 예전의 디렉터에 비해 권한이 작아진 것이 아닌가?

퍼스트 라인 매니저의 권한은 커졌다. 그렇다고 디렉터의 권한이 작아진 것은 아니다. 변한 게 있다면, 디렉터가 과거에 비해 훨씬 더 신속하게 많은 결정을 내려야 한다는 점이다. 그렇기 때문에 기술적 지식을 더 많이 요한다. 책임도 더 많이 져야 한다. 잘못된 의사결정이 내려지면, 이제는 누가 어디서 잘못 결정한 것인지가 너무나 분명하다.

'여기서부터는 어떻게?'가 문제

IBM은 스스로의 강점과 약점을 잘 알고 있다. 경쟁자의 특징도 잘 파악하고 있다. 계속 변하지 않으면 안 된다는 것을 CEO부터 조직의 아래쪽 구성원들까지 잘 알고 있다. 하지만 다른 한편, 장기간 계속된 구조조정과 변화 그리고 불안정성에 심한 피로를 느끼고 있는 것 또한 사실인 것 같다. 이 거대한 기업을 어떻게 다음 단계로 이행시키느냐는 도전 과제임에 틀림없다.

혁신적 기업의 스피드와 빠른 추격자의 스피드는 어떻게 다르다고 생각하는가?

혁신 기업은 대체로 '빠른 실패 모델'을 따른다. 누구보다 먼저 테스트해서 빨리 진행해보고, 만약 다음 단계로 올라가지 못할 것을 알게 되면 적시에 그만두는 모델이다. 만약 다음 단계로 올라갈 수 있음을 알게 되면 조직 내 다른 파트에서 이 아이템을 상업화한다. 주도적 기술 기업들은 다들 이 모델을 활용하고 있고, 이 모델을 통해 새로운 사업 거리를 찾아나간다. 이 모델이 산업의 모습을 바꾸고 있다. 이것이 혁신 기업의 스피드인 것 같다.

그렇다면 예전에는 지금보다 실패에 대한 두려움이 더 컸나?
물론이다. 예전의 IBM은 실패를 안 하려고 돈을 계속해서 쏟아 부었다. 실패라는 것은 변명의 여지가 없는 결과로 간주했다. 지금은 완전히 다르다. 새로운 일을 추진하기가 훨씬 쉬워졌다.

IBM이 직면한 가장 큰 도전은 무엇인가?
매출 증대이다. IBM은 1,000억 달러 규모의 기업이다. 비용 절감도 잘하고 있고 효율화도 잘하고 있지만, 이렇게 큰 기업의 매출을 계속 증가시킨다는 것은 쉽지 않다. 그렇기 때문에 작은 기업, 창업 기업의 스피드가 더욱 필요한 것이다. 아마 거대 기업들은 '빠른 실패 모델'을 더 많이 활용할 것이다. 그렇지 않으면 성장하기 어렵기 때문이다.

앞에서 언급했지만 이 책에서 사례로 다룬 7개 선진 기업 중 IBM이 재무적으로 가장 어려운 상태다. 전략 분야는 진즉에 결정해놓았지만 각 분야마다 스피드 특화 기업과 경쟁해야 한다는 것이 큰 난관이다. 하지만 IBM은 기술과 트렌드 센싱에 강점을 가지고 있다. 사업 분야도 다양하다. 거기에 더해 '빠른 실패 모델'을 작동시켜놓고 있다. 만약 4차 산업혁명이 우리를 둘러싼 모든 생활 영역에서 일어난다면 그 안에서 자신이 할 수 있는 일을 가장 먼저 찾아낼 회사가 바로 IBM 아닐까. 가장 급변하는 업종에서 변신에 변신을 거듭해온 거인 IBM이 얼마나 빨리 다음 방향을 찾아가는지 지켜보자.

15장

기어 체인지가
필요한 GE

20세기 말 GE는 단연 최고의 기업이었다. 30만 명을 거느린 거대한 다각화 기업이 스타트업처럼 민첩하게 움직이겠다고 하니 대기업병이 만연하던 시절에 얼마나 신선하게 느껴졌는지! GE는 고성장과 스피드 경영으로 세계 경영자들의 교과서가 되었다. 그런데 21세기로 들어서면서 GE는 더 이상 스포트라이트를 받지 못하고 있다. 눈에 띄는 성장도 없고 특별히 빨라 보이지도 않는다. 그동안 무슨 일이 있었던 것일까? 현재의 모습은 어떠하며, 스피드를 높이고자 어떤 노력을 하고 있을까?

리더십 스타일의 차이가 스피드 차이를 낳았다

GE 인터뷰이는 내가 스피드 인터뷰를 수행하며 만난 사람 중 가장 고위직이다. 최근 사직한 이 인터뷰이는 조직에 관한, 흔히 접할 수 없는 통찰력을 제공해주었다. GE와 관련해서 들어도 흥미롭지만 GE와 무관하게 리더십의 역할에만 포커스를 맞추고 들어도 배울 점이 많다. 그래서 대개 복수의 인터뷰를 편집한 다른 장과 달리 이번 장은 이 인터뷰이의 답변만을 가지고 꾸며보겠다.

GE가 더 이상 스피드의 아이콘이 아닌 이유는 자명하다. 그사이 많은 다른 스피드 아이콘들이 새롭게 등장한 데다 이들 스피드 아이콘은 모두 인터넷 기반 기업인 데 반해 GE는 스피드가 낮을 수밖에 없는 전통적 제조업 기반이기 때문이다. 그런데 놓치기 쉬운 한 가지 중요한 사실이 더 있다. 그사이 GE의 최고경영자가 바뀌었다는 것이다. 과연 최고경영자 교체가 GE 스피드에 영향을 주었을까? 그렇다. 상당한 영향을 미친 것 같아 보인다.

GE는 경쟁사 대비 빠른가?

GE 전사 차원으로 볼 때 경쟁사 대비 빠르지도 않고 그렇다고 특별히 느리지도 않다. 중간 정도라고 보면 될 것 같다. 알다시피 GE는 다각화 기업이다. 다양한 사업을 포함한다. 스피드는 성장에 비례하고 리스크 테이킹risk taking에 비례한다. 그런데 캐시카우cash cow 사업은 리스크 테이킹을 많이 안 하려고 한다. 따라서 스피드를 낼 수가 없다. GE의 경우 풍력, 발전, IoT, 해저 오일과 가스는 성장률이 높다. 리스크 테이킹도 하고 스피드도 빠르다. 인간-기계 인터페이스, 지리 정보 시스템, 자산 관리 시스템, 진단 시스템의 소프트웨어는 6개월에 한 번씩 업데이트된다. 하지만 경쟁사에 비해 빠른 정도는 아니다. GE 사업부 중에서는 빠르지만, 경쟁사와 대비해서도 빠르지는 않다.

10년 동안 스피드가 많이 느려졌다.

잭 웰치 때는 전사 차원 스피드를 이야기할 수 있었다. 한 회사로 끌고 갔다. 하지만 지금 제프리 이멜트는 여러 가지 다른 이야기를 한다. 그래서 각 사업부가 시장 여건에 맞는 스피드를 취하고 있다. GE 전사의 스피드를 한마디로 표현하기는 힘들다.

스피드가 느려진 원인은 무엇인가?

그 이야기를 하자면 웰치와 이멜트 경영 스타일의 차이부터 이야기해야 한다. 웰치는 실적 목표를 맞추지 못하는 리더를 해고했다. 첫해는 그냥 둘지 몰라도 그 이듬해에도 달성을 못하면 반드시 해고했다. 그래서 목표를 달성할 수 있을 것이라 예상되면 그 사업부는 더 이상 리스크 테이킹을 하지 않았다. 만약 목표를 못 맞출 것이라 예상되면 그 사업부 리더는 리스크 테이킹을 했다. 첫해에 못 맞추었다면 이듬해에는 더 큰 리스크 테이킹을 했다. 어차피 해고될 것이기 때문이었다. 이멜트는 굉장히 다르다. 시장 여건이 안 좋아 목표 달성을 못 한 거라면 그 사람을 그냥 유지시킨다. 리스크 테이킹은 새로운 과업을 만들어낸다. 해야 할 일이 많아진다. 리스크 없이 현 상태 유지에만 집중한다면 기존에 하던 일만 하면 된다. 전자가 더 빨라야 하는 건 당연하다.

리스크 테이킹을 안 할 때 조직은 어떻게 변화하는가?

웰치가 공포 기반 경영을 할 때는 리더들이 굉장히 빨리 의사결정을 했다. 그리고 그 의사결정에 대해 누구도 뭐라고 하지 않았다. 잘 안되면 본인이 해고될 텐데 다른 사람이 옆에서 뭐라고 하겠는가. 하지만 공포가 없어지고 나니 리더들은 더 많은 합의를 생성시킬 필요가 생겼다. 결과에 대해 자신의 책임이 분명하지 않으니 합의로 의사결정을 하는 것이 좋겠다고 생각한 것이다. 합의를 이끌어내기 위해 조직이 복잡해졌다. 그러면서 스피드가 저하된 것이다. 복잡해져서 스피드가 저하되기도 했지만 또 한편 여러 비즈니스 리더의 합의를 이끌어내는 것은 리스크 회피성을 높이게 된다. 1억 달러 비즈니스의 리더들한테 "10억 달러를 벌 기회가 있으니 1,000만 달러를 투자하라"라고 하는 것과 이멜트에게 똑같은 제안을 하는 것 중 어느 쪽이 더 통할까? 이멜트가 리스크를 감수할 가능성이 훨씬 높지 않겠나? 합의란 리스크 프로파일risk profile이 다른 사람들을 모아놓고 뜻을 모아야 하는 일이기 때문에 리스크 회피 성향을 키울 수밖에 없다. 또 한 가지, 많은 사람이 이멜트가 추진하는 프로그램 수가 적으면 더 효과적일 것이라고 생각한다. 30만 명을 움직이려면 단순하고 명료한 방향성이 효과적이다. 10개 방향으로 움직이는 것은 쉽지 않다. 그래서 조직이 느려지는 측면이 있다.

나는 인터뷰이에게 웰치와 이멜트 중 누가 더 훌륭한 리더인지 물었다. 각자가 자기 시대에 적합한 리더라는 게 그의 대답이었다. 1990년대와 2000년대는 너무나 다른 시대이고 2010년대는 2000년대에서 또 발전했다. 웰치의 성과가 우월했지만 그렇다고 웰치의 리더십이 지금 시대에도 맞다고 볼 수는 없다. 오히려 이멜트가 더 적합하다. 단지 충분히 강하고 분명하게 드라이브를 못한 것이 단점이다. 불충분한 드라이브는 조직을 느리게 만들기 때문이다.

이멜트는 웰치에 비해 리더로서 뒤떨어지나?

어떤 면에서는 그렇고 또 어떤 면에서는 그렇지 않다. 이멜트는 좋은 실적을 내지 못했지만 새로운 시대에 GE를 적응시키고자 노력하고 있다. 웰치는 오직 실적에만 관심이 있었을 뿐 이노베이션에는 무관심했다. 징벌로 관리했지 인센티브는 없었다. 과연 그런 리더십을 지금 발휘했다면 잘 작동할 수 있었을까? 이멜트는 이노베이션에 대해 인센티브를 준다. 첫째 인센티브는 개인적인 터치다. 프로젝트에 관심을 가지고 들어준다. 둘째, 사업부가 돈이 없으면 전사 예산을 할당해준다. 그렇게 오랜 과거는 아니지만 웰치의 시대가 훨씬 단순했다.

산업 인프라계의 구글?

2015년 이멜트는 금융 부문을 매각하고 GE의 정체성을 산업 인프라 기업으로 확실히 하겠다고 결정한다. 이 결정이 발표된 얼마 후 《포천》지가 이멜트에게 본인의 전체 경력 중 최대 실수는 무엇이었는지 물었을 때 그는 "올바른 방향을 알고 있으면서도 막상 그것을 결정하고 이행하는 데 너무 느렸다는 점"이라고 대답한다. 인터뷰어가 다시 금융에 관해 "왜 빨리 실행에 옮기지 못했나?"라고 질문을 던지자 이멜트는 "고려해야 할 요인들이 너무 많아서"라고 대답한다.[*]

우리는 과거 어느 때보다 복잡한 시대를 살고 있다. 여기서 복잡성이란 요인의 수가 많을 뿐 아니라 이 요인들이 독립적으로 존재하는 것이 아니라 상호의존적임을 말한다. 의사결정이 어려워지는 것은 당연하다. 기다리는 시간도 길어진다. 스피드가 떨어지는 것이다. 나중에 5부에서도 이 문제를 다루겠지만, 이멜트의 대답은 바로 이 시대 기업이 직면한 의사결정의 딜레마를 그대로 보여준다. 큰 방향은 알면서도 고려해야 할 요인들이 하도 많아 섣불리 의사결정을 할 수 없는 상황인 것이다. 앞서 3부에서 스피드 특화 기업들은 이 문제를 빠른 실험과 실패를 통해 한 걸음씩 움직임으로써 해결하고 있음을 보았다. GE도 이 흐름에 동참하고 싶어한다. 과연 가능할까? GE가 최근 노력을 기울이고 있는 패스트웍스FastWorks와 단순화 simplification[**]에 대해 질문을 던져보았다.

---

[*] "The Chat with Fortune and GE CEO Jeff Immelt" (2015. 6. 2). *Fortune*.

[**] 제프리 이멜트는 2013년 이래 의사결정 프로세스 및 조직 구조 단순화가 GE의 새로운 일하는 방식이라고 선언하며 변화 드라이브를 걸고 있다. 또한 불완전한 시제품 몇 개를 고객에게 미리 보여주고 반응을 받아본 뒤 다시 변경하는 반복적 과정(FastWorks)을 통해 스피드와 제품의 성공률을 높일 것을 요구하고 있다.

IBM은 합의 형태의 의사결정 구조를 없애고 개인이 책임지는 쪽으로 바꾸어 스피드를 높였다고 한다. 현재 기준으로 IBM이 GE보다 빠른가?

IBM은 고객에 대한 의사결정을 할 때는 빠르다. 고객 어카운트 팀들은 곧바로 의사결정을 하고 기준도 명확하기 때문이다. 하지만 조금만 고객과 멀어져 조직 내부로 들어가면 IBM도 별로 빠르다고 생각하지 않는다.

실행 스피드는 어떤가? GE와 IBM 중 어느 쪽이 빠른가?

빠르기가 다르다. 그리고 고객이 지각하는 스피드는 또 다를 수 있다. GE는 기본적으로 하드웨어 회사고 IBM은 서비스와 소프트웨어 회사다. 소프트웨어는 잘못 만들어져도 고객 측면에서 실드shield를 칠 수 있다. 거기서 빨리 움직이면 고객은 결함 있는 소프트웨어를 받고도 IBM이 빠르다고 생각할 것이다. 반면 GE는 고객과의 사이에 실드가 없다. 하드웨어는 한번 가면 거기에 대한 책임을 전적으로 져야 한다. 그렇기 때문에 GE는 더 완벽하게 만들어 전달하고자 한다.

이멜트는 처음부터 완벽하게 만들지 말고 프로토타입prototype으로 고객 피드백을 받으며 완성품을 만들어나가자고 하지 않나? 그것이 '패스트 웍스'와 '단순화'의 핵심 아닌가?

대규모 시장조사를 하고 그 분석 결과에 입각해 완벽한 제품을 만들어도 그사이 시장 선호가 바뀌었을 수 있으니까 완성도가 낮더라도 빨리 제품을 내서 고객의 피드백을 받고 그 피드백으로 반복iteration을 더 하사는 것이다. 좋은 생각이다. 하지만 그렇다고 그것이 더 나은 실행 방식이라는 것은 아니다. 단지 다른 혁신 방식일 뿐이다.

'단순화'는 GE 조직 전반에서 수용되고 적용되고 있는가?

전반적으로 그런 것은 아니다. 자본집약적 사업에서는 적용이 힘들다. 예를 들어, 가스 터빈은 제품 하나를 개발하는 데 10년이라는 기간과 10억 달러라는 돈이 소요된다. 반면 덜 자본집약적인 의료 기기는 얼마든지 '패스트웍스'가 가능하다. 중국에서 개발해 중국 고객에게 피드백을 받아볼 수 있고, 그런 일을 인도에서 해볼 수도 있다. 각각의 시장에서 반복 시도할 수도 있다. 사업부마다 패스트웍스를 받아들이는 정도가 다르다.

이멜트가 전사 차원 이니셔티브를 추진하는데 어떤 사업부는 따르고 어떤 사업부는 안 따르는 건 괜찮은 것인가?

이멜트는 모든 사업부가 획일적으로 수용할 것을 기대하지 않는다. 이멜트는 회사를 움직이고자 하지만 그렇다고 사업부를 찾아가 구체적 지시나 개입은 하지 않을 것이다. 왜냐하면 그렇게 하는 즉시, 그 사업부의 성과 책임을 이멜트 본인이 져야 하기 때문이다.

'GE식 3세대 스피드'는 가능할까

GE가 구글을 닮고자 하는 것은 충분히 이해가 간다. 바람직하기도 하다. 하지만 또 하나의 구글이 되기는 어려울 것 같다. 제2의 구글이 되지 않으면서 3세대 스피드를 장착하는 것이 가능할까? 스피드를 고민하고 인식을 공유하고 실천을 확산하면 얼마든지 가능하다는 것이 내 생각이다. 독자는 어떻게 생각하는가? GE의 스피드 현황을 조금만 더 살펴보고 미완의 판단을 내려보도록 하자.

> 요즘 기업들은 하드웨어·소프트웨어·서비스를 다 한다. 모든 기업이 기본적으로 기술 기업이어야 한다는 말도 있다. 그래서 스피드나 퀄리티에서 충돌이 좀 있는 것 같다. GE는 어떤가? 하드웨어도 자꾸 소프트웨어·서비스랑 결합되는 추세 아닌가?
>
> 좋은 예가 의료 기기다. 헬스케어 서비스가 의료 기기에 센서를 달아 더 많은 서비스를 제공하고 싶어하는데 의료 기기 쪽에서는 가격 인상 요인이라는 점 때문에 거절했다. 그래서 결국엔 '서비스' 부문이 자기네 돈으로 센서를 달았다. 제품 가격은 동일하지만 나중에 고객과의 별도 서비스 계약을 요청해 돈을 많이 벌었다. '하드웨어'와 '서비스'의 공존은 분명히 잠재적 마찰 요인이지만 건별로 풀어가는 편이다. 하나의 정답은 없는 것 같다.

하드웨어와 서비스의 공존이 어떻게 하면 더 원활하고 효과적으로 이루어질 수 있을까?

무엇보다도 보고 체계를 잘 갖추어야 한다. GE는 같은 제품에 관한 한 하드웨어와 서비스가 1명한테 보고하는 시스템을 만들어놓았다. 그래서 문제를 해결한다. 만약 몇 개 계층을 올라가도 서로 만날 일이 없다면 이견이 표면화될 기회도, 해결될 기회도 없을 것이다. 그렇게 되면 서로 다른 생각을 하다가 낭비만 발생시킬 것이다. 서로의 상이한 니즈를 1명의 상사가 보고받아 빨리 의사결정을 해주는 체계를 정립해야 한다. 두 계층 이상 가야 하면 사람들은 그냥 덮어두게 된다. 그 문제가 쓸데없이 큰 문제를 만든다고 생각하기 때문이다. 서로 다른 니즈가 충돌하면 바로 위에 이 두 측면을 관장하는 상사를 두는 것이 맞다. 예전에는 이런 문제가 이멜트에게까지 가도록 되어 있었는데 그때는 표면화조차 되지 않았다. 보고 체계를 바꾸니까 해결되더라.

외부와의 협업 필요도 높아지고 있는데, 외부와 협업하면 장점도 많지만 스피드 컨트롤이 어렵지 않나? GE는 어떻게 하고 있나?

벤더vendor 관계라면 벤더를 잘 선택하면 스피드를 오히려 높일 수 있다. 그 대상이 정부라면 기업이 할 수 있는 것은 많지 않다. 그저 일이 되기를 바라는 수밖에 다른 방법이 없는 경우가 종종 있다. 하지만 웰치 시절에 비해 지금의 GE는 외부 관계자 관리력이 수천 배는 향상되었다고 말할 수 있다. 지금은 별도 조직을 가지고 있다. 법무실Legal

Department 안에 대관對官, Government Relations 팀이 있는데 여기서는 30개 국이 넘는 국가에 그 나라 정부만 담당하는 인력을 파견해놓고 있다. 미국의 주정부도 여기서 담당한다. 그렇지만 정보를 얻고 필요할 때 영향력을 미칠 수 있어도 정부가 관련되었을 때 우리가 스피드를 컨트롤할 생각은 할 수 없다. 네트워크, 지식, 노하우를 축적하되 스피드 컨트롤에 대해서는 어느 정도 마음을 비워야 한다.

GE는 3세대 스피드의 강자들이 요즘 마찰을 겪고 있는 대정부관계나 정책에 있어 충돌이 확실히 적은 편인 것 같다. 산업 인프라 기업답게 이 영역에서는 선도자로 보인다. 4차 산업혁명에서 '스톱stop'과 '고go'를 결정하는 것은 기업이나 기술이 아니라 결국 각국 정부의 정책이라는 주장이 있다. 이런 맥락에서 볼 때 GE가 진행하는 IoT 사업은 다른 기업보다 원활히 글로벌화할 것이라는 예상도 가능하다. 스피드 기업으로서 4차 산업혁명 시대의 한 축을 담당하는 GE, 충분히 상상 가능하지 않은가.

GE도 구글처럼 작은 실험이 활성화되는 징후는 없나?

그런 움직임이 있다 하더라도 임팩트는 크지 않다. GE는 거대 기업이고 엄청난 관성을 가지고 있다. GE를 움직이려면 큰 방향의 변화가 있어야 한다.

아이디어는 자유롭게 흐르는가?

그렇다고 할 수 있다. GE의 경영진은 개인 성향에 따라 다르겠지만 '풀 콘택트full contact'를 하는 편이다. 전면적 논쟁에 익숙하다. 그러길 꺼리는 사람도 있지만 리더의 80% 정도는 논쟁과 이견에 익숙하다. 의견은 자유롭게 개진되고 반대도 얼마든지 할 수 있는 문화다. 사실 이 측면은 GE의 가장 큰 장점으로 알려져 있다.

IBM과 GE 중 어느 회사가 권한위양이 더 잘되어 있나?

당연히 IBM이 더 잘되어 있다. 업의 차이 때문이다. GE는 거래 규모나 투자 규모가 크기 때문에 리스크 관리를 많이 한다. 검증하고 또 검증한다. IBM은 그런 면에서 GE보다 훨씬 더 자유롭다.

본인이 해야 할 결정인데도 리스크를 지기 싫어 상사에게 의사결정을 해달라고 올리는 경우도 있나?

그것은 문화적으로 용인이 안 된다. 대신 GE에서는 도저히 자기 혼자 결정할 수 없을 때 리스크 위원회Risk Committee에 가서 듣고 그들이 조언해주는 대로 결정하는 경우는 있다. 상사가 의논 상대로서 조언을 해주기는 하지만 의사결정을 대신해주지는 않는다. 단, 상사는 부하가 자기 잘못을 깨닫는 즉시 누구보다 먼저 상사인 자신에게 그 사실을 알려주길 기대한다.

IBM이 GE에 비해 권한위양이 더 잘되어 있다면 GE도 그쪽 방향으로 가야 하는 것인가, 아니면 지금 상태로 좋은가?

개인에게 권한을 더 주어야 한다. 권한을 안 주면 위원회가 결정을 하게 되고 그렇게 되면 책임지는 사람이 아무도 없다. 조직이 느려진다. 물론 권한을 주면 책임도 져야 하기 때문에 해고의 위험성은 증가한다. 그래도 그렇게 할 수밖에 없다. 그래야 스피드가 올라가니까.

30만 명을 거느린 거대 기업이 다시 한 번 고속 기어로 변속하려 하고 있다. 이 방향은 누가 최고 리더십에 있든지 간에 추진하지 않으면 안 되는 방향이다. GE는 이멜트 재임 기간 중 사업 포트폴리오가 대변신을 했다. 이제 목표는 비교적 분명해졌다. 신뢰의 경우, 제도적 신뢰는 상대적으로 잘 갖추어져 있으나 리더십 신뢰는 아마도 보강이 필요할 것 같다. 권한 문제에서는, 인터뷰이의 답변대로 개인 책임을 강화시켜야 할 것이다. 그러면서 가능한 한 가볍고 빠르게 움직이려는 노력이 계속되어야 한다. 산업 인프라의 스마트화를 선도하는 '빠른 GE'를 기대해본다.

16장

MS가 새로운 목표를
세우지 않으면

안 되는 이유

1975년에 설립된 MS는 무엇보다도 '뚜렷한 목표'가 특징인 회사였다. 명문화된 목표는 아니었다. 대학을 휴학하고 회사를 차린 20세의 CEO 빌 게이츠, 그리고 그와 함께 중학교 때부터 컴퓨터 프로그래밍에 푹 빠졌던 공동 창업자는 코딩하는 중간중간 "모든 가정에, 모든 책상 위에 컴퓨터가 놓인 세상"을 이야기했다. 2008년 빌 게이츠가 MS 회장직에서 물러났을 때 그 꿈같은 목표는 진즉에 이루어져 있었다. MS-DOS가 IBM의 신형 데스크톱에 깔리면서 MS의 목표는 빠르게 이루어져갔다. 그 뒤 윈도우와 MS오피스로 PC 세계의 진정한 지배자가 되었다.

목표를 이룬 MS는 그 뒤 자신의 위상을 유지하는 데 집중했다. 덕분에 PC 산업에서 MS의 지배력은 여전하다. 문제는 PC 산업의 성장 정체다. MS는 새로운 목표를 세울까? IT가 PC에서 모바일로, 그리고 이제 실생활과 모든 산업으로 빠르게 확산되는 가운데 새로운 목표 없이 변화의 물결을 선도할 수는 없을 것이다.

그러나 동시에 지난 10여 년간 지배력 유지를 최우선 전략으로 삼았던 회사가 새롭게 목표를 설정하고 스스로를 변화시키는 것 또한 쉬운 과제는 아니다. 특히 그동안 많이 느려진 MS로서는 말이다. 이번 장에서는 MS가 느려진 이유를 조직 내부에서 찾아보자. 그리고 앞으로 MS가 어떻게 변화하고 얼마나 빨라질지 지켜보자.

지배적 지위를 얻은 대신 스피드를 잃은 MS

한때 MS는 빨랐다. 하지만 어쩐 일인지 이제는 아무도 이 회사가 빠르다고 생각하지 않는다. 이 회사를 선도자라고 생각하지도 않는다. 느린 회사가 여전히 강력한 영향력에, 매년 20조 원에 가까운 어마어마한 규모의 순이익을 거두고 있다고? 인터뷰 답변을 따라가보자.

MS는 동종의 다른 기업에 비해 어느 정도나 빠른가?

전혀 빠르지 않다. 의사결정이나 실행, 둘 다 안 빠르다. 과거에는 굉장히 빨랐다. 나는 MS에서 20년 근무했는데 초기에는 의사결정도 빨랐고 실행도 빨랐다. 그런데 회사가 커지면서 속도가 많이 떨어졌다. 내가 입사했을 때 MS 규모는 7,000명이었다. 지금은 13만 명이 넘는다. 이제는 동종 업계에서도 MS는 느리다고 평가된다.

회사가 커지며 스피드가 떨어졌다면 규모가 MS가 느려진 주요 원인인가?

규모는 여러 원인 중 하나일 뿐이다. MS의 조직 운영 방식이 큰 영향을 미쳤다. MS는 매트릭스 조직matrix organization이다. 즉, 한 비즈니스 그룹의 결정을 이 그룹 혼자서만 내릴 수 없다. 이러한 조직 방식이 의사결정 속도를 굉장히 늦춘다. 지난 20년간 많은 경쟁자가 부상했다. 애플, 구글, 아마존 등. 이들 중 누구도 MS와 같은 조직 운영 방식을 가지고 있지 않다.

20년 전에는 의사결정이 어떤 식으로 이루어졌나?

2000년대 초반까지는 빌 게이츠가 회사 운영과 제품 개발을 리드했다. 그때의 기본 철학은 직원들에게 권한을 부여하는 것이었다. 당시 MS만큼 직원을 임파워시키는 회사는 없었다. MS에서는 "맞다고 생각하면 해라. 해보고 나서 당신의 결정이 잘못되었다는 결론이 나면 그때 용서를 구하라"라는 식이었다. 이 철학은 직원들을 창의적이고 혁신적인 방향으로 강하게 몰고 갔다. 이런 식으로 비즈니스가 성장했다.

그래서 그 이후 변해가는 과정은 어땠나?

회사가 커지면서 의사결정 리스크도 커져갔다. 직원들이 알아서 의사결정을 하도록 마냥 맡겨둘 수 없게 되었다. 그래서 프로세스가 많이 도입되었다. 제도가 많이 생겼다. 그중 하나가 매트릭스 조직이다. 또한 가지는 강제 배분 상대평가다. 상대평가 때문에 직원들은 자기가 꼭 의견을 내거나 관여할 필요는 없는 사안에까지 관여하고 의견을 개진하게 되었다. 원래 성향이 공격적이고 혁신 지향적이던 사람들이 밖으로의 혁신 속도가 느려지니까 내부 경쟁을 시작한 것이다. 내부 경쟁은 다시 전체 스피드를 저하시켰다. 몇 년 전 유망한 신기술을 개발했는데 개발이 완료되는 시점에서는 우리가 최초였고 유일했다. 나는 그 기술의 시장화에 관여했다. 그런데 시장까지 나가는 데 시간이 너무 오래 걸려 결국 애플이 우리보다 6개월 빨리 그 기술을 시장에 내놓았다. 그런 경우는 많다.

경쟁도 건강하게 할 수 있지 않나? 경쟁이 스피드를 높인다는 말도 있다.
그런 경쟁도 있겠지만 MS의 내부 경쟁은 파괴적 경쟁이다. 아마 건강한 경쟁은 협력이 가능한 경쟁일 것이다. MS에서는 한 그룹이 빛나려면 다른 그룹이 앞으로 나아가지 못하도록 해야 한다. 그래서 경쟁은 굉장히 파괴적인 결과를 초래한다.

인터뷰이는 매트릭스 조직이 MS의 속도를 저하시켰다고 말한다. 하지만 그 이전에 MS가 새로운 도전을 하지 않게 되면서 속도를 높일 필요가 없어졌기 때문에 느려진 것은 아닐까? 어느 쪽의 영향이 더 컸는지는 단언할 수 없지만 2가지 모두 스피드 하락에 일조했으리라. 결과는 인터뷰이의 말처럼 파괴적 경쟁이었다. MS 조직 내부의 역기능은 〈그림 9〉처럼 희화화되기도 하였다.

그림 9 | MS의 조직이기주의와 반목 |||||||||||||||||||||||||||||||||||||||||||||||||||||

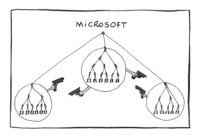

||||||||||||||||||||||||||||||||||||||||||||||||||||||||||||||||||||||||||||||||||||||||||

자료: Manu Cornet, 〈www.bonkersworld.net〉.

의사결정이 흔들렸다

앞에서도 언급했지만 창업 시의 목표를 이룬 MS는 그 이후로는 자사의 지배적 위상 유지를 최고의 전략 목표로 삼았다. MS 내부에서 횡행하던 용어 중에 '전략세strategy tax'라는 말이 있는데, 윈도우와 오피스라는 지배적 전략에 혹시나 손해를 끼칠 수 있는 그 어떤 시도도 불허함으로써 장기적으로는 미래 기회를 상실했다는 자조적 의미가 내포되어 있다.* 즉, MS 내에서는 어떤 것을 개발할지 말지 하는 판단의 기준이, 그 개발이 윈도우나 오피스를 강화하는 목적인가 아닌가로 귀결되었다는 것이다. 이런 일화도 있다. MS의 인터넷 브라우저 익스플로러의 에디팅 기능이 너무 낙후되었으니 개선하자는 제안

---

* "Microsoft at Middle Age: Opening Windows" (2015. 4. 4). *The Economist* 참고.

이 올라온 적이 있다고 한다. 그런데 회사에서는 익스플로러 에디팅 기능을 개선했다가 사람들이 MS 워드를 덜 쓰게 되면 어떻게 할 것인가를 우려했고 결국 개선 제안은 없던 일이 되었다!

한번 상상해보자. 회사가 최우선순위로 방어하는 전략에 힘의 90%를 쏟고 나머지는 자유롭게 해보라고 놔두면 어떻게 될까? MS 사례를 보면 답은 '느려진다'이다. 시도는 자유롭게 하되 과제의 중요도가 높지 않다고 생각하기 때문에 방향을 너무 자주 변경하고 그래서 경쟁사보다 늦어지면 사업화한 다음에도 포기할 가능성이 높아진다.

MS는 의사결정 스피드와 실행 스피드 중 어느 쪽이 더 느린가?

의사결정 스피드가 더 느리다. MS는 일단 의사결정이 내려지면 상당히 빠르게 움직일 수 있는 실행 조직을 가지고 있다. 그런데 의사결정은 내려지는 데도 시간이 걸리지만 자꾸 바뀐다. 그러다 보니 실행 조직을 굉장히 힘들게 한다.

왜 의사결정을 자주 바꾸나?

업계에서는 MS가 한 가지 결정을 오래 고수하지 않는다는 말을 한다. 결정한 대로 실행을 해보았는데 결과가 생각처럼 빨리 안 나오면 곧바로 결정을 바꾼다. 관련자들이 새로운 인풋을 넣는다. 무엇이 잘못되었고 시장의 어떤 변화를 예측하지 못했는지 등의 인풋이다. 성과가 곧바로 안 나오면 평가를 제대로 못 받을까 봐 다들 불안해한다. 그러니 의사결정 사항을 자꾸 바꾸게 되는 것이다.

처음 결정이 잘못되어서 바꾸는 것일 수도 있지 않은가?

물론 그럴 수 있다. 하지만 가능한 한 모든 의견을 반영하자는 매트릭스 조직의 취지를 살리다 보니 한번 결정된 사항을 바꾸는 일이 많아졌고 그 과정에서 스피드가 많이 떨어졌다. 물론 그 전에 최초의 의사결정이 내려지기까지의 속도 또한 많이 저하되었다.

그럴 때 CEO는 무얼 하고 있나? 프로세스를 가속화하는 것이 CEO의 역할 아닌가?

스티브 발머Steve Ballmer는 비즈니스 디비전 의사결정 사안에 밀착 개입하지는 않았다. 매트릭스 조직이기 때문에 디비전 헤드들이 합의에 이르러야 한다. 특정 프로젝트에 대해서는 그 프로젝트가 속한 디비전 헤드뿐 아니라 B2B 디비전 헤드, 리테일 채널 헤드, 컨슈머 디비전 헤드 등이 같이 의사결정을 하도록 되어 있다.

구글처럼 빨리 실험하면서 방향을 찾는 방법을 쓰지는 않나?

별로 그렇지 않다. MS는 이른바 기존 기술인 코어 소프트웨어, 즉 윈도우와 오피스로 돈을 번다. 모바일, 서비스, 엑스박스XBox 등 다른 테크놀로지가 있긴 하지만 상대적으로 작다. 테크놀로지가 다양하지도 않고 수익은 기존 기술로부터 잘 나오고 있으니까 실험이 활발하게 이루어지지 않는 것 같다. 구글은 테크놀로지가 굉장히 넓게 퍼져 있다. 그 스프레드 속에서 실험이 활성화되는 것 같다.

확실히 믿을 만한 캐시카우를 이미 보유하고 있다면 MS 같은 행동 방식에 빠지지 않을 회사가 과연 몇이나 될까? 아마 구성원들의 마음을 사로잡는 목표가 있는 회사만이 전략세 납부를 거부하고 새로운 도전을 향해 나아갈 수 있을 것이다.

또 하나의 문제, 신뢰

나는 앞에서 스피드의 3대 드라이버를 목표, 권한, 신뢰로 규정했다. MS가 우왕좌왕한 한 가지 이유가 일찌감치 목표를 달성한 이후 새로운 비전을 만들지 못한 것이었다면 조직 내부의 반목과 불신을 키운 제도나 커뮤니케이션 방법도 또 다른 중요한 이유일 것이다. 한편 인터뷰이는 권한은 문제가 되지 않았다고 말한다. 새로운 아이디어를 시도하고 진행시킬 권한은 충분했던 것이다.

MS에서는 권한위양은 부족하지 않은가? 문제가 되지 않는가?
전혀 문제되지 않는다. 권한위양은 충분하다. MS는 채용에서부터 원하는 인재 프로파일이 창의적이고 공격적이고 기업가 정신이 넘치면서 야망 있고 결과 지향적인 성향이다. 그래서 회사를 나가면 다른 회사로 이직하기보다는 창업하는 비중이 높다. 처음부터 그래왔다. MS 직원의 90%는 그런 사람이라고 보면 된다. 이런 프로파일을 가지고 있다면 어느 정도의 내부 경쟁은 불가피하다. 그런데 매트릭스 조직으로 변화하면서 이 내부 경쟁이 도를 넘어선 것이다. 예를 들어, 본인이 그룹 프로그램 매니저라고 하자. 그러면 본인 레벨에서 의사결정을 할 수 있는 사안이 있고 상사에게 의견을 올려야 하는 사안도 있을 것이다. 또 상사인 디렉터도 마찬가지이고, 그 위의 시니어 디렉터까지 충분한 의사결정 권한을 가지고 있고, 자기주장을 위로 올리는 것도 빠르다. 그런데 VP Vice President 레벨의 의사결정에서 문제가 생기는 것이다. 매트릭스로 합의를 해야 하니까 그렇다. 그래서 좁은 범위의 기술 개발 결정 같은 건 아주 빠르게 이루어진다. 그런데 개발이라고 해도 좀 더 광범한 조직 간 협업이 필요하면 엄청 느려진다. 시장에 나가야 하는 의사결정은 더 느려진다.

MS를 다른 기술 기업과 비교하면 어떤가?

예를 들어, IBM은 MS의 직원 프로파일과는 많이 다르다. IBM은 그렇게 야심차고 공격적이고 기업가적인 사람들을 뽑지 않는다. 주로 본인에게 주어진 업무만 하게 되고 주요 결정은 위에서 내리는 방식으로 체제가 잡혀 있다. 구글의 직원 프로파일은 MS와 유사한 점이 많다. 구글은 또 예전의 MS처럼 조직을 구조화하고 제도화하는 단계에 와 있다. 하지만 구글은 MS처럼 극단적으로 가지 않고 균형을 맞추려 하는 것 같다. 즉, 독단적 의사결정을 하도록 놔두지 않으면서도 매트릭스 조직으로서 합의를 통해서만 의사결정이 가능하도록 하지도 않는 것이다. 그리고 구글 CEO는 큰 의사결정을 거의 독점한다. 개인들이 충분한 의사결정 권한을 행사하면서도 CEO는 CEO대로 큰 의사결정으로 회사의 속도를 높이는 것이다. MS의 실수를 보고 배운 것 같다. 구글은 경쟁적이지만 협업도 활발하다. 평가 시스템도 MS와는 다르게 협업을 유인한다. 앞으로 구글도 느려지겠지만 MS 정도로 느려지지는 않을 것이라고 본다.

아이디어는 자유롭게 흐르고 공유되는가? 내부 경쟁이 심하면 아이디어를 공유하려 들지 않을 것 같다.

MS는 아이디어를 개진하고 주장하는 성향이 강한 사람들을 뽑는다. 그러니까 아이디어는 많이 나온다. 회사도 장려한다. 하지만 아이디어를 장려하는 것과 채택하는 것은 다르다. 채택을 많이는 안 한다. 그 이유는 경쟁 심화와 관련이 있다. MS는 돈을 많이 벌지만 경쟁이 심한 신사업에서는 성과를 못 내고 있다. 그러니까 이것저것 시도해볼 여유가 없다. 아이디어를 내라고 하지만 그것을 진지하게 시도해보지는 않는다. 구글은 다른 것 같다. 채택도 많이 하지만 채택되지 않는 아이디어도 금전적으로 보상함으로써 인정recognition을 해준다. MS 직원들은 자신의 아이디어가 채택되지 않는 데 대한 좌절감이 있다. 그래서 조직 안에서라도 승진하려고 내부 경쟁이 더 심해진다.

MS의 조직 내 불신은 수성 전략에 대한 불신부터 리더십과 위계에 대한 불신, 그리고 제도에 대한 불신까지 광범하게 존재하는 것으로 보인다. 앞에서 살펴보았듯이 신뢰는 커뮤니케이션이고 상호작용이다. 신뢰는 시장에서 개별 플레이를 하지 않고 굳이 회사라는 형태로 모여서 존재하는 이유이기도 하다. 신뢰는 그만큼 효율과 스피드를 담보해준다. MS는 이 소중한 자원을 활용하지 못한 것이다.

임원들이 협업에 대한 보상을 안 받나? 협업 유인이 없는 것인가?
별도 보상이 없다. 몇 년 전 협업 문제를 해결하고자 '뉴 밸류New Values'라는 게 도입되었고 평가서에도 협업을 했는지 안 했는지를 기록하고 있다. 하지만 별도의 보상은 없다. 보상은 간단하다. 연초의 목표를 달성하면 보상이 따르고 달성하지 못하면 보상 없이 불이익만 있다. 게다가 성과를 두고 다른 부서나 그룹에서 클레임을 하는 경우가 비일비재하다. 그래서 자기 성과를 반드시 챙겨야 하고 남이 접근하지 못하도록 해야 한다. 뉴 밸류 제도를 도입했지만 효과는 없었다. 협업을 하라고 했지만 자기 목표에만 집중해야 보상에서 유리하니 협업을 할 이유가 없는 것이다.

MS는 수평적인가, 위계적인가?

지난 10년 동안 수직적인 모습으로 변화하였다. 비즈니스보다 엔지니어링에 계층이 더 많다. 비즈니스는 7, 8개 계층이 있고 엔지니어링은 8개 이상이다. 예전에 MS에는 7명 이상의 피평가자를 데리고 있지 않으면 매니저라고 부르지 않는다는 규칙이 있었다. 그런데 지금은 2~3명 데리고 있는 매니저도 많다. 이 때문에 수직성도 심화되고 복잡성도 심화되었다. CEO 사티아 나델라Satya Narayana Nadella는 본인이 25년간 그 변화를 목격했기 때문에 이런 측면들을 개선하려고 한다. 그리고 직무 간 중복되는 부분도 교통정리를 해서 줄이고 있다. 조만간 조직이 더 단순화될 것이다.

환경의 복잡성이 조직 스피드를 저하시키는가?

그렇다. 그런데 환경이나 고객 니즈 때문에 조직 스피드가 저하되기도 하지만 조직 자체의 결정으로 조직이 복잡해지기도 한다. 얼마 전 MS는 소매점을 시작했는데 애플에 대항하기 위해서였다. 그런데 이로 인해 생길 수 있는 OEMOriginal Equipment Manufacturer 등 기존 채널과의 마찰을 피하고자 가격이나 기능 등 세세한 측면의 차이를 만들었다. 과연 그런 복잡성을 도입할 필요가 있었는지 모르겠다. 조직은 스스로의 결정으로 더 복잡해지기도 한다.

2014년 CEO로 취임한 사티아 나델라가 MS를 바꾸어가고 있다.

우선 "지구상의 모든 개인과 조직이 더 많은 것을 성취할 힘을 갖게 하는 것"을 MS의 미션으로 제시한다. 그러면서 회사의 정체성을 '생산성 플랫폼 기업productivity platform company'이라고 규정한다. 과거처럼 제품을 번들bundle로 거의 강매하는 것이 아니라 고객을 찾아가는 경영, 특히 소상공인과 중소기업에 맞춤형 제품을 가지고 적극적으로 다가감으로써 거리를 좁히고 있다. 개러지Garage라는 이름의 프로젝트 실험실을 오프라인과 온라인으로 활성화함으로써 3세대 스피드 기업의 면모를 갖추고자 한다. 과연 성공할까? MS의 현 상황은 국내에서 오랫동안 지배적 지위를 누려온 한국 대기업에 생각보다 시사하는 바가 크다. 추구하고자 하는 목표를 세우되 대외적으로는 더욱 겸손해지는 것, 그것이 MS의 스피드를 높이는 해법이자 동시에 한국 최고 기업들이 나아가야 할 방향일 것이다.

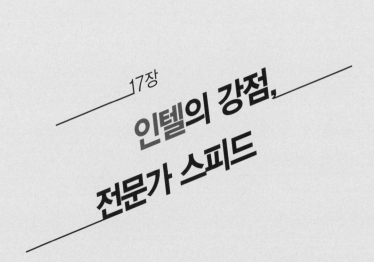

17장

인텔의 강점, 전문가 스피드

드디어 마지막 사례다. 인텔은 세계 최초로 마이크로프로세서를 상용화한 기업이다. 그러니 PC 시대의 도래와 함께 눈앞이 빙빙 돌 정도로 급성장한 것은 당연하다. PC 성능은 단연 CPU가 좌우했고 CPU 하면 인텔이었다. 독자도 인텔의 새로운 CPU가 언제 나오는지를 확인해가며 그때에 맞춰 새 PC 구매 계획을 세웠던 기억이 있을 것이다. 새로운 코드네임을 단 신제품이 나올 때마다 확연히 빨라진 PC 속도에 탄성을 지르기도 했다. "반도체 집적도는 약 2년 만에 2배씩 늘어난다"라는 그 유명한 무어의 법칙Moore's Law을 인텔이 매번 증명해나갔던 것이다.

하지만 이제 PC는 더 이상 사람들을 기대감 속에서 기다리게 하는 제품이 아니다. 성장 산업이기는커녕 생산량과 대당 가격이 지속 하락하고 있다. 인텔의 고민도 같이 커져갔다. 인텔의 잠정적 해답은 '플랫폼 기업'이다. 단일 부품을 따로따로 제공하는 회사가 아니라 고객사에 플랫폼 자체를 설계해주면서 그 위에 어떤 부품들을 어떻게 배치하면 최적화되는지에 대한 솔루션을 제공하겠다는 것이다. 이러한 변신 전략은 상당한 성공을 거두었다. 하지만 모바일로의 이행은 아직 이렇다 할 만한 성과를 내지 못하고 있다. 게다가 모바일 기기용 프로세서 업체들이 PC 침투를 노리고 있어 상시적 위협 요인이 되고 있다. 이런 상황에서도 인텔은 세계 최대 반도체 기업이라는 위상을 유지하고 있다. 활발한 R&D로 반도체 미래 기술 준비에서도 가장 앞서 있다. 3명의 탁월한 연구자[*]들이 새로운 모험에 뛰어들면서 만든 회사, 그 3명이 가장 이상적으로 협력하고 때로는 격론을 벌여가며 '평등주의 문화'[**]를 확립시킨 회사, 인텔의 현재 빠르기를 살펴보고 이들이 어디로 갈지 알아보자.

계획에 남다른 공을 들이는 회사

동종업계에서 "플래닝하느라 시간 다 보내는 회사"라는 말을 들을 정도로 인텔은 플래닝을 중시한다. 인텔은 왜 플래닝에 그토록 공을 쏟는지, 의사결정은 어떻게 하는지 알아보자. 단, 인터뷰 내용이 좀 난해한 점을 양해해주길 부탁한다. 아마 집중하지 않으면 읽고서도 무엇을 읽었는지 잘 이해하지 못할지도 모른다. 대대적인 편집을 해볼

---

[*] 로버트 노이스(Robert Noyce), 고든 무어(Gordon Moore), 그리고 앤디 그로브(Andy Grove, 1년 후 동참)는 모두 탁월한 과학자로 학문적 업적도 높았다.

[**] 인텔의 '평등주의 문화(egalitarian culture)'는 거의 브랜드화되었을 정도로 잘 알려져 있다. 여기서 평등주의는 "만인이 평등하다"라는 의미가 아니라 "직급이 아닌 실력으로 가름한다"라는 뜻이다.

까 하는 생각도 했지만 결국엔 여타 사례와 마찬가지로 원래의 인터
뷰 내용에 충실하기로 했다.

인텔은 동종의 다른 기업에 비해 얼마나 빠른가?

아시아의 반도체업체들에 비해서는 느리다. 하지만 시스템 반도체 탑
티어top-tier 기업들만 놓고 본다면 빠르거나 중간 정도로 빠르다. 아
마 그 사이일 것 같다. 여기서 탑티어는 인텔, 퀄컴Qualcomm, TITexas
Instruments 등이다.

의사결정과 실행 중 어느 쪽이 더 빠른가?

실행이 더 빠르다. 의사결정의 경우 인텔은 완전히 데이터 주도data-
driven 의사결정을 한다. 데이터로 설득되지 않는 한 의사결정은 없다
고 보면 된다. 데이터를 입수하고 철저히 분석하고, 리소스의 확보 가
능성까지 점검한 후에야 의사결정을 한다. 물론 의사결정을 할 때 해
당 시장에서 1위 또는 2위를 차지할 수 있을까를 질문한다. 시장 기회
를 잡을 수 있는 시점에 개발될 수 없다고 판단하면 추진을 결정하지
않는다. 즉, 시간을 굉장히 중요시한다. 하지만 철저한 분석이 먼저다.

의사결정이 더 빨라져야 한다고 생각하지 않나?

당연히 더 빨라져야 한다. 최근 들어 감지되는 가장 뚜렷한 변화는 IT
기술이 점점 일상재화, 곧 코모디티화commodification한다는 것이다. 여

기서 '코모디티화'란 가치에 있어서의 코모디티화라기보다는 만연성의 코모디티화라고 하는 편이 맞다. 요즘은 기술이 정말 많고 만연해 있다. 그러다 보니 코모디티형形 경쟁이 일어날 수밖에 없다. 그 어느 때보다 많은 사람이 혁신을 시도하고 있고 그래서 경쟁이 심화된다. 이제는 가격이 문제가 아니라 시장까지의 시간time to market이 문제다. 먼저 시장에 도착한 회사가 프리미엄을 누린다. 그러고 나서 새로운 이노베이션을 통해 다음 프리미엄을 좇는다. 그러니까 비용이 얼마가 들더라도 혁신 역량을 확보하려고 한다. 혁신이 경쟁을 부추긴다. 경쟁은 다시 새로운 혁신 역량을 창조하고 혁신 역량은 새로운 사용 모델usage model을 창출해낸다. 빠른 의사결정이 필수다.

그런데도 의사결정을 위해 데이터를 분석하고 모든 걸 점검하나? 그러면 느려지지 않나?

데이터 기반 의사결정 자체는 양보할 수 없는 것이고, 대신 데이터 분석과 점검에 걸리는 시간을 단축시켜야 한다. 환경 변화에 빨리 반응하는데 중요한 역할을 하는 것이 회사의 분야 전문성domain expertise이다. 기업에 있어 지식 획득은 하루 24시간 주 7일, 상시로 일어나야 하는 활동이다. 지식 획득의 모습은 그 회사의 DNA라고도 할 수 있다. 정말 제대로 신속하게 지식을 획득한다면 세상의 어떤 일도 그 회사를 놀라게 하지 않을 것이다. 물론 이론적인 이야기지만 말이다. 그러자면 5년 계획, 3년 계획, 1년 계획, 그리고 3개월 계획을 가지고 있어야 한다.

독자도 기억할 것이다. 3세대 스피드의 강자들도 모두 데이터 주도 data-driven 혹은 데이터 기반data-based 의사결정을 한다는 것을. 그런데 명칭과 가정은 같지만 인텔의 접근법은 구글이나 아마존과 상당히 달라 보인다. 인텔은 계획을 세우기 위해 많은 데이터를 분석하는 데 반해 구글이나 아마존은 계획을 위해 데이터를 분석하는 것 같지는 않다. 구글이나 아마존이 데이터를 분석하고 제시할 때는 어떤 일을 시행할 것인가 말 것인가를 놓고 자기 주장을 백업하기 위해서이다. 즉, 계획이 아니라 결정을 위해 데이터를 분석한다.

왜 인텔은 '계획'에 그토록 집착할까? 계획은 인텔에 어떤 의미일까? 답은 아마도 인텔의 업종에서 찾을 수 있을 것 같다. 구글이나 아마존은 자신들이 미래를 개척해나간다. 반면 인텔은 이 기업들이 어떤 일을 하느냐에 따라 개발해야 하는 기술과 제품이 달라진다. 이 기업들만이 아니다. 세상 모든 기업의 니즈에 맞추어 예측해야 한다. 그러니 계획이 중요하지 않을 수 없다. 인텔의 '계획 집착증'을 좀 더 살펴보자.

계획을 세울 때 회사 내부뿐 아니라 외부 의견도 반영하나?

물론이다. 계획 수립 프로세스 내에 분야 최고 전문가의 자문이 들어가 있다. 해당 분야의 저명한 대학 교수와 연구자, 나아가 경쟁사, 전문가에게도 묻는다. 금융분석가의 의견도 구하고 제휴나 거래 관계에 있는 파트너 기업에도 자문을 구한다. 이들의 역할은 와해적 기술의 출몰 가능성과 잠재성을 미리 경고하는 데 있다.

이상적으로는 그렇게 하는 게 맞겠지만 현실적으로는 어렵지 않나?
물론 이것은 상당한 비용을 요하는 방법이다. 특히 시간 압박이 심할 때는 생략하고 싶기도 할 것이다. 이런 방법을 쓰겠다는 결정은 사실 CEO에 의해 내려져야 한다. 최고 의사결정권자부터 이 방법에 대한 믿음과 의지가 있어야 한다. CEO의 드라이브가 있어야 DNA의 일부가 되는 것이 가능하다.

인텔은 실제로 그것을 실천하는가? 그런 DNA를 가지고 있는가?
그렇다. 인텔, 시스코Cisco, 그리고 MS가 이렇게 한다. CEO 직속으로 이 프로세스를 시작한다. 마치 시계추처럼 규칙적이다. 특정 분기에는 5개년 계획을 시작한다. 5개년 계획이라고 해서 한번 5년짜리를 짜놓고 5년 후에 다시 짜는 것이 아니다. 매년 수정한다. 그리고 5개년 계획과 3개년 계획은 서로 독립적으로 세워진다. 다시 말해, 5개년 계획의 일부를 가지고 와서 3개년 계획을 만들거나 당해년 계획을 만드는 것은 아니라는 것이다. 물론 5개년 계획을 참고할 수는 있다. 하지만 기간별 계획은 다 목적이 다르다. 3개월 계획은 내일부터 할 일을 계획하는 것이고, 1년 계획은 내년의 예산을 짜는 것이고, 5개년 계획은 회사의 강약점을 파악해 그에 맞는 투자를 추진하는 것이다. 5개년 계획에서 트렌드와 와해성 기술의 도래 가능성을 예측하고 규명해내야 한다. 5개년 계획은 새로운 사업부 같은 조직을 구성할 수도 있다. IoT 같은 새로운 전략 방향성을 인준할 수도 있다. 그렇기 때문에 책임소재accountability를 두는 것이 중요하다. 5개년 계획을 수립할 때 어느 부서들의 도움을 받아야 하는지를 규정(조직도상에서)한다. 그러면 책임 소재가 명료해지고 지식 리소스의 활용도도 높일 수 있다.

이제 독자도 왜 업계에서 "인텔은 플래닝하느라 시간 다 보내는 회사"라고 이야기하는지 이해가 될 것이다! 아마도 플래닝에 대한 인텔의 집착은 회사의 업이 구글이나 아마존과는 상당히 다르다는 데서 기인하리라. 인텔의 철저한 준비성을 따르지 않는 것은 인터넷 기업뿐만이 아닐 것이다. 선도자를 보고 따라가는 빠른 추격자, 그리고 비교적 단순한 업에 종사하는 기업도 이 같은 시간 소모적이고 비용이 많이 드는 플래닝 작업이 왜 필요한지 의아해하지 않을까. 하지만 IT의 가장 기본인 반도체를 만드는 회사, 그것도 단품으로서가 아니라 플랫폼으로 설계까지 해주는 회사라면 자사의 수많은 고객이 어떤 환경에서 어떤 방향으로 나아갈 것인지를 파악해야만 스스로의 개발 방향도 잡을 수 있을 것이다. 그래서 인텔은 '플래닝'을 통해 최선을 다하고 있는 것이다.

전문가 스피드

그럼에도 불구하고, 플래닝이 인텔의 스피드를 높인다고는 할 수 없을 것이다. 밸류/시간이라는 스피드의 공식에서 볼 때 스피드를 높이기 위해 최소 시간에 최대 밸류를 내는 것이 아니라 시간이 늘어나더라도 밸류를 최대한 방어하겠다는 것이 인텔의 생각인 것이다. 플래닝이 필수인 인텔, 그렇다면 무엇으로 스피드를 높일까? 답은 전문 역량이다. 1968년 창업 때부터 실력으로 인정받는다는 전통을 이어온 인텔은 그야말로 뼛속까지 '엔지니어 회사'이다. 엔지니어가 회사의 근간인 것은 물론 최상위 전략까지 엔지니어 중간관리자들이 결정했던 유명한 사례가 있을 정도다.[*] 인텔의 특징인 '전문가 스피드'를 알아보자.

> 회사 차원의 의사결정 프로세스에 대해 자세히 설명해달라.
>
> 의사결정을 할 때는 GSRGroup Strategic Review과 CSVCorporate Strategic Vision를 거친다. GSR이 먼저다. 여기에서는 의사결정 사안이 프로포절

---

[*] 인텔은 반도체 중에서도 메모리칩으로 시작한 회사다. 메모리칩에 대한 최고경영진의 애착과 자부심이 대단했고 덕분에 메모리 시장에서의 미미한 점유율에도 불구하고 R&D 비용의 3분의 1을 쏟아부으며 사업을 유지했다. 이에 생산의 우선순위를 결정할 수 있는 중간관리층 엔지니어들이 메모리칩을 후순위로 밀어냄으로써 최고경영진에게 메모리 시장 철수 메시지를 보냈고 최고경영진이 결국 이를 받아들여 메모리 사업 철수를 결정한다. 이는 중간계층이 전략적 결정을 이끌어낸 흔치 않은 사례로 알려져 있다[Burgelman, R. A. (1994). "Fading Memories: A Process Theory of Strategic Business Exit in Dynamic Environments". *Administrative Science Quarterly*. Vol. 39, No. 1].

형태로 제시되며 최고 의사결정권자들 앞에서 사안의 중요성을 설명한다. 주목적은 해당 영역의 가능성을 이들에게 교육시키기 위한 것이라 보면 된다. 인텔은 CPU 회사이기 때문에 그 외의 사항에 대해서는 교육이 필요하다. 예를 들어, 사안이 모바일 CPU 개발이라면 이에 대한 교육 차원에서 최고경영진 앞에서 프레젠테이션을 하게 된다. 철저히 깨지는 경우가 많다. GSR을 통과하면, 즉 GSR에서 의사결정 프로세스를 거쳐보자는 쪽으로 의견이 모아지면—이것은 일종의 '사전결정pre-decision'이다—CSV를 진행한다. CSV에는 해당 플랫폼의 관련 그룹 헤드들이 참석한다. 여기서는 구체적인 플랫폼 기반 가능성을 논의한다. 그리고 의사결정 옵션도 복수로 제시해야 한다. 선택지가 없으면 안 된다. 그래서 진입한다, 안 한다의 양자택일로 끝내는 게 아니라 안 할 경우의 대안까지 준비해서 제시해야만 한다. 여기서는 구체적인 리소스 확보와 배분에 대한 결정까지 내려진다. 어떤 그룹이 무엇을 얼마나 제공할 수 있는지가 논의되고 결정된다.

인텔에서 플랫폼 기반이라는 것은 무슨 뜻인가?
인텔은 메모리 회사에서 CPU 회사로 진화했고 그다음엔 여러 기능이 조합된 클라이언트 플랫폼이나 서버 플랫폼 개념으로 움직였다. 지금은 여기서 더 진화해 PC 산업을 넘어 여러 다양한 산업에서의 플랫폼을 기반으로 의사결정을 한다.

GSR이나 CSV는 의사결정이 상부에 집중되어 있다는 뜻인가?

전사 차원의 의사결정만 그 차원에서 내려진다. 실제로 권한위양은 인텔의 가장 중요한 특징 중 하나이다. 예를 들어, GSR에서 최고경영진은 프레젠터presenter에게 매우 공격적인 질문들을 퍼붓는다. 데이터의 엄정성도 하나하나 따지고 비판한다. 이렇게 가감 없이 질문할 수 있는 것은 프레젠터가 더 많은 지식을 가지고 있다는 것을 전제로 하기 때문이다. 그룹 디렉터 레벨에 있는 사람들이 GSR을 준비한다는 것은 자신의 전부를 걸고 한다고 말할 수 있을 정도다. 그러니 당연히 일단 추진하기로 결정되면 이들 이상의 자격을 가진 사람들이 없다는 것이 증명되었기 때문인 셈이다. 인텔은 굉장히 권한위양이 잘되는 회사이고 그 위양의 기반은 능력과 지식이다.

의사결정을 하기가 점점 어려워지고 리스크도 커지니 인텔에서도 본인이 해야 할 의사결정을 상사에게로 올리는 경우가 많지 않나?

인텔에서는 그런 일이 없다고 보아도 된다. 자신의 의사결정 권한도 넓히고 실제로 의사결정을 많이 하는 것이 본인에게 유리하다. 아마 의사결정을 안 하고 있으면 머지않아 해고될 것이다. 인텔에서는 사람이 성장한다는 것은 책임을 더 많이 지는 것이라고 생각한다. 리스크 감수는 인텔의 핵심가치 중 하나다. 여기서 리스크 테이킹은 사실은 '계산된 위험 감수calculated risk-taking'이다. 인텔에서는 성과가 나오기를 오래 기다려주지 않는다. 6개월 이상 기다려주지 않는 것이 상례다. 그 전에 필요한 의사결정을 해서 능력을 보여주어야 한다.

본인 차원에서 의사결정을 하기 힘든 사안인데도 상사에게 넘기지 않는다는 말인가?

의미가 좀 다르다. 자신이 생각하는 방향을 직속 상사에게 가져가 의논할 수는 있다. 우리는 이것을 시운전test drive을 해본다고 하고 일대일 미팅one-on-one meeting을 한다고도 말한다. 30분 정도 자기가 하려는 의사결정에 대해 말하고 상사의 의견을 듣는 일은 자주 있다. 하지만 본인이 의사결정을 하는 것이고 그에 대한 책임도 본인이 지는 것이다. 상사가 아니라도 관련 부서장에게 자기가 생각하는 바에 대해 운을 떼면 이들 중 그 사안에 흥미를 느낀 몇 명은 자기네 팀원을 보내 그 부서의 관련 지식이나 지원 사항을 명확히 설명해준다. 이것이 인텔의 협업 방식이다. 간혹 상사가 경로 수정course correction을 명령하는 경우가 있다. 내가 상사를 찾아가서 "이제부터는 지금까지와 완전히 다른 새로운 방식으로 실행하겠다"라고 천명하면 상사는 "그 방식이 이익을 낼 것이라는 근거가 분명하지 않다. 돌아가서 그 부분을 분명히 한 다음에 실행을 하더라도 해라"라고 할 때가 있다. 그러면 그건 따라야 한다.

실력 있는 엔지니어라면 인텔이 최고의 직장일 것 같지 않은가? 내가 지금까지 인터뷰한 인텔 출신 엔지니어들은 "인텔은 업무 역량이 뛰어난 사람에게 의욕을 고취하는 곳"이라고 입을 모았다. 본인이 하고 싶은 일, 배우고 싶은 사람을 찾아 부서를 옮기는 것이 자유롭고 또 그렇게 함으로써 경력을 쌓는다. 인텔에는 "타사로 직장을 옮겼다가 다시 돌아오겠다고 하면 세 번까지는 받아준다"라는 규칙이 있다. 실제로 몇 번씩이나 되돌아오겠다는 경우는 극히 드물 것이며, 결국 이 말은 실력 있는 사람이면 얼마든지 다시 받겠다는 뜻일 것이다.

인텔의 역량 중시는 소중한 내부 다이내믹스를 만들어낸다. 앞에서 나는 스피드의 3대 드라이버를 목표·권한·신뢰라고 규정했지만, 스피드의 토대가 되는 두 번째 드라이버 '권한'은 사실상 '역량'과 동의어다. 할 수 있는 역량이 없으면 권한 부여가 아무 의미가 없기 때문이다. 그런 점에서 역량 또는 전문가 중시 전통이 지속되는 한 인텔의 스피드 또한 어느 정도 유지되리라고 예상할 수 있을 것 같다.

그럼에도 스피드는 더 올려야 한다

독자는 인텔이 충분히 빠르다는 느낌을 받는가? 어떤 면에서는 그렇다. 하지만 모든 전통적 강자들의 고민, 즉 3세대 스피드 기업과 경쟁해야 한다는 사실은 인텔도 피해갈 수 없을 것이다. 내가 보기에 인텔은 아직 3세대 스피드 기업들을 고객으로 여길 뿐 경쟁자로 간주하지는 않는 것 같다. 하지만 앞으로 3세대 스피드 기업의 수는 늘어날 것이다. GE나 IBM이 변신을 도모하고 있듯이 반도체, 하드웨어 기업에서도 3세대 스피드를 발휘하는 기업이 나올 것이다. 인텔은 현재 모바일 반도체에서 충분히 빨리 치고 나가지 못하고 있고 새로운 분야 개척도 신속하게 진척시키지 못하고 있다. 훨씬 더 열린 태도와 빠른 감각이 필요하지 않을까? 인텔 임직원들은 대다수가 스스로를 빠르다고 느끼지 않는다. 외부에 더 개방적이어야 하고 의사결정도 훨씬 빨라져야 한다고 말한다. 구글이나 아마존보다 느린 것이 당연하다고 생각하는 것은 위험하다. 더 빨라질 수 있는 방법을 조만간 찾지 않으면 지금보다 훨씬 어려워질 수 있다. 마지막으로 인텔이 가진 또 다른 강점인 협업 스피드를 살펴보면서 4부를 마무리하자.

조직 간 협업은 어떤가? 활발한가?

협업의 문제는 별로 없다. CSV에 들어오는 여러 그룹의 헤드들은 해당 사안에서 본인들의 역할을 분명히 하기 때문이다. 협업은 회사가 매우 강조하는 주제다. 협업을 따로 평가하지는 않지만 직원들은 15개 정도의 행동 원칙을 가지고 있는데 각 그룹의 시니어 디렉터 레벨은 그룹 간 협업이 행동 원칙의 하나로 명시되어 있다. 그 밑의 디렉터 레벨은 그 조항이 없고 대신 그룹 내 팀 간 협업에 대한 책임이 명시된다. 그리고 그 밑으로 가면 본인 기능 아래에서만 협업하면 된다. 이렇게 상위 직급으로 갈수록 협업이 강조되기 때문에 자연스럽게 협업이 이루어진다.

인텔과 MS를 비교하면 어떤가? MS는 협업이 잘 안 된다고 들었다.

MS는 정말 유능한 조직이다. 유능한 인재가 많다. 단지 MS는 너무 오랫동안 정상에 있었다. 어느 회사도 그 정도로 오래 지배적 위치를 유지하지는 못했을 것이다. 인텔도 지배적 위치에 있기는 했지만 인텔은 기본적으로 엔지니어링 회사다. 만드는 것을 좋아하고 사람들이 좀 순박하다. 인텔의 신세대 직원들이 한때 "성장도 안 하는데 스톡옵션 stock option은 왜 주느냐"라며 불평하긴 했지만 그것도 잠깐이었다. 개발하는 걸 엄청 좋아한다. 그래서 개발만 잘되면 다 잘되는 것이라고 생각하는 사람들이 많다. 예를 들어, 우리 그룹(낸드NAND)이 임원 성과급 비중의 3분의 1을 생산 그룹에 넘기고 생산 그룹의 성과급 비중 3분의 1을 받으면 거의 항상 우리 혼자 한 것보다 더 많이 받는 결과를 낳는다. 우리끼리 이렇게 하는 것이 가능하다. 반면 MS는 부서이기주의가 팽배하다. 현재의 경쟁 환경에 적응한다는 것이 너무나도 스트레스인 것 같다. 그런 경쟁을 해본 적이 없기 때문에 더 그런 것 같다. MS는 내부의 긴장과 대립이 심하다.

구글이나 아마존의 스피드와 인텔의 스피드를 비교한다면 어떠한가?

그 두 회사는 모두 급성장 단계에 있는 젊은 기업들이다. 이들은 일을 하며 배워가면서 컨트롤을 획득해간다. 그게 굉장히 빠르다. 구글은 인텔 장비로 시작했고 조직 운영도 인텔한테서 많이 배워갔다. 구글은 인텔에서 하드웨어를 사가서 자기네 목적에 맞게 리스트럭처링restructuring을 했다. 그리고 그 솔루션을 통해 컨트롤을 획득하고, 거기서 한층 더 높은 단계로 발전시켰다. 아마존도 초기에는 자기네 데이터 센터를 100% HP와 델에 의존했다. 지금은 반대로 데이터 센터 컨트롤 방식을 터득해 HP에 아주 세세한 것까지 명령한다. 오히려 HP가 그대로 따라야 하는 처지가 되었다. 성장 단계는 스피드가 제일 높을 때다. 그러니 당연히 인텔이 더 느리다.

인텔이 스피드 특화 기업들에 비해 느린 것은 분명하다. 그렇다면 자신의 예전 스피드와 비교해도 더 느려졌을까? 답은 "그렇다"이다. 느려진 데는 아마 2가지 요인이 작용했을 것 같다. 첫째, 인텔의 인터뷰이가 말하는 "더 이상 성장 단계가 아니기 때문에 자연스럽게 느려진 것", 그리고 둘째는, "환경 복잡성 증가에 대응하느라 선도자 비용을 지불한 것"—예를 들어, 플래닝—이다. 2가지 요인 모두 불가피했으리라. 하지만 그로 인한 장기적 결과는 고스란히 인텔의 몫일 수밖에 없다.

인텔에는 경쟁사가 많다. 지금보다 훨씬 빠르고 역동적이 되지 않으면 안 되는 이유다. 실력 있는 전문가에게만 최고의 직장이 아닌, 젊고 뛰어난 초보 엔지니어들이 가고 싶어 안달하는 회사로 거듭나지 않으면 안 될 것이다.

5부

한국 기업,
어떻게 빨라질 것인가?

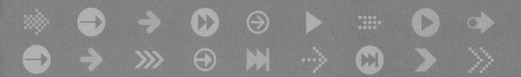

드디어 이 책의 결론인 5부에 도달했다. 앞의 3부와 4부에서 각각 3세대 스피드 기업들, 그리고 스피드를 회복하려는 기존 강자들을 자세히 살펴보았다. 5부에서는 "그렇다면 한국 기업들은 어떻게 해야 할까?"를 묻는다. 지난 20~30년간 발군의 스피드를 보여온 빠른 한국 기업들은 아직 3세대 스피드를 장착하지 못하고 있다. 그렇다고 4부에서 다룬 기존 강자들처럼 스피드를 회복하려는 노력을 본격 가동하고 있는 것도 아니다. 그렇다면 한국의 빠른 기업들은 지금 어떤 상황인가? 안타깝게도 아직 방향을 못 잡고 있다는 것이 나의 진단이다. 5부에서는 빠른 한국 기업들의 현주소를 살펴보고, 이들의 스피드를 분석해보고자 한다. 그리고 이 책의 첫머리부터 일관되게 제시해온 3세대 스피드를 긴급히 그리고 진지하게 제안한다.

18장

스피드의 함정에 빠진

한국 기업

사실 "한국 기업은 빠르다"라는 말에 가타부타 응수하기는 쉽지 않다. 정확하지 않은 진술이기 때문이다. 기업마다 스피드가 다를진대 어찌 수천수만 개에 달하는 한국 기업의 스피드를 한마디로 규정할 수 있겠는가. 만약 말 그대로 모든 한국 기업이 빨랐다면 아마 한국 경제는 지금보다 훨씬 높은 단계에 있었을 것이다.

이러한 부정확성에도 불구하고 나 역시 '한국 기업'이라는 통칭을 사용하는 것은 한국 기업 중 가장 빠른 기업들도 아직 3세대 스피드에 올라타는 데 어려움을 겪고 있다는 사실 때문이다. 기업마다 스피드가 제각각이라 한국 기업의 스피드를 한 가지로 규정하는 것은 불가능하지만, 그럼에도 한국 기업 중 3세대 스피드를 경쟁력으로 발휘하고 있는 기업이 아직 눈에 띄지 않는다는 사실에 근거해, "한국 기업의 스피드는 이런 점이 부족하다"라고 적시해줄 수는 있다는 말이다. 그래서 이 장에서 논의해보려 하는 것은 '한국 기업의 스피드'라기보다는 '2세대 스피드에 머물고 있는 한국 기업의 현재 모습'이라고 하는 것이 더 정확하겠다.

한국 기업의 스피드는 그 기업 수만큼 다양하다. 그리고 그 범위 또

한 "정신없이 빠른 기업"과 "걱정될 정도로 느린 기업"이라는 양극단을 다 포함할 정도로 넓으리라. 우리가 여기서 논의할 한국 기업은 이 연속선상에서 빠른 쪽의 극단에 가깝다. 눈이 핑핑 돌 정도로 빠른 기업들의 스피드를 분석하고, 과연 어떤 문제가 있는지 정리해보기로 한다.

빠른 다이내믹: '상황실 스피드'

앞에서 구글 임직원들은 자신들이 어느 회사보다 빠르다고 자신 있게 이야기한다는 말을 했다. 뉘앙스는 다르지만 애플이나 아마존도 스피드에 대한 자신감은 분명했다. 그런데 흥미롭게도 한국의 빠른 기업도 이러한 자신감에서는 전혀 뒤지지 않는다. 한국 최고 기업의 임직원들과 스피드 관련 인터뷰를 해보면 자신들이 빠르다는 것을 의심하는 경우는 거의 없다. 그런데 더 흥미로운 점이 있다. 빠른 것 하나만큼은 자신하면서도 동시에 이 스피드 어드밴티지가 얼마나 유지될 수 있을지에 대해서는 영 자신 없어한다는 것이다. 이 장에서 나는 이 자신 없어하는 부분에 초점을 맞출 것이다. 하지만 우선 한국 기업의 '스피드 자신감'의 구체적인 내용부터 살펴보자.

인텔에서 근무한 경력이 있는 삼성전자 반도체의 임원을 인터뷰했는데, 이 임원은 스피드에 있어서는 인텔보다 삼성이 우월하다고 단언하였다. 이 점에 대해서는 인텔 현 임직원들도 동일하거나 비슷한 의견인 경우가 많다.

인텔과 삼성은 문화가 비슷하다. 2008년경 인텔이 RAPID라는 간단한 프로세스를 도입했는데 그 취지는 새로운 제품이나 아키텍처를 만들 때 누가 기안하고, 누가 인풋 넣고, 누가 결재하고, 누가 합의해야 하는지를 정해놓고 일하자는 것이었다. 덕분에 누가 어떤 역할을 하는지, 그리고 현 시점이 어느 단계에 와 있는지가 명확해지면서 일의 속도가 빨라지더라. 하지만 삼성의 스피드는 다 모여서 하는 거라 RAPID가 단번에 해결된다. 사장이 결정하면 그와 동시에 빠르게 추진된다. 예를 들어, 중국 진출이 회의에서 결정되면 절차를 거치지 않고 한꺼번에 다 모여서 추진한다. 스피드는 확실히 인텔보다 삼성이 빠르다.

바로 이 점이 한국 기업, 특히 한국의 빠른 기업이 보유한 강점이다. 인텔은 제품 개발에 RAPID[*]를 적용함으로써 엔지니어들의 역할과 책임을 보다 분명히 할 수 있었고, 그 덕분에 일의 진행 속도를 높일 수 있었다. 하지만 삼성전자의 경우 애초에 RAPID가 필요 없다. 왜냐하면 CEO가 어떤 의사결정을 하면 그 자리에 있는 관련자들이

---

[*] 인텔의 RAPID는 이 책의 7장을 참고하라.

곧바로 일을 나누어 실행에 들어가기 때문이다.

내가 몇 년 전 수행했던 '혁신 조직의 커뮤니케이션'이라는 공동 연구에서도 이를 뒷받침하는 결과가 도출되었다. 즉, 사회 관계망 분석 social network analysis을 통해 삼성전자 반도체가 중앙 집중적 회의를 십분 활용하고 있음을 발견할 수 있었다. 예를 들어, 회의는 각 그룹의 역할을 신속히 배분하며 재조정하고, 또 과제 진행 상황을 관련자들에게 거의 실시간으로 알리는 역할을 하고 있었다. 회의는 전체 목표와 각 그룹을 연결해주면서 또한 그룹 간 정보를 빠르게 흐르게 하는 효과적인 도구였다. 이 회의에는 가능한 한 모든 관련자 또는 각 그룹마다 1명씩은 반드시 참석하고 매일 개최하는 것이 원칙이었기 때문에 얼핏 보기에 낭비가 많은 것 같기도 하지만, 사실은 그 어떤 제도나 시스템보다 빠른 정보 전달이 가능했다. 64K D램 개발의 의지를 다지려고 64Km를 행군한 삼성전자 반도체이니 매일 전원 참석 회의를 여는 정도야 아무것도 아닌 일이다. 언젠가 나는 삼성전자 반도체의 회의가 봉화와 파발마 같다는 생각도 했었다.

포스코도 "모든 사람이 참석하는 회의"의 효력을 잘 알고 있는 기업이다. 포스코가 파이넥스FINEX 공법*을 개발하는 과정에서 보여준

---

* 기존의 용광로 공법이 가루 형태의 철광석과 고급 유연탄을 덩어리로 뭉친 다음 용광로에 집어넣어 녹이는 데 반해, 파이넥스 공법은 철광석과 유연탄을 덩어리로 만드는 과정 없이 가루 형태 그대로 사용할 수 있는 기술이다. 따라서 파이넥스 공법은 철광석 소결 공장과 석탄 코크스 공장이 필요 없어 투자비와 원가가 크게 절감되어 경제성은 35% 높아지는 반면 공해물질은 거의 발생하지 않는다. 2007년 포스코가 세계 최초로 파이넥스 상용화 설비를 완공하고 가동에 들어갔으며 현재는 각국에 플랜트를 수출하고 있다.

가장 독특한 모습 중 하나는 문제가 생기면 모든 사람이 한자리에 모여 고민했다는 것이다.

누가 어떤 역할을 맡을 것인가 이전에 그 문제를 해결하겠다는 간절한 바람이 사람들을 한자리에 모은 것이다. 파이넥스 공법 개발 당시 공장장의 회고를 들어보자.

1992년에 개발을 시작해 10년 넘게 고생한 끝에 세계 최초의 파이넥스 공법이 연산 60만 톤의 데모 플랜트로 완성되었다. 2003년 5월 30일, 그날의 감동은 말로 표현할 수가 없을 정도이다. 그런데 파이넥스가 돌기 시작한 지 딱 6일 만에 핵심 기술인 HCI Hot Compacted Iron 설비가 열을 못 견디고 깨졌다. 그 뒤 6개월 동안 만들면 깨지고 만들면 깨지는 일이 반복되었다. HCI 설비 만드는 데 보름 넘게 걸리는데 첫날은 괜찮다가 이튿날이면 반드시 깨지는 것이었다. 별별 방법을 다 써봤는데, 외부에서 설비나 요소 기술 전문가들을 초청해 깨진 모습을 보여주면서 조언을 구하기도 했다. 아무리 더 단단히 만들어도 소용이 없었다. '결국 안 되는 건가. 여기까지인가' 하는 절망감도 들었다. 그날도 파열된 HCI 앞에 다들 모여들기 시작했다. 그때 우린 그렇게 일했다. 무조건 다 모여서 상황을 눈으로 보면서 이야기했다. 업무나 직군 이런 거 상관없이 생산직까지 다 모여서 깨진 설비를 답답하고 참담한 심정으로 바라보고 있었다. 그런데 그중에 누군가가 "무른 재질을 써보면 어떨까?"라고 제안한 것이다. "그럼 마모되지 남아 있겠냐?"라며 다른 누군가가 곧바로 반박했다. 하지만 다른 방법이 없는 상황에서 "아무리 단단한 것도 통하지 않으니 차라리 무른 걸 한번 써보자"라고 결정이 났다. 무른 재질이 빨리 마모되는 것은 사실이었다. 수명이 1년밖에 되지 않았던 것이다. 하지만 그 1년간은 한 번도 깨지지 않았다. 무른 재질로 만들면 비용이 3분의 1밖에 안 되니 오히려 더 좋았다. 그렇게 해서 파이넥스 공법은 세상에 나왔고 2007년 대망의 연산 150만 톤 규모 상용화에 성공했다.

포스코는 이때부터 전원 참석 회의에 '톨게이트 미팅'*이라고 이름까지 붙였다. 지위 고하, 분야를 막론하고 같은 자리에서 회의를 했는데 정비·조업·연구·엔지니어링 파트가 다 모이니 고충을 피부로 느낄 수 있었고 실행 속도는 배가되었다. 한자리에 모이는 것만으로도 마술과 같은 효과가 나온다. 한자리에 모이면 상황에 대한 이해를 곧바로 공유할 수 있다. 같은 방에 모인 다른 사람들의 반응까지 감지할 수 있다. 그뿐인가. 상황이 급하고 중대할수록 서로 총대를 메겠다고 나선다. 한국의 빠른 기업들은 이 점을 잘 알고 있고 이를 한껏 이용한다.

앞서 4장에서 보았듯이 한국의 빠른 기업들은 무모할 정도로 높은 목표를 내걸고 강한 의지로 전진했다. 거기서 그치지 않았다. 목표

---

* 강우란, 박성민 (2009). 《혁신의 리더들: 통합 리더십으로 혁신하라》. 삼성경제연구소.

에 도달하고자 CEO부터 말단까지 한마음으로 커뮤니케이션한 것이다. 이러니 빠르지 않을 수 있겠는가? 한국 기업의 스피드는 목표·신뢰·권한이라는 스피드 3대 드라이버 중 목표에 200% 연계되는 한편, 신뢰와 권한은 매일 모여 확인하고 재분배하는 방식으로 발휘되었다. '상황실situation room 스피드'라고나 할까!

한국의 빠른 기업에 근무했던 사람이라면 이 상황실 스피드를 어떤 식으로건 경험했을 것이다. 상황실 스피드는 장점과 단점을 모두 가지고 있다. 그 역동성이 매력적인 반면 '군대문화'라는 비판도 있다. 어쨌든 '목표를 향해 달려가는 역동적 위계'가 놀라운 스피드를 창출한 것만큼은 분명하다. 문제는 이 스피드의 지속 가능성이 의문시된다는 것이다.

상황실 스피드가 느려진다

아마도 한국의 빠른 기업들이 가진 최대 걱정거리가 바로 상황실 스피드의 하락일 것이다. 하락 요인들을 짚어보면 첫 번째로, 이 스피드가 다소 기계적이고 노동집약적이어서 요즘의 시대정신과 불협화음을 낸다는 점이다. 여기서 기계적이라 함은 매일 회의하고 실시간으로 진척도를 확인하고 의사결정을 게을리하지 않는다는 뜻이다. 목표는 저 멀리 있고 돌발 상황은 하루가 멀다 하고 발생함에도 불구하고 현실은 마치 쳇바퀴 굴러가듯 예측 가능한 스케줄이다. 다들 한자리에 모여 브리핑받고, 질책받고, 새로운 역할을 나누는 엄중한 스케줄이다. 개인이 휴가 기간을 선택할 수 없고, 마음 편하게 저녁 6시에 퇴근할 수 없다. 대면 시간은 필수이고, 상시 대기는 기본이다.

과거에는 회사 생활을 장시간 근무, 상시 대기에 맞추는 사람들이 많았다. 승진의 지름길이라 생각하고 따르는 경우도 있었지만, 회사의 존재 목적, 특히 목표를 추구하는 근본적 이유가 개인의 영달이 아닌 조직과 사회의 번영이라는 사고방식이 저변에 있었다. 한국의 빠른 기업들은 창업 이념으로 멸사봉공, 사업보국을 제시하면서 조직이 개인에 우선한다는 관점을 공고히 했다.

그러나 이제는 상황이 많이 바뀌어 개인보다 조직을 우선시하는 말이나 관행에 대한 수용성이 크게 낮아졌다. 일과 생활의 균형이 중요해지기도 했지만 임원과 일반 직원의 급여 차이가 10배 이상으로 벌어지면서 "지위 고하를 막론하고 한자리에 모인다"라는 것 자체가 냉소적으로 받아들여지기 때문이다. 실제로 노동집약적 관행은 비효율이나 후진성과 동일시되고 있어 임원 계층에서조차 환영받지 못하는 경우가 많다. 그럼에도 상황실 스피드를 고집한다면 '무늬만 상황실'이 될 개연성이 높다.

상황실 스피드의 하락을 부채질하는 두 번째 요인은 바로 목표의 불명확성이다. 나는 앞에서 여러 차례 2세대 스피드, 즉 전략 스피드는 목표가 명확할 때 가장 잘 발휘된다고 강조했다. 그리고 이 목표

명확성은 기술이나 트렌드를 스스로 선도하거나, 추격자로서 선도자를 따라갈 때 비교적 안정적으로 확보될 수 있다. 그런데 현재 한국의 빠른 기업들은 이도저도 아닌 상태에 있다. 아직 선도자 스피드를 내고 있지 않으면서 동시에 그동안 워낙 빠르게 추격해왔기 때문에 이제는 추격자 위치를 넘어 물리적으로는 선도자 위치에 접근해 있다는 뜻이다. 이들 기업에는 가장 불안하고 불안정한 상황, 새로운 강점을 배우지 못한 기운데 익숙한 강점도 발휘할 수 없는 상황인 것이다.

독자는 최근 들어 신문지상이나 인터넷 또는 본인이 근무하는 회사 내에서 목표 불명확성을 느낀 적이 있는가? 예를 들어보자. 혹시 그들, 빠르기로 유명한 기업들의 의사결정 속도가 눈에 띄게 느려졌음을 감지했는가? 여기에는 몇 가지 원인이 있을 것이다. 개인들이 리스크를 지기 싫어해서일 수도 있고 경영진이 아랫사람을 믿지 못해 직접 챙기기 때문일 수도 있다. 하지만 현금을 쌓아두고도 투자 의사결정이 지연되고 방향을 결정하지 못하는 이유는 바로 의사결정의 리스크가 과거에 비해 너무 커졌기 때문이다. 즉, 확실한 성공 경로를 보여주는 선도자가 부재한 상태에서 그 경로를 회사가 직접 찾아나갈 준비는 하지 못하고 있기 때문이다. 즉, 리스크가 크니까 의사결정 사안을 위로 토스toss하는데 위에서도 확신이 없으니 결정을 미루게 되는 것이다.

한국 기업들은 '무수한 작은 시도'에 미숙하다. 큰 전략 목표를 두고 매일 모여 발생하는 문제들을 실시간으로 타결해나갔기 때문에 신뢰가 기본인 작은 시도들을 허용하지 못했다. 이런 방식이 스피드에 도움이 될 때가 있었다. 하지만 그러다 보니 작은 시도들이 제시할 수 있는 길을 아예 모르게 되고 따라서 의사결정의 리스크는 너무나 큰 규모 그대로 스피드를 가로막는다.

자, 이로써 의사결정 스피드가 하락한 현실을 체감했다면 이번에는 실행 스피드를 살펴보자. 전통적으로 한국 기업은 위로부터의 강한 드라이브가 실행력을 끌고 가는 유형이었다. 그런데 점차 그 드라이브가 약해졌고, 그렇다면 직원들의 자발성과 권한이 실행력을 받쳐줘야 하는데 실상은 담당자 권한이 너무 작거나 권한 발휘에 익숙하지 않다 보니 실행 스피드 또한 전반적으로 감퇴하는 경향이다. 고객 접점 스피드가 좋은 실례다. "다른 점은 몰라도 고객 접점 스피드는 인텔이나 IBM, 심지어 GE도 한국 기업보다 빠르다. 권한이 아래쪽으로 더 많이 내려가 있어, 고객 요구에 대해 빠르게 피드백하거나 의사결정을 해준다"라는 인터뷰 내용에서 볼 수 있듯이, 목표의 불명확성을 보완해줄 신뢰와 권한이 시급하다.

상황실 스피드를 하락시키는 세 번째이자 마지막 요인으로 상황판의 복잡화를 꼽을 수 있다. 상황판이 가장 단순하고 통제 가능한 경우는 '우리'만 있을 때일 것이다. 이를테면 지금 몇 킬로미터를 행군 중인지, 반환점까지 얼마나 남았는지, 고객이 원하는 스피드에 도달하기 위해 차량을 투입할지 말지 등을 파악하고 결정하면 될 것이다.

하지만 대부분의 상황은 '우리'만 있지 않다. 우리만 있다면 상황판을 만들 필요도 없을 테니까 말이다. 그러므로 상황판에는 적군이나 경쟁자의 움직임이 표시되고 이로써 더 집중하게 되어 스피드 역시 증가할 수 있다.

그런데 이제는 상황판에 경쟁 구도만이 아니라 동반 구도까지 표시해야 하게 생겼다. 왜냐하면 환경 변화로 인해 동반자 없이 독자적으로 사업을 펼칠 수 있는 여지가 대폭 감소했기 때문이다. 문제는 한국의 빠른 기업들은 경쟁 구도에서는 속도 발휘를 잘하지만 동반 구도에서는 썩 빠르지 않다는 점이다. 그동안은 '동반자'라야 수직 계열화된 부품업체여서 사실상 회사의 지휘통제권 아래 있었다고 해도 무방하다. 하지만 지금의 동반자는 제휴 기업, 외국 정부, 전문가 단체 등 각양각색이다. 이들은 스피드도 제각각이지만 사업에 대한 커미트먼트commitment도 각기 다르다. 경쟁 구도에서는 자기만 빠르면 되지만 동반 구도 아래서는 같이 빨라야 한다. 이는 최종 스피드에 대한 결정력이 그만큼 작아진다는 의미다. 사실 가장 느린 동반자의 속도가 최종 스피드를 결정할 가능성이 높아졌다. 핵심 디바이스를 중심으로 플랫폼 구축을 시도 중인 한 사업부장의 생각을 들어보자.

GDP가 3만 달러, 4만 달러 갈 때의 초일류 기업은 혼자 가면 안 된다. 생태계로 들어가 동반자와 함께해야 하는 것이다. 그렇게 되면 스피드의 패러다임이 바뀐다. 지금까지는 우리끼리 투자, 조직, 인력을 결정하면 되었지만 이제는 최종적 시간을 단축시키려면 나 혼자 빠르다고 되는 것이 아니라 동반자도 함께 빨라야 하기 때문이다.

상황의 복잡성으로 인해 스피드가 하락하는 예시를 들어보자. 한국의 빠른 기업은 적시timely 투자에 능하다는 평가를 받는 편이었다. 기업에 들어가 내부 인터뷰를 진행해보면 적시 투자가 그 회사 성공에 얼마나 핵심이었는지를 확인해주는 경영자들이 많다. 투자 결정의 중요성은 아무리 강조해도 모자라리라. 그런데 인터뷰를 계속하다 보면 이 전설적인 투자 결정들이 생각보다 단순했음을 발견하게 된다. 이를테면 대형 고객이 한국 기업에 주요 부품의 개발 및 생산이 가능한지를 문의해온다. 한국 기업으로서는 새로운 영역이라 난관이 예상되나 개발이 불가능한 것은 아니라고 판단한다. 인도 일정 delivery schedule에 합의하고 나면 곧바로 대량 주문이 들어오고 그에 따라 회사는 생산라인에 대한 투자를 결정한다. 결국 고객으로부터의 대량 주문이 투자 결정을 촉발한 것이다. 그런데 지금은 어떤가? 주문이 들어오는 것이 아니라 공동개발을 해보지 않겠느냐는 파트너십 타진이 들어온다. 우리가 먼저 상대방에게 파트너십을 타진해야 하는 경우도 있다. 당연히 의사결정은 더 복잡해진다.

그뿐이 아니다. 상황판은 또 우리 내부의 다양성으로 인해 한층 더 복잡해질 수 있다. 다양화된 내부 주체 간 공조 없이는 미션을 완수하지 못하게 되어가고 있기 때문이다. 지금까지 한국의 빠른 기업은 대개 제조 기반 기업이었다. 그런데 이제 순수하게 제조만 하거나 순수하게 소프트웨어 개발만 하는 기업은 찾아보기 어렵다. 거기에 서비스까지 얹힌다. 그런데 업의 특성이 다르면 스피드도 차이가 나기 마련이다. 하드웨어와 소프트웨어 그리고 서비스 간 스피드 마찰이 하루에도 몇 번씩 발생하며, 만약 조율에 실패하면 스피드 경영 전반이 실패로 귀결될 수 있다.

이미 한국 기업의 상황실 스피드 하락은 광범한 우려를 낳고 있다. 상황판에 대한 집중도와 긴장감이 현격히 떨어지고 한국 기업이 자랑하던 역동적 위계는 점차 비효율과 관성 그리고 경직성으로 바뀌고 있다. 3세대 스피드 없이 이 문제를 타개한다는 것이 과연 가능하겠는가?

19장

추격자 스피드와 선도자 스피드는 무엇이 다른가?

이번 장에서는 선도자 스피드와 추격자 스피드를 비교 분석함으로써 3세대 스피드, 즉 실험 스피드의 필요성을 보다 명료하게 제시해보고자 한다. 1장에서 언급했듯이 우리가 현 시점에서 스피드를 고민해야 하는 이유는 최근의 사업 환경 변화로 인해 우리가 그동안 잘 활용해온 스피드 발휘 방식이 더 이상 통하지 않게 되었기 때문이다. 우리의 스피드 발휘 방식은 큰 전략적 목표를 향해 매진하는 2세대 스피드, 그중에서도 선도자를 따라가는 추격자 스피드였다. 그런데 "선도자 대 추격자" 논의가 학계에서 거의 30년,[*] 한국 기업들 사이에서도 10년 이상 높은 관심을 끌어왔음에도 이 둘 간의 스피드 차이를 분석한 시도는 별로 없었던 것 같다. 이번 장에서 한국 기업이 선도자로 올라서려면 왜 현재의 스피드 기반이 바뀌지 않으면 안 되는지를 확인해보자.

---

[*] 리버만과 몽고메리가 1988년에 쓴 '선점자 이익'에 대한 논문[Lieberman, M. B. & Montgomery, D. B. (1988). "First-Mover Advantages". *Strategic Management Journal*, Summer Special Issue 9] 이래, '선점자 불이익', '후발자(second mover) 이익' 등 관련 주제 연구가 끊임없이 발표되고 있다. 이 책에서는 시장에 새로운 범주의 제품을 최초로 내놓는 퍼스트 무버보다 좀 더 광의의 개념인 '기술혁신을 이끄는 선도자(industry leader)'라는 용어를 쓰겠다.

추격자와 선도자, 누가 더 빠를까

선도자는 혁신을 주도하는 기업이고, 추격자는 그 뒤를 좇는 기업이다. 지금까지 한국 기업들은 대부분 추격자였다. 그중 가장 성공적인 기업들은 '빠른 추격자fast follower'라고 불리지만 선도자와는 분명히 구별되었다. 한국 기업이 추격자라는 것 자체가 특별히 문제는 아니다. 대다수 기업이 시장에서 선도자가 아닌 추격자로 시작하기 때문이다.

후발주자로 시장에 진입한 기업은 큰 노력을 기울이고 성공을 거듭하면서 앞으로 치고 나간다. 그런데 거리를 바짝 좁혀놓고 선도자를 보니 예전에 먼발치에서 볼 때에 비해 그리 빠르지 않은 것 같다. 저 뒤에서 볼 땐 경외와 선망의 대상이었는데, 가까이서 보니 실수도 은근히 많이 하는 것 같고, 특히 '우리가 이만큼 달려오는 동안 이 사람들은 여기밖에 못 왔나, 그동안 뭐한 거야?' 하는 생각마저 든다. 한달음에 추월이 가능할 것 같다. 과연 그럴까? 독자가 보기에는 어떤가? 추격자가 선도자를 넘어설 것 같은가, 아니면 제논의 역설처럼 영원히 뒤좇기만 할 것 같은가? 답은 아마도 이 둘의 스피드 차이에 있지 않을까 생각된다.

선도자가 빠를까, 아니면 추격자가 빠를까? 최근 나는 현재 글로벌 선도자 위치에 있거나 선도자 뒤를 바짝 따르는 빠른 추격자 기업의 중간관리자 이상을 대상으로 설문조사를 해보았다. 응답자들은 "선도 기업일 때보다 추격자일 때의 스피드가 더 빠르다"라는 진술에 대해 "전혀 그렇지 않다"에서 "매우 그렇다"까지로 답했는데, 조직에 따라 최고 90점에서 최저 74점까지 점수 차이가 꽤 있었지만 전체 평균은 80점이었다. 다시 말해, 절대 다수가 "추격자일 때가 더 빠르다"라고 응답한 것이다.

설문조사뿐 아니라 경영자 인터뷰에서도 같은 대답이 나왔고, 선도 기업으로 구성된 선진사 벤치마킹에서도 추격자가 더 빠르다는 대답이 많았다. 그리고 그 이유로는 추격자는 선도자가 이미 닦아놓은 길을 가기 때문이라는 의견이 많았다. 선도자를 모델 삼아 뒤따름으로써 선도자가 범한 시행착오를 크게 줄일 수 있고, 따라서 속도를 한껏 낼 수 있다는 것이다. 그 덕분에 속도가 붙은 추격자는 간혹 선도자보다 더 큰 매출과 이익을 시현하기도 한다.

자, 그렇다면 여기서 의문점이 하나 생긴다. 추격자가 더 빠르다면 조만간 선도자를 추월해야 할 텐데, 실제로 그런 경우는 보기 힘들다. 업종별·산업별로 선도자와 추격자가 뒤바뀌는 순차적 물갈이가 일어나야 할 텐데 현실은 그렇지 않다는 것이다. 선도자가 도태되는 경우는 많지만 그렇다고 바로 뒤의 빠른 추격자가 그 자리를 차지하지는 않는다. 오히려 그 자리는 혁신성으로 무장한 무명의 신생 기업에 돌아가는 경우가 훨씬 더 많다. 빠른 추격자는 왜 선도자로 올라서기 어렵나? 결론적으로, 스피드 특성이 다르기 때문이다. 그럼 지금부터 스피드 특성의 차이를 하나하나 살펴보자.

추격자 스피드를 확보하는 것은 상대적으로 쉽다

첫 번째 특성으로, 추격자 스피드는 다른 스피드에 비해 토대가 협소하다. 독자는 이 이상한 문장을 일단 양해해주길! 나는 특정한 스피드가 발휘되게끔 하는 기반을 그 스피드의 '토대base'라고 부르겠다. 그리고 협소하다는 것은 여러 가지 요인으로 구성된 넓은 스펙트럼이 아니라 요인의 가짓수가 적고 범위 역시 좁다는 의미이다. 그렇다면 협소한 토대의 스피드가 넓은 토대의 스피드보다 초기 형성이 손쉬울 것이라고 가정해볼 수 있다.

자, 이제 추격자 스피드가 다른 스피드에 비해 협소한 토대를 가지고 있다는 특징으로 돌아가보자. 이 특징을 이해하는 데는 앞에서 언급한 중간관리자 이상을 대상으로 시행한 스피드 설문 결과에 대한 설명이 필요하다. 설문 데이터에 대해 요인 분석factor analysis을 해보니 4개의 상이한 요인이 도출되었다. 우선, 목표 인식·협업·토론과 새로운 시도 등이 기반 요인Enabling Factor으로 묶였고, 전략 성공에 대한 전념이 집중 요인Focus Factor로 묶였다. 그리고 조직의 복잡성이 다중성 요인Multiplicity Factor으로, 마지막으로 의사결정이 최고위층에 편중된 정도가 위계 요인Hierarchy Factor으로 묶였다. 요인별 설문 문항을 정리하면 〈표 3〉과 같다.

이 4개 요인은 스피드 확보에 있어 상이한 영역에서 상이한 역할을 한다. 어떤 요인들이 어떤 강도로 조합되느냐에 따라 서로 다른 스피

표 3 | 요인별 설문 문항

기반 요인 Enabling Factor	• 구체적이고 달성 가능한 목표와 방침 • 상하(上下) 간 활발한 토론 • 개방적이고 유연한 목표 달성 방식 • 전략의 공유와 이해 • 새로운 시도에 대한 인센티브 • 팀워크와 부서 간 협력 • 권한과 책임의 범위 명확
집중 요인 Focus Factor	• 전략 성공에 전념 • 전략적 우선순위 과제에 우수 인력 배치 • 성공 사례의 신속한 채택 및 조직 내 전파 • 빠르게 체득하고 소통하기
다중성 요인 Multiplicity Factor	• 환경과 고객 니즈의 복잡성 증가(역질문) • 조직 복잡성 증가(역질문) • 큰 방향을 알면서도 구체적 결정은 못하는 것(역질문)
위계 요인 Hierarchy Factor	• 의사결정이 최고위층에 집중 • 의사결정이 내려질 때까지 대기하는 시간 증가(역질문)

드 특성이 발현된다는 뜻이다. 그런데 이 4개 요인의 영향을 회귀 분석을 통해 검증해보았더니 우선, 의사결정 스피드에 대해서는 4개 요인 모두가 유의한 영향을 미치는 것으로 나타났다. 만약 앞에서 말한 대로 토대가 넓고 다양할수록 스피드 확보가 어렵다면 그중 의사결정 스피드의 확보가 가장 어렵다고 할 수 있을 것이다.

한편 의사결정 스피드는 선도자 스피드와 가장 유사하다. 기업과 업종 성격에 따라 각 요인의 영향력 순서는 달라질 수 있지만 선도자 스피드 역시 의사결정 스피드와 마찬가지로 4개 요인을 모두 포함한다.

그렇다면, '의사결정'과 대비되는 개념인 '실행'은 어떨까? 실행 스피드를 위한 토대는 집중 요인과 다중성 요인인 것으로 나타났다. 집중 요인은 일종의 리더십 드라이브다. 전략 성공에 전념하고 전략적으로 중요도 높은 과제에 우수한 인력을 우선적으로 배치하며, 조직에서 성공 사례가 나타나면 신속히 채택하고, 프로젝트 성과를 신속히 체득해 전파하는 민첩한 모습이라고 이해하면 된다. 다중성 요인은 〈표 3〉에서 보듯이 사업 환경과 조직 내부가 복잡해져가고 있고 이로 인해 선뜻 의사결정을 못 내리는 상황을 말한다. 실행 스피드에 집중 요인과 다중성 요인이 영향을 미친다는 것은 빠른 실행을 위해서는 적어도 전략에 전념하는 강한 리더십과 단순하면서 효율적인 조직이 필요하다는 것을 보여준다. 한편, 영향 요인이 2개라는 것은 실행 스피드 확보가 의사결정 스피드 확보보다는 상대적으로 더 쉽다는 것을 보여주는 단서이기도 하다.

이어서 신사업 스피드를 보자. 경험이 전무한 미지의 분야로 진출할 때의 속도를 일컫는 신사업 스피드는 위계 요인을 제외한 3개 요인, 즉 다중성 요인, 기반 요인, 집중 요인의 영향을 모두 받는 것으로 나타났다. 3개 요인 중에서도 다중성 요인과 기반 요인의 유의도가 매우 높아 신사업을 추진하려는 기업은 과도하게 복잡한 조직과 그로 인한 비효율 및 의사결정 지연(다중성 요인), 또 목표에 대한 공유와 이해, 새로운 아이디어의 제시와 시도, 협력 등(기반 요인)에 각별한 관심이 필요함을 시사한다. 물론 전자는 줄이고 후자는 늘려야 한다는 말인데, 만약 다중성 요인이 상당히 진척되어 있고 기반 요인이 약한 여건이라면 신사업 전담 조직을 분리시키는 것도 고려해봄 직하다.

그렇다면, 추격자 스피드는 어떤 요인에 영향을 받을까? 다른 스피드와 달리 추격자 스피드는 단 하나의 요인에 의존하는 것으로 나타났다. 즉, 집중 요인을 제외한 나머지 3개 요인의 영향력은 통계적으로 유의미하지 않았다. 집중 요인은 앞에서 기술했듯이 '리더십 드라이브'라고 볼 수 있다. 전략 성공에 전념하며 조직의 모든 리소스를 전략적 우선순위에 맞추는 것이 바로 집중 요인이다.

추격자 스피드의 기반이 단일 요인으로 구성되어 있다는 분석 결과는 충분히 직관적이면서도 동시에 중요한 시사점을 던진다. 바로 추격자 스피드를 형성하는 것이 다른 어떤 스피드를 형성하는 것보다 더 용이하다는 사실이다. 집중 요인에 주력하면 추격자로서 빠른 속도를 낼 수 있다는 뜻이 되니까 말이다. 물론 집중 요인에 매달리는 것 자체만 해도 결코 쉬운 일은 아닐 터이다. 기업의 리더십이 전략 성공에 전념하도록 하는 것은 각고의 노력과 정성 없이는 불가능하다는 것을 우리는 잘 알고 있지 않은가. 바로 이 점이 한국의 빠른 기업과 그렇지 못한 기업을 갈라놓았을 것이라고 추론해본다면 집중 요인이야말로 한국의 빠른 기업을 여기까지 견인해온 요인이라고 해도 과언이 아닐 것이다.

여기서 또 한 가지 놓치지 말아야 할 것은 모든 종류의 스피드에 집중 요인이 포함된다는 사실이다. 다시 말해, 집중 요인이 없으면 어떤 종류의 스피드도 불가능하며, 적어도 스피드를 내기 위해서는 집중 요인, 즉 리더십 드라이브가 필요하다는 뜻이다. 하지만 집중 요

표 4 | 스피드의 유형과 토대 ||||||||||||||||||||||||||||||||||||||||||||||||||||||||||||||||||||||||||||||||||||||

스피드 유형	토대(영향력 순)
의사결정 스피드	다중성 요인 〉 위계 요인 〉 기반 요인 〉 집중 요인 (4-Factor Base)
선도자 스피드	다중성 요인 〉 위계 요인 〉 기반 요인 〉 집중 요인 (4-Factor Base) 또는 기반 요인 〉 다중성 요인 〉 집중 요인 〉 위계 요인 (4-Factor Base)
실행 스피드	집중 요인 〉 다중성 요인 (2-Factor Base)
신사업 스피드	다중성 요인 〉 기반 요인 〉 집중 요인 (3-Factor Base)
추격자 스피드	집중 요인 (1-Factor Base)

인의 보편성에도 불구하고 이 요인 한 가지만으로 이루어진 추격자 스피드는 다른 스피드에 비해 형성하기가 상대적으로 용이하다는 판단은 유효한 것으로 보인다.

빠른 추격자일수록 선도자가 되기 어렵다

추격자 스피드가 단일 요인에 의해 결정된다는 것은 추격자 스피드 형성이 상대적으로 쉬운 것으로 이해될 수도 있지만, 동시에 빠른 추격자는 다른 요인들에 대해 신경을 덜 써도 된다는 해석을 가능케 한다. 이것이 바로 추격자 스피드의 두 번째 특성, 여타 요인들에 대한 둔감성insensitivity을 보여준다. 추격자는 기반·다중성·위계 요인이 악화되더라도 현재의 스피드를 유지할 수 있다.

다른 종류의 스피드는 어떨까? 다중성 요인이 증가하면 조직 효율성이 떨어지고 의사결정이 지연된다. 이렇게 되면 당연히 의사결정 스피드가 저하될 것이다. 〈표 4〉에서 보듯이 의사결정 스피드에 가장 큰 영향을 미치는 요인이 다중성 요인인 것도 이러한 이유에서다. 그렇기 때문에 다중성 요인이 제1의 영향 요인인 의사결정 스피드나 선도자 스피드, 그리고 신사업 스피드가 중요한 회사는 조직 운영의 투명성과 단순성을 유지하기 위해 각별한 노력을 기울인다. 투명성과 단순성이 떨어지면 곧바로 스피드에 영향을 끼쳐 회사의 핵심 경쟁력을 저하시킬 것이다. 그러므로 선도자 스피드를 지향하는 회사라면 조직 내 커뮤니케이션, 정보 공유, 아이디어 교류, 그리고 한눈에 보이는 엄정하고 투명한 평가 시스템이 제대로 작동하고 있는지 예의 주시해야 한다.

이렇게 추격자 스피드를 제외한 모든 스피드가 복수 요인의 영향 아래 있는 반면, 추격자 스피드는 집중 요인이 유일한 기반이다. 자칫 집중 요인이 흐트러지면 회사의 스피드도 그대로 곤두박질치겠지만 집중 요인만 잘 관리하면 스피드는 유지될 수 있다. 그래서 몇몇 빠른 추격자는 더 빨라지기 위해 그야말로 집중 요인에 모든 것을 걸기도 한다. 이렇게 되면 의도한 대로 스피드는 높아지겠지만 그 과정에서 종종 나머지 3개 요인이 희생되곤 한다. 그리하여 복수 요인으로 토대가 구성되는 여타 스피드로부터는 멀어질 수 있다. 특히 4개 요인 전부를 필요로 하는 선도자 스피드로부터 멀어질 수 있다. 집중 요인에 최적화될수록 역설적으로 선도자로 오르기는 더 어려워진다는 해석이 가능한 부분이다.

빠른 추격자의 미래

추격자 스피드의 세 번째 특징은 실행 중심이라는 것이다. 추격자 스피드의 강점이 의사결정보다는 실행에서 더 잘 발현된다는 뜻이다. 그런데 여기서 독자가 혹시 오해할 수도 있겠다. 추격자 스피드가 의사결정보다 실행에 강점이 있다는 말이 곧 "추격자는 의사결정에서 느리다"라는 말은 아님에 주의하자. 추격하는 기업은 오히려 자신들이 신속하게 결정한다고 말하기도 한다. 어떻게 그럴 수 있을까? 앞에서 지적했듯이 추격자는 선도자가 만들어놓은 길을 가기 때문에 의사결정에는 시간과 에너지를 그만큼 적게 배정해도 된다. 그래서 오히려 의사결정이 빠르다는 느낌이 들 수 있다. 반면 의사결정에 시간을 많이 배정해야 하는 선도자는 의사결정이 느린 것처럼 보인다.

추격자 스피드가 의사결정에 빠르지 않다는 사실은 추격자가 시간을 요하는 의사결정을 해야 할 상황에 맞닥뜨리고서야 분명해진다. 4개 요인을 고루 갖추어야 하는 의사결정 스피드는 그 토대가 모든

스피드 중 가장 광범한데 의사결정, 특히 고난도 의사결정을 내려야
만 하는 상황은 집중 요인에 올인해온 추격자에게는 시련의 순간이
라 아니할 수 없다.

추격자 스피드의 네 번째 특성은 신사업 취약성이다. 〈표 4〉에서
보듯이 신사업 스피드는 3개 요인으로 토대가 구성되는데 추격자의
강점인 집중 요인은 그중에서도 영향력이 제일 작다. 따라서 더 영향
력 있는 요인, 즉 다중성과 기반 요인이 약한 추격자라면 신사업 진
출 속도가 생각보다 훨씬 느려 당혹스러울 수 있다. "스피드로 소문
난 우리가 어찌 이렇게 더딜 수 있지?" 하며 답답해하는 것이다. 특
히 선도자도 아직 가지 않은 미지의 길을 가야 할 경우 스피드 하락
폭은 더욱 커질 수 있다.

이제 추격자 스피드의 마지막 특성을 말할 차례다. 이 특성은 추격
자에게 일면 유리한 점이기도 한데, 바로 외부 환경 변화에 대한 완
충력을 '어느 정도' 가지고 있다는 사실이다. 무슨 뜻일까? 통계 분석
을 통해 흥미로운 결과가 도출되었는데, 환경의 복잡성complexity과 불
확실성uncertainty*은 기반 요인의 영향력을 감소시킴으로써 결국 스피
드를 저하시킨다. 그런데 이 기반 요인은 추격자 스피드의 토대가 아
니기 때문에 추격자는 상대적으로 영향을 덜 받을 수 있는 것이다.

---

* 복잡성은 과업 간/의사결정 간 상호의존성으로, 불확실성은 예측 불능성으로 정의하였다. 복잡성
이 증가할 경우 한 기업의 과제나 성과가 다른 기업에 영향을 미칠 가능성이 높아져 독자적 판단
이 어려워지며, 불확실성이 증가할 경우 변수의 방향이나 변화 폭이 커져 미리 예측한다는 것의 의
미가 줄어들게 된다.

그래서 몇몇 추격자는 선도자의 연이은 쇠퇴 속에서도 꿋꿋하게 고성과를 유지하는 것을 볼 수 있다. 이 현상을 두고, 빠른 추격자가 선도자보다 생존에 유리하다는 주장이 제기되기도 한다.

그렇다고 안심할 수는 없다. 관련된 통계 분석 결과가 한 가지 더 있기 때문이다. 추격자 스피드는 적어도 통계적으로는 기반 요인과 무관해 환경의 복잡성과 불확실성이 증가해도 스피드가 불변하는 것처럼 보이나, 환경의 복잡성과 불확실성이 독립 변수로 작용하면 추격자 스피드를 곧바로 하락시키는 것으로 나타났다. 결국 추격자가 한편으로는 환경 변화로부터 더 안전해 보이지만 다른 한편으로는 선도자에 비해 오히려 더 강한 충격을 받을 수도 있다는 뜻이 된다. 나는 이 결과를 놓고 곰곰이 생각해보았다. 독자도 머릿속에 그림이 그려질 것이다. 선도자를 방패막이 삼아 맞바람을 피하며 전진하는 추격자, 그러나 선도자가 감당하지 못하는 변화에는 선도자보다도 먼저 속수무책으로 무너질 수 있는 것이 또한 추격자이다.

지금까지 우리는 추격자 스피드로는 선도자가 되기 어렵다는 점을 살펴보았다. 추격자 스피드는 형성하기가 상대적으로 쉽고 또 어떤 스피드보다도 빠를 수 있지만, 동시에 다양한 스피드를 발휘하지 못한다는 한계가 있다. 통계만 보면 해결책은 간단하다. 나머지 스피드 요인들을 장착하면 된다. 3세대 스피드의 중심이라 할 수 있는 기반 요인, 효과적으로 사용하되 권위주의화되지 않도록 유의해야 하는 위계 요인, 그리고 효율성과 단순성의 가치를 상기시키는 다중성 요인, 이 3개 요인이 스피드에 도움을 줄 수 있도록 조직을 변화시키면 되는 것이다. 물론 통계 분석이 제시하듯 실행이 그리 쉽지만은 않을 것이다. 그러나 '미션 임파서블'은 결코 아니다. 다음 장에서 선도자 스피드로 올라서는 방법을 같이 고민해보자.

20장

답은 '스피드 토대'에 있다!

이번 장에서는 4개의 스피드 요인, 즉 기반 요인, 집중 요인, 다중성 요인, 위계 요인에 어떻게 접근해야 할지를 살펴보자. 19장에서 보았듯이 이 4개 요인은 스피드의 종류에 따라 그 영향력의 순위가 달라지지만 이 중에 중요하지 않은 요인은 하나도 없다. 어떤 요인은 스피드의 기초로 작용하고 또 다른 어떤 요인은 스피드를 이끌어준다. 사업 환경이 복잡해질수록 조직의 단순함을 강조함으로써 스피드를 애써 유지하고자 하는 요인도 있다. 그런가 하면 너무 강해도 안 되고 너무 약해도 안 되는, 즉 '균형'이 중요한 위계 요인 같은 요인도 있다. 각각 나름의 특성과 역할이 있다.

그럼에도 한국 기업들은 이 4개 요인 중 극히 일부만 활용하고 있는 것이 사실이다. 지금까지는 그렇게 해도 무방했다. 아니, 오히려 일부에 의존하고 나머지는 무시하는 것이 성공 가능성을 높였을 수 있다. 하지만 이제는 그렇지 않다. 스피드의 4개 요인 모두에 대한 이해력과 활용력을 기르지 못하면 생존이 위협받게 된다. 우리는 지난 수년간 "기업의 체질을 바꿔야 한다"라고 외쳐왔다. 왜 체질을 바꾸자는 것일까? 어떻게 바꾸자는 것일까? 스피드 연구가 그 답을 보여준다. 체질을 바꾸지 않으면 스피드가 하락할 수밖에 없기 때문에 바꾸자는 것이다. 그리고 4개 요인이 장착된 스피드 토대를 갖추는 방향으로 바꾸자는 것이다. 자, 이 방향으로 가자.

'기반 요인'은 뜨거운 감자일까

앞서 19장에서 지적했듯이 '기반 요인'은 스피드를 내기 위한 기초이다. 이 요인이 기초로 작용하리라는 것은 구성 요소만 들여다보아도 직관적으로 느껴진다. 기반 요인이 약하다고 하면 곧바로 "아니 그럼 속도는 무엇으로 내나?" 하는 의문이 들 정도니 말이다. 구성 요소는 ① 구체적이고 달성 가능한 목표와 방침, ② 상하 간 활발한 토론, ③ 개방적이고 유연한 목표 달성 방식, ④ 전략의 공유와 이해, ⑤ 새로운 시도에 대한 인센티브, ⑥ 팀워크와 부서 간 협력, ⑦ 권한과 책임의 범위 명확 등 7개이다. 이쯤 되면 독자도 내가 왜 이 요인에 '기반 요인'이라는 이름을 붙였는지 이해가 될 것이다.

그런데 여기서 명확히 짚고 넘어갈 점이 있는데, "기반 요인이 약하다"라는 말은 한국 기업에 기반 요인 자체가 부족하다는 의미라기보다는, 한국 기업이 발휘하는 스피드에 기반 요인이 생각보다 큰 영향을 미치지 않는다는 뜻이다. 조사 대상 기업들은 모두 자기 업종에서 글로벌 5위 이내의 기업이었으며, 그중에는 1위 기업도 있었다.

그럼에도 기반 요인이 이들의 스피드에 미치는 영향은 통계적으로 꼴찌였다. 실행 스피드나 추격자 스피드일 때는 작게나마 존재하던 영향력조차 실종되고 만다. 이 정도라면 7개 구성 요소, 즉 구체적이고 달성 가능한 목표와 방침 등을 비롯해 누가 보아도 스피드에 필수적인 요소들이 알고 보면 스피드를 크게 좌우하지 않는다고 말할 수 있을 것이다.

그럼 이제 어떻게 할 것인가? 답은 일견 분명해 보인다. 기반 요인을 강화해 스피드를 올리면 될 것 같다. 그렇게 하면 기반 요인은 그 이름에 걸맞게 스피드의 기반이 될 수 있지 않겠는가? 그런데 우리는 여기서 현실적으로 중요한 문제에 봉착한다. 즉, 기반 요인을 강화하는 동안 그보다 훨씬 더 강력하게 현재의 스피드를 좌우하는 집중 요인은 어떻게 하느냐는 것이다. 집중 요인은 19장에서도 설명했듯이 전략 성공을 최우선순위로 두고 밀어붙이는 리더십 드라이브다. 이 드라이브 하나로 현재 수준의 추격자 스피드가 가능하며, 빠른 추격자 위상은 지금의 한국 기업에는 놓칠 수 없는 중요한 포지셔닝이다. 그런데 아직 스피드와 연결도 덜 되어 있는 기반 요인을 강화하라고? '구체적이고 달성 가능한 목표와 방침'과 '도저히 달성할 수 없을 것 같은 도전 목표를 달성해내는 리더십 드라이브'가 공존할 수 있나? 지금까지 한국 기업은 후자를 중심으로 잘 달려왔지 않나? 이런 강력한 드라이브를 될지 안 될지 모르는 불안한 요인으로 대체하라는 것이 말이 되나? 잘못되면 누가 책임지나? 아니, 당장 금년 목표를 달성 가능하다고 확인해줄 수 있나?

바로 이 점 때문에 한국 기업들의 체질 변화 노력이 대체로는 구호로만 끝나버린다. 뱉지도 삼키지도 못하는 뜨거운 감자, 스피드의 당연한 토대인 기반 요인은 우리에게 너무나 어색하고 불편한 옷인 것이다. "당장 눈앞의 목표는 어떻게 하고 기반 요인을 강화하겠다는 것이냐"라고 반발하는 사람들이 뭔가 크게 착각하고 있는 것일까? 근시안적 관점에 얽매인 것일까? 그렇지 않다. 이들은 근거 있는 주장을 하고 있다. 반복 설명이 되겠지만, 기반 요인은 우리의 현재 스피드와는 상당히 약하게 연결되어 있다. 그 연결성을 강화하겠다고 기존에 강한 효력을 발휘하던 요인을 혼란에 빠뜨린다면 당장의 목표는 달성하지 못할 가능성이 커질 수 있다.

그렇다면 어떻게 할 것인가? 당장의 목표를 희생시키더라도 장기적 관점에서 기반 요인을 정착시켜야 한다는 대답은, 미안하지만 사양하겠다. 단기 목표를 충족시키지 못하는 한 기반 요인의 지속 시행 역시 현실적으로 어렵기 때문이다. 그런가 하면 문제가 곪아 터질 때까지 기다리는 수밖에 없다는 제안도 있다. 실제로 조직은 위기에 봉착했을 때에야 비로소 변화의 필요성을 인지하곤 한다. 하지만 위기가 도래했다는 것은 그만큼 붕괴 가능성이 높아졌다는 뜻이기도 하다. 따라서 그러한 '벼랑 끝 전술'은, 글쎄, 조직 변화에 있어 그다지 추천할 만한 방법이 아닌 것 같다.

기반 요인의 강화를 위해 나는 다음 4가지 방법을 제안하고자 한다. 첫째, 다음 장에서 더 자세히 기술하겠지만, 스피드 진단을 제안한다. 특히 향후 3년간 스피드가 유지될 것이라 생각하는지, 어떠한 새로운 스피드가 중요해질지를 조직 구성원에게 물어보라. 3년은 매우 가까운 미래다. 현재 근무하는 임직원 대다수가 여전히 남아 있을, 그런 가까운 미래다. 여건 변화가 이런 짧은 타임 스팬time span 안에서 도래할 것이고, 그에 적응하여 우리 스스로를 변화시키지 못하면 위기를 맞을 것은 자명하다. 위기가 오기 전에 변화의 필요성을 공유해보자. 만약 3년 내에 중요해질 스피드 드라이버가 기반 요인의 구성 요소들과 겹친다면 기반 요인의 강화를 지금 당장 시작하자.

둘째, 이것이 너무나 미온적인 방법이라며 실망해도 할 수 없지만, 베스트 프랙티스를 활용하라. 한국의 빠른 기업에 3세대 스피드의 이행 방법을 물었을 때, 장고 끝에 "베스트 프랙티스가 있으면 곧바로 확산될 수 있을 것이다"라는 대답이 많이 나왔다. 베스트 프랙티스는 한국 기업이 가장 손쉽게 활용해온 방법이고 실제로 도움도 많이 받았다. 지금껏 빠른 추격자로 성장해온 한국 기업은 선도자의 성공 사례를 재빨리 배우고 체득하는 데 능하다. 그렇다면 이번에는 외부 사례를 도입하기보다 조직 내부에서 베스트 프랙티스를 찾아 적용하고 전파하라. 독자의 회사 내에 분명히 3세대 스피드에 근접한 팀이 있을 것이다. 이들이 왜why 3세대 스피드를 택했는지, 어떤 방식으로how 노력했는지, 그리고 어떤 성과what를 얻었는지 전사에 알려라.

셋째, '별도의 조직'을 구성해보라. 한국 기업들은 '특공대'나 '별동대' 조직에 익숙하다. 이러한 별도 조직은 회사의 규칙이나 절차, 예산 제한을 넘어 존재하는 경우가 많다. 기반 요인 조직도 그렇게 별도의 조직으로 구성해보면 어떨까? 예를 들어, 구글의 일하는 방식을 그대로 따르는 조직을 회사 내에 몇 개 만드는 것이다. 가능하기만 하다면 이 조직을 상시 조직이 아닌 가상 조직으로 설계하는 방법도 있다. 즉, 소속은 현재 조직을 유지하면서, 프로젝트를 위해 하루의 일정 시간, 필요하다면 하루 종일을 보내는 네트워크 조직 말이다. 상이한 작동 메커니즘으로 움직이면서도 조직 내의 자유로운 이동이 가능하도록* 설계할 수 있다면, 단시간 내에 기반 요인이 정착될 것이다. 요컨대, 기반 요인을 더 이상 뜨거운 감자로 놔두지 말라는 것이다.

마지막으로, 기반 요인을 강화할 때는 집중 요인의 변화도 반드시 동반되어야 함을 잊어서는 안 된다. 기반 요인 강화 노력이 대부분 헛수고로 끝나는 것은 집중 요인의 오너인 조직 리더들의 저항을 고려하지 않기 때문이다. 예를 들어, 업무 관리 공유 모바일 플랫폼 도입과 같은 단순 명료해 보이는 시도도 리더의 수용성과 의지 없이는 기대 효과를 거둘 수 없다. 하물며 상하 간 활발한 토론, 개방적이고

---

* 존 코터는 이러한 아이디어를 '듀얼 오퍼레이팅 시스템(Dual Operating System)'이라는 이름으로 제안한다[Kotter, J. P. (2014). *Accelerate: Building Strategic Agility for a Faster-moving World*. Harvard Business Review Press].

유연한 목표 달성 방식, 새로운 시도에 대한 장려, 팀워크와 부서 간 협력을 리더 없이 어떻게 달성해낸단 말인가. 그래서 기반 요인은 집중 요인과 손잡고 변화시키지 않으면 안 된다.

'집중 요인'에 답이 있다

'집중 요인'은 4개의 요소, 즉 ① 전략 성공에 전념, ② 전략적 우선순위 과제에 우수 인력 배치, ③ 성공 사례의 신속한 채택 및 조직 내 전파, ④ 빠르게 체득하고 소통하기로 구성되어 있다. 혹시 독자는 이 4개 요소를 훑어보면서 "흠, 한국 기업이군"이라는 생각이 드는가? 그렇다. 한국 기업 중에서도 대단히 빠른 기업들이 보이는 특징이다.

19장에서 언급했듯이 집중 요인은 모든 종류의 스피드에 통계적으로 유의미한 영향력을 미친다. 이렇게 모든 스피드에 빠짐없이 등장하는 요인은 집중 요인이 유일하다. 그뿐이 아니다. 집중 요인은 영향력 순서도 높다. '스피드'로 총칭하였을 때 집중 요인은 조사 대상 조직 전체에서 1순위 영향력을 발휘했다. 실행 스피드에서도 가장 큰 영향력을 발휘했으며, 추격자 스피드에서는 유일하게 통계적 유의성을 보인 요인이었다. 선도자 스피드, 의사결정 스피드, 신사업 스피드에서는 영향력 순서가 뒤로 밀리지만 여전히 유효한 역할을 한다. 기반 요인이 말 그대로 스피드를 받쳐준다면 집중 요인은 스피드를 이끈다고 할 수 있다.

만약 한국 기업뿐 아니라 3부와 4부에서 살펴본 글로벌 기업들까지 실증 분석 대상에 포함시켰다면 어떤 결과가 나왔을까? 짐작건대 결과가 크게 다르지 않았을 것 같다. IBM이나 GE, 그리고 MS는 아이디어의 교류나 새로운 시도가 지금보다 훨씬 더 활발하게 전개되지 않으면 안 된다고 강조하지만, 동시에 명확한 전략적 우선순위와 실행의 집중력 또한 절대적으로 필요하다고 믿는다. 즉, 기반 요인 강화를 위해 노력하는 동시에 집중 요인 부족이 스피드를 충분히 끌어올리지 못하게 하는 주요 원인이라는 데 동의한다. 이들에게 인터넷 기업 야후의 스피드 하락 원인을 물으면 "전략의 일관성과 집중력 부족 때문"이라고 한목소리로 대답한다. 구글이나 아마존은 야후의 전철을 밟지 않기 위해 실행력과 집중력 약화를 사전에 방지하겠다는 의지가 투철하다. 스피드를 끌어올리는 데도 또 스피드가 주체할 수 없을 정도로 추락하는 데도 집중 요인이 필수불가결하다는 점은 한국 기업에나 해외 선도 기업에나 마찬가지인 것 같다.

그렇다면 한국 기업은 집중 요인을 어떻게 다루어야 하나? 이미 충분히 갖추고 있으니 그대로 두면 될까? 물론 그렇지 않다. 앞에서 여러 차례 강조했듯이 집중 요인은 기반 요인과 공존해야 한다. 이것이 한국 기업이 가야 할 변화의 방향이다. 그런데 한국의 빠른 기업에서 기존의 집중 요인은 혼자 100을 다 맡겠다는 전제를 가지고 작동한다. 고귀한 자세일 수는 있으나 3세대 스피드에는 최대 장애물이다. 그리고 기존의 집중 요인으로는 3세대 스피드를 구현해낼 수 없으며, 이 점은 한국 기업의 리더들 자신이 누구보다 잘 알고 있다. 그럼에도 불구하고 바꾸지 않는 것은 아마도 마음의 여유가 없기 때문일 테고, 더하여 방법에 대한 자신감이 없기 때문일 것이다.

실제로 한국 기업의 경영자들은 대단히 급하다. 출근하자마자 1분이 아끼운 듯 전날의 진척 상황을 보고받고 새로운 지시를 내린다. 이들은 대체로 달성하기 버거운 도전 목표를 세워 매진하며, 어떤 경쟁자보다 빨라야 한다는 압박감하에 있다. 돌발 변수 발생 시 즉시 대처해야 하는 것은 당연하고, 설사 돌발 변수로 상황이 악화되었다고 해도 그 점이 감안되는 여건은 아니다. 목표 달성은 '조건부'가 아니라 '무조건'이다.

나는 집중 요인의 변화 방향을 '중간관리자의 리더화'로 제안한다. 여기서 리더화란 '새로운 유형의 리더'로의 양성을, 그리고 새로운 유형의 리더란 '기반 요인을 자유롭게 활용하는 리더'를 뜻한다. 앞서 나는 한국 기업의 현재 스피드를 상황실 스피드라는 다소 자극적인 명칭을 붙여가며 묘사했다. 상황실 스피드의 저변에는 카리스마 넘치는 리더가 있다. 그들은 기업의 경영자이면서 더 넓은 의미에서는 한국을 바꾼 리더다. 기업의 성공과 나라의 중흥을 향한 이들의 열망이 거대한 카리스마를 낳았고 그 카리스마는 회사를 다 덮고도 남을 정도였다. 이들은 전략적 스피드 시대의 영웅이다.

이들은 타고난 혹은 단련된 통찰력으로 이제 기반 요인이 필요한 세상이 되었음을 당연히 간파했을 것이다. 이들은 또 자신의 통찰력을 전사를 상대로 설파하기도 한다. 그런데 효과는 미미하다. 회사는 움직이지 않는다. 왜 그럴까? 이미 한국의 빠른 기업은 추격자 스피드에 최적화된 강력한 기계가 되어 있기 때문이다. 카리스마 넘치는 기업 리더들은 기반 요인의 시대를 예언하고 기반 요인의 부족을 경고하지만 그와 동시에 자신이 너무나 성공적으로 완성시킨 상황실 스피드를 여전히 주도해나가고 있기 때문이다.

나는 2세대 스피드의 리더, 그리고 이들과 직접 커뮤니케이션하는 임원들이 3세대 스피드로 신속하고 효과적으로 이행해갈 수 있을 것이라고는 생각지 않는다. 이들은 자율성보다는 철두철미한 팔로어십에 더 큰 가치를 두며, 조직 니즈가 개인 니즈에 우선한다는 신념을 가지고 있기 때문이다. 그렇다면 3세대 스피드에 부합되는 리더십은 중간관리자 계층에서 조성되는 것이 맞다. 독자가 이 점에 동의한다면 나머지는 의외로 쉽게 풀릴 수 있다. 우선 중간관리자 계층에게 가능한 한 직책을 부여한다. 그리고 모든 직책자에게는 중장기적으로 본인이 팀을 구성할 수 있는 팀 구성 및 운영권을 부여한다.

이쯤 되면 고개를 갸우뚱거리는 독자가 있을 것이다. 가능할까? 큰 술렁임이 일어나리라는 것이 예상된다. 혼동도 있을 것이다. 하지만 분명한 것은 이것이 당면 목표를 흔드는 술렁임이나 혼동은 아니라는 것이다. 내가 정말 내 직책명에 부합하는 권한을 가진 것인가? 행사해도 되나? 이런 혼동은 빠르게 정리될 것이다. 일을 해야 하니까 말이다.

여기서도 베스트 프랙티스가 신속히 전파되도록 하는 것이 좋다. 필요하면 직책자 워크숍을 정기적으로—이를테면 월 1회—개최해 변화의 내용을 공유하도록 할 수도 있다. 교육을 진행할 수도 있다. 일단 의사결정의 무게중심이 조직의 하부로 내려가면 큰 변화가 감지될 것이다. 기반 요인과 집중 요인의 관계가 양자택일의 딜레마 관계에서 상호보완의 관계로 바뀌어나갈 것이다. 집중 요인이 기반 요인을 주도적으로 강화해나가는 모습을 보게 될 것이다.

다중성 요인과 위계 요인, 왜 중요한가

다중성 요인과 위계 요인은 2가지 점에서 앞서 먼저 살펴본 기반 요인 및 집중 요인과 확연히 구분된다. 첫째, 후자(기반·집중 요인)는 강화하고 방향을 잡아나가야 하는 요인인 데 반해, 전자(다중성·위계 요인)는 과도하게 진행되지 않은 한 별 문제가 되지 않는 요인이다. 둘째, 후자는 스피드를 올려주는 요인인 반면 전자는 스피드를 하락시킬 수 있는 요인이다. 무슨 말인지 좀 더 구체적으로 살펴보자.

다중성 요인은 조직 내외부의 복잡성 증가로 판단이나 결정이 지연될 가능성을 말한다. 즉, 환경과 고객 니즈가 복잡해지고 그에 따라 조직 구조와 프로세스 등 내부 복잡성까지 증가하면서 방향성을 잡고 있는 기업조차 구체적인 의사결정을 자꾸 지체시키는 경우를 상정한다. 한편, 위계 요인은 의사결정의 중앙집중도를 말한다. 만약 의사결정이 지나치게 최고위층에 집중된다면 작은 사안도 최고경영자가 판단해주길 기다리며 대기하는 시간이 길어질 것이다.

다중성 요인의 구성 요소는 ① 환경과 고객 니즈의 복잡성 증가, ② 조직 복잡성 증가, ③ 큰 방향을 알면서도 구체적 결정은 못하는 것 등 3개이며, 스피드에 대한 영향력이 대단히 크다. 집중 요인 다음으로 다른 스피드 요인에 영향력을 미칠 뿐 아니라 스피드 유형에 대한 영향력 순위도 높다. 다중성 요인은 추격자 스피드를 제외한 모든 스피드 유형에 영향력을 강하게 행사한다. 특히 의사결정 스피드와 신사업 스피드에서는 영향력 1위이며, 실행 스피드에서도 2위라는 유력한 자리를 차지하고 있다. 대기업에서 근무해본 독자라면 이러한 결과에 머리를 끄덕일 것이다. 복잡한 시장 요인들 때문에 판단을 유보하고 지켜보고만 있어야 하는 경우가 너무나 많은 데다, 조직 규모가 커질수록 내부가 과도하게 복잡해져 구성원들의 실행의지를 꺾어놓기 일쑤다. 프로세스는 해가 갈수록 더 복잡해지고 늘어나는 정보의 과부하에서 벗어날 길이 없다. 어느새 복잡성과 다중성은 기업이 변화에 대응하고 기회를 선점하는 데 있어 주요 방해 요인이 되어버린다.

한편, 위계 요인의 구성 요소는 ① 의사결정이 최고위층에 집중,

② 의사결정이 내려질 때까지 대기하는 시간 증가 등 2개이다. 흥미로운 점은 위계 요인의 경우 어느 정도 진전될 때까지는 스피드 향상에 도움을 준다는 점이다. 위계가 잘 갖추어진 조직의 경우 마치 자연계가 그러하듯 꼭 필요한 계층*만을 가지고 있다. 하지만 이런 최적의 균형점을 계속 유지하는 것은 거의 불가능하다. 기업은 성공할수록 시장을 이겨야겠다는 동인이 더 커지고 그렇게 되면 시장에서 얻을 수 있는 자원을 조직 내부로 가지고 들어온다. 이 자원들은 최적점을 지나 과도한 상태가 되고 이를 관리할 위계 역시 과도해진다.

위계 요인을 순기능에서 역기능으로 바꾸는 요소 하나는 다름 아닌 '다중성'이다. 스피드 연구 실증조사에서 "의사결정이 상위로 집중되는 요인이 무엇이라고 생각하는가?" 하고 물었더니, 가장 많은 응답자가 "조직 규모, 리스크, 책임의 증가 때문"이라고 답했다. 이것은 무슨 뜻인가? 의사결정을 자꾸 위로 올리는 것은 단순히 복지부동하려는 심리, 책임 회피 심리 때문만은 아니라는 말이다. 한국 기업, 특히 빠른 대기업이 직면하고 있는 리스크와 의사결정의 크기가 과거에 비해 너무 커졌다는 뜻이다. 복잡해진 환경으로 인해 섣불리 결정할 수가 없기에 자꾸 상위 계층으로 올리게 되고 그 과정에서 리스크는 더욱 커져가고 결국 최고경영자도 결정을 내리지 못해 시간만 흘

---

*Jaques, E. (1997). *Requisite Organization: Total System for Effective Managerial Organization and Managerial Leadership for the 21st Century*. Gower.

러가게 되는 것이다. 19장 후반부에서 환경의 복잡성과 불확실성은 기반 요인의 영향력을 감소시킴으로써 결국 스피드를 저하시킨다고 기술했듯이, 우리는 마치 '이상한 나라의 앨리스'처럼 끊임없이 뛰어야 현 상태를 유지할 수 있는 여건에 처해 있는 것이다. 결국 다중성 요인과 위계 요인이 이야기하는 것은 기반 요인의 강화다. 기반 요인을 강화해 아이디어가 자유로이 흐르게 하고 끊임없이 실험해 작은 성과를 모으고 그것을 토대로 조직의 하부에서 의사결정이 이루어질 수 있어야만 의사결정 사안이 눈덩이처럼 불어나 위쪽으로만 모이지 않게 된다. 상부에서 큰 의사결정을 해야 할 때, 그때는 의사결정과 관련한 많은 사항이 이미 조직의 하부에서 확인되고 검증된 것들이어야 한다. 그럼으로써 최종 의사결정의 무게를 덜어주어야 한다.

조직 변화와 관련해 이런 우화가 있다. 어느 원주민 부족을 찾아온 선교사가 부족 사람들이 통나무에 짐을 얹고 힘들게 밀어 운반하는 모습을 보고 통나무에 바퀴를 달 것을 제안했다. 몇몇 사람이 바퀴를 깎고 있는 모습을 본 지나가던 원주민들이 손가락질을 하며 비웃었다. "안 그래도 무거운데 바퀴까지 달아 더 무겁게 만들다니 왜 그런 바보 같은 짓을 하냐?" 또 이런 비유도 들 수 있다. 눈이 많이 와서 길이 안 보인다. 차는 출발해야 한다. 제설차가 곧 올 거라는 말에도 "아니, 한가한 소리 하고 있네. 급한데 제설차 기다릴 시간이 어디 있나? 일단 출발부터 해야지"라며 길을 떠났다. 당연히 어딘가에 차를 처박고 말 것이다. 하지만 그런 상황이 다시 온다고 해도 제설부터 하자는 말은 또 묻히고 말 것이다. 기반 요인은 바퀴이고 제설차다. 한국 기업이 3세대 스피드 시대에도 빠른 기업이 되고자 한다면 바퀴도 달고 제설 작업도 시작하자. 3세대 스피드를 발휘할 수 있어야 선도자로 나설 수 있다.

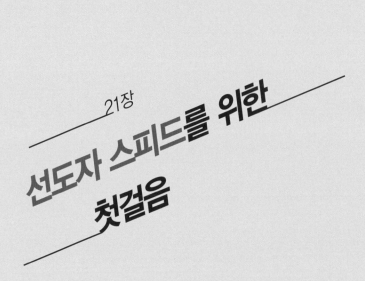

21장

선도자 스피드를 위한

첫걸음

어떻게 하면 선도자 스피드로 올라설 수 있을까? 지금쯤 독자에게 그 답이 어느 정도 정리가 되었기를 간절히 바란다. 간략한 답을 제시하자면 이렇게 정리된다.

21세기에 선도 기업이 되려면 빨라야 한다. 그것도 과거 방식으로 빠른 것이 아니라 3세대 스피드, 실험 스피드에서 빨라야 한다. 과거의 스피드 발휘 방식에 얽매어 있다가는 자칫 밸류/시간이라는 스피드 공식에서 시간 줄이기에만 몰두하다가 밸류를 놓쳐버리는 우를 범할 수 있다. 선도자 스피드로 올라서려면 무엇보다도 4개 스피드 요인을 점검하라. 기반 요인을 강화하되, 집중 요인의 지지를 받아야 한다는 것을 잊지 마라. 다중성 요인과 위계 요인은 항상 체크하여 절대로 과도하게 복잡하고 경직된 조직이 되지 않도록 미리 예방하라. 물론 스피드의 3대 드라이버라 할 수 있는 목표·권한·신뢰라는 축이 얼마나 잘 작동하는지도 계속 살펴야 한다. 목표·권한·신뢰가 4개 스피드 요인과 별개로 존재하는 것은 아니다. 하지만 회사 운영에 워낙 기본적인 요소이니만큼 이 3개 드라이브를 갖추고 있는지를 확인하고 미흡한 측면이 있다면 보완해나가자.

자, 이제 마지막 장이다. 선도자 스피드를 갖추는 노력을 시작하는 좋은 방법 3가지를 소개하면서 마무리하려 한다. 내가 이 책을 통해 3세대 스피드와 선도자 스피드로 독자를 설득하는 데 어느 정도 성공했다면, 그리고 독자가 기업 조직에 몸담고 있다면, 다음의 3가지 시작점을 이용해보길 권한다.

목표 지향성과 자발성, 그리고 이 둘을 연결하는 투명성

스피드와 관련해, 선도자들이 공통적으로 보여주는 특징을 살펴보면 3가지가 두드러진다. 첫째, 대단히 목표 지향적이고, 둘째, 구성원 자발성이 높으며, 셋째, 조직 작동이 투명하다. 3세대 스피드의 강자들은 이 3가지를 기반으로 스피드를 발휘한다. 독자는 이 책의 2부에서 제시한 3가지 스피드 드라이버, 즉 목표·권한·신뢰를 기억할 것이다. 실제로 선도 기업은 목표를 전사적으로 공유하고, 담당자가 권한을 행사하게 함으로써 자발성을 올리며, 조직 작동 방식을 누구나 알 수 있도록 공개함으로써 신뢰를 쌓아간다. 즉, 이들은 목표 지향성과 자발성 그리고 투명성을 통해 스피드의 3개 드라이버를 작동시키고 있다고 할 수 있다.

　이 말이 어쩌면 너무 이상주의적이고 순진하게 들릴지도 모르겠다. 선도 기업이라고 마냥 아름답게만 그려놓고는 그 모습을 따르라는 식으로 오해할 수도 있겠다. 사실 서구의 많은 기업이 냉정한 성과주의를 추구한다. 금전적 보상에 불만이 있는 직원은 주저 없이 이직한다. 일이 잘못되면 상대에게 책임을 떠넘기려는 모습은 세상 어디에나 있듯이 선도 기업에서도 종종 눈에 띈다. 선도자라고 해서 단점이나 약점으로부터 완전히 자유롭지는 않을 것이다. 하지만 적어도 이 책을 여기까지 읽어온 독자라면 선도자가 목표와 자발성 그리고 투명성이라는 3가지에 각별한 노력을 기울인다는 사실에는 수긍할 것이다. 선도자들이 이 3가지 스피드 드라이버를 충실화하려는 이유는 이 3가지 없이는 원하는 스피드를 이끌어내지 못한다는 것을 잘 알고 있기 때문이다. 그러므로 이번 장에서는 이 3가지 드라이버 각각에 있어 한국 기업이 시급히 보완해야 할 측면을 추려내어 선도자 스피드로 올라서는 출발점을 제시해보도록 하겠다.

지향점을 공론화하라

우리는 어떤 회사일까? 어떤 맥락에서 존재하는 걸까? 얼마나 성공하기를 원할까? 아니 그 전에, 우리에게 궁극적 성공이란 무엇일까? 질문에 질문이 꼬리를 문다. 우리는 이런 질문을 목표라고도 하고 비전이라고도 하며, 존재 이유나 미션 또는 업의 개념definition of business

이라고도 한다. 의미 차이가 약간씩 있긴 하나 뭉뚱그려 목표라고 불러도 큰 무리는 없을 것 같다.

그렇다면 다음 질문을 해보자. 한국 기업은 목표가 모호했거나 목표 의식이 부족했을까? 전혀 그렇지 않다. 오히려 반대로 한국 기업은 목표라는 것이 너무도 분명했다. 온 힘을 다해 추격에 매진했던 한국 기업에게 목표라는 것은 설정하고 말고 할 것도 없이 자명했다. 그래서일까? 한국 기업은 지금도 목표를 당위적인 것 또는 주어지는 것으로만 받아들인다. 즉, '목표 세우기'에 공을 들이지 않는다.

반면 3세대 스피드를 선도하는 기업들은 예외 없이 목표 설정에 많은 공을 쏟는다. 선도자를 지향하는 기업이라면 목표 설정에 선도자 기업들이 쏟는 공에 상응하는 공을 쏟아 부어야 한다. 나는 한국 기업에 지향점을 공론화할 것을 제안한다. 다시 말해, 우리 회사가 어떤 방향으로 가려고 하는지 임직원들로 하여금 공개적으로 논의하게 하는 것이다.

가장 유명한 공론화 사례는 아마도 IBM의 2003년 밸류잼Values Jam 일 것이다. IBM은 당시 인트라넷상에 72시간 동안 방을 열어 회사에 가장 중요한 가치가 무엇인지를 물었다. 사흘간 5만 명의 임직원이 이 방에 들어왔고 1만 개의 코멘트를 남겼는데, 첫날은 냉소적이고 비판적인 내용 일색이었다고 한다. 이를테면, "뭐가 IBM이 중시하는 가치냐고? 회사한테는 주가만 중요하잖아!" 하는 식이었다. 경영진 사이에서 잼을 중단하자는 말이 나왔을 정도다. 그런데 이틀째로 접어드니 냉소성을 어느 정도 극복하고 보다 진지한 코멘트가 올라오기 시작했다. 회사의 본질, 성공 요소, 그리고 버려야 할 구태舊態에 대한 비판적이지만 건설적인 의견들이 쏟아져 들어왔다. 이 밸류잼에서 나온 결과물로 IBM의 새로운 핵심가치가 정립되었다. 하지만 내가 보기에 핵심가치 세트의 정립보다 더 귀중한 성과는 회사의 새로운 지향점, 즉 통합 솔루션 기업이 추구하는 서비스 중심 전략이 어떤 모습인지 전 임직원의 뇌리에 각인되었다는 점일 것이다.

한국 기업이 그동안 지향점을 공론화하지 않았던 것은 추격에 집중하다 보니 지향점을 정하는 일이 큰 의미가 없었기 때문이기도 하지만, 그것이 유일한 이유는 아니다. 경영자들이 지향성의 공론화를 꺼리는 이유는 "투자 여부를 아직 결정 못했는데 어떻게 전략 방향을 공표할 수 있나? 그래봐야 무책임한 일밖에 더 되겠나?"라는 이들의 반응에서 잘 드러난다. 지향성은 결국 가고자 하는 목표인데, 순서상 투자 결정이 선행되어야만 그다음 단계에서 전략을 선포하고 직원들과 공유할 수 있다는 의미일 것이다. 오늘 전략을 공론화했는데 내일 투자를 안 하는 것으로 결정한다면, 오늘의 전략은 무효가 될 수도 있다. 그런 리스크를 질 바에야 모든 것이 분명해질 때까지 공론화는 미뤄두는 것이 상책이라는 판단이다.

그런데 한 번 더 생각해보면 방향성 공론화는 전략을 명시하지 않고도 얼마든지 가능하다. 예를 들어, 구글의 미션은 "세상에 존재하는 모든 정보를 구조화하여 만인이 접근 가능하도록 하겠다"라는 것이다. 이 방향성은 구글이 작은 스타트업일 때 설정되었고, 그 뒤 지금까지 수많은 투자 결정과 투자 철회 결정, 그리고 전략적 변경이 있었지만 이 지향성은 더 풍부하게 해석되면서 논의되고 있다.

예를 하나 더 들어보자. 삼성전자는 2014년, "우리 회사가 IT 패러다임 변화에 대응하여 지속 성장하기 위해서는 무엇을 해야 할까요?"라는 1개의 질문을 가지고 온라인 대토론회를 벌였다. 회사 전략을 별도로 명시하는 대신 괄호 안에 짤막하게 '하드웨어에 소프트웨어와 서비스/콘텐츠를 융합'이라는 문구만 추가했다. 즉, IT 패러다임이 융합 쪽으로 움직여가는 가운데 우리는 무엇을 해야 하는지를 화두로 던진 것이다. 특별한 전략적 결정이 제시되지 않았음에도 직원들은 회사가 하드웨어/소프트웨어/서비스의 융·복합 트렌드에서 앞서가려면 무엇을 해야 할지에 대해 의견을 개진하는 데 전혀 주

그림 10 │ 삼성전자 임직원 대토론회 공지문

저하지 않았다.

한국의 많은 기업이 전략적 지향성은 구성원의 영역이 아니라고 생각한다. 구성원이 왈가왈부할 내용이 아니니만큼 이들은 회사의 전략적 지향성을 모르는 것이 자연스럽고 오히려 바람직하다는 생각까지 한다. 그런데 여기서 한 가지 짚고 넘어가자. 대개 전략적 지향성이라는 것은 선도 기업에서도 구성원들이 '새로 쓸 수 있는' 영역은 아니다. 이해하고 공감하고 논의하고 발전시켜가는 영역이다. 구성원 참여를 통해 진정한 목표가 되는 영역이다. 혹시 직원들이 사업전략을 바꾸자고 할까 봐 지레 겁먹고 그들을 배제했다가는 더 큰 것을 놓칠 수 있음을 명심하자. 목표는 모두의 것이다. 목표 자체보다 목표에 대한 인식이 선도 기업을 만든다.

목표와 관련해 회사가 지나치게 앞서가는 부분이 하나 더 있다. 전략적 지향성을 공유하는 자리에서 임직원이 제안한 내용에 대해 회사가 실천하는 모습을 보여야 한다고 생각하는데 사실 그럴 필요가 없다. 앞서 예로 든 삼성전자의 경우를 보자. 누군가가 "융합 트렌드를 앞서가려면 지금보다 활발하게 기술 기업 M&A를 해야 한다"라는 제안을 했다고 하자. 이 제안을 실행에 옮길 필요가 있는가? 전략에 적극 반영할 필요가 있는가? 그럴 필요는 없다. 임직원들이 어떤 생각을 가지고 있는지 전체가 공유하는 것으로 충분하다. 공론화는 의사결정의 자리가 아니다. 이해하고, 생각에 자극을 받고, 시야를 넓히고, 무엇보다도 나의 노력을 회사가 지향하는 쪽으로 정렬시켜보자는 목적이다. 실천의 부담에 스스로를 속박할 게 아니라 열린 마음으로 공론화를 시도해보자.

스피드를 진단하라

3세대 스피드 강자들에게서 보이는 두 번째 공통점인 임직원 자발성에 대해서는 어떤 식으로 접근하는 것이 가장 효과적일까? 직원에게 '자발성'을 요구하는 회사는 넘쳐난다. 자발성을 요구하지 않는 회사가 드물 정도다. 하지만 요구를 하면서도 자발성을 우선순위에 두는 회사는 생각처럼 많지 않다. 자발성의 진정한 의미를 고민하는 회사는 더욱 소수다. '자발성'을 "시키지 않아도 스스로 손들고 나서서 일하는 자세"라고 이해하는 정도다. 하지만 자발성은 사실 3세대 스피드의 거의 모든 것에 필수불가결한 요소이다. 아이디어를 내고, 논쟁하고, 새로운 시도를 해보고, 협력하고, 실패를 이겨내고 다시 도전하는 사이클을 빠르게 돌릴 수 있으려면 과연 수동적인 사람들로 가능하겠는가? 자발성을 넘어 주인의식으로 똘똘 뭉친 사람들이 모여 있어야 가능하지 않겠는가?

스피드를 내기 위해 자발성이 얼마나 절실히 요구되는지 스피드 진단을 통해 확인해보자. 스피드 진단은 설문조사 형태로 진행하는데, 우선 현재 우리 회사가 시장에서 얼마나 빠른지, 그리고 3년 후에

표 5 | A사 스피드 진단: 13개 요소의 '현재'와 '3년 후' 스피드 영향력 ||||||||||||||||||||||||||

스피드 요소	현재 영향력	3년 후 영향력
성과 평가 방식	68	66
사업의 특성	75	78
의사결정의 집중/분산 정도	79	82
사업에 대한 장기적 관점과 역량	74	89
구성원의 활동 범위와 네트워킹	70	77
목표에 대한 명확한 인식	79	87
일체감	68	74
변화에 대한 민첩한 대응	80	83
토론문화	60	77
정보의 자유로운 공유	65	78
조직 간 협업	71	81
실패에 대한 용인	63	81
새로운 아이디어의 제안과 시도	70	88

는 얼마나 빠를 것이라 생각하는지를 묻는다. 이 두 질문을 통해 설문 문항 중 상당수가 현재의 스피드나 미래의 스피드에 유의미한 영향을 미치지 않는 것으로 드러날 수 있다. 영향력 있는 질문들을 중심으로 스피드 요소 리스트를 작성해보라. 〈표 5〉는 한 회사의 실제 설문 결과의 예시다.[*]

이 간단한 분석표에서 어떤 시사점을 도출할 수 있을까? 무엇보다도 13개 요소들의 영향력이 미래에는 현재에 비해 훨씬 더 높아질 것

표 6 | A사 스피드 진단: 현재와 3년 후 최대 영향력 및 최대 갭 요소 ‖‖‖‖‖‖‖‖‖‖‖‖‖‖‖‖

	1위	2위	3위
현재 영향력 요소	변화에 대한 민첩한 대응 80	의사결정의 집중/분산 정도 79	목표에 대한 명확한 인식 79
3년 후 영향력 요소	사업에 대한 장기적 관점과 역량 89	새로운 아이디어의 제안과 시도 88	목표에 대한 명확한 인식 87
현재와 3년 후 영향력 간 갭	실패에 대한 용인 18	새로운 아이디어의 제안과 시도 18	토론문화 17

이라고 응답한 데 주목할 필요가 있다. A사의 현재 스피드에 13개 요소가 미치는 영향력의 평균은 70.9, 3년 후 스피드에 미치는 영향력 평균은 80.1이다. 다시 말해, 전체적으로 보아 현재 스피드에 대해 "상당히 영향을 미친다" 수준에서 3년 후에는 "매우 강력한 영향력을 미친다"로 상승함을 알 수 있다. 이러한 결과는 회사가 스피드 요소들에 더 많은 관심을 기울이지 않으면 안 된다는 것을 보여준다.

자, 이번에는 현재 영향력 1위에서 3위까지의 요소, 3년 후 영향력 1위에서 3위까지의 요소를 추려보라. 이 2개 세트가 불일치할수록 변화의 필요성이 높다고 할 수 있다. A사의 결과는 〈표 6〉과 같다.

현재 영향력 1~3위 요소와 3년 후 영향력 1~3위 요소 중 2개가 불

---

* 6장에서 나는 스피드 설문조사 결과 '현재 스피드'에 대한 영향력 1위와 '3년 후 스피드'에 대한 영향력 1위가 공히 '명확한 목표 인식'이라고 언급한 바 있다. 이 결과는 전체 데이터의 평균이다. 〈표 5〉가 보여주는 A사의 경우 평균과 상당히 다른 결과가 나타났기에 여기서 별도로 다루기로 한다. 독자의 회사는 A사와도 또 다른 결과를 보여줄 가능성이 얼마든지 있다.

일치한다. 그것도 1위와 2위 요소가 불일치하므로 A사의 변화 필요성은 대단히 높다고 볼 수 있다. 또한 3년 후 영향력 1~3위 요소의 강화가 A사가 추진해야 할 변화의 방향이 되어야 할 것이다. 덧붙여, 현재에 비해 3년 후 영향력이 크게 올라가는 요소가 3년 후 영향력 1~3위 내에 있다면 그것은 변화 시급성을 의미한다. A사의 경우 최대 갭 요소 1~3위 중 새로운 아이디어의 제안과 시도는 3년 후 영향력이 18점 상승하여 2위를 기록하였다. 따라서 아이디어의 자유로운 제안과 시도가 가장 시급하게 필요하다고 볼 수 있다. A사는 복잡성이 대단히 높은 사업 환경 아래 있는 기업임에도 압축 모델에 기반한 스피드 경영을 추진해왔으며, 장기적 관점보다는 즉각적인 변화 대응에 의존해왔다. A사의 구성원들은 스피드 진단 결과를 보자마자 자사가 직면한 위협과 도전이 가감 없이 도출되었음을 느꼈을 것이다.

진단 결과는 기업마다 다르다. 진단 방식도 약간씩 다르게 진행할 수 있다. 하지만 지금까지 내가 진단한 조직들에서는 사업에 대한 장기적 관점과 역량, 실패에 대한 용인, 새로운 아이디어의 제안과 시도 등 자발성 관련 요소들의 3년 후 스피드 영향력이 급등하는 것이 거의 공통된 결과였다. 한국 기업의 자발성이 조만간 큰 문제가 되리라는 것을 보여주는 대목이다. 어떻게 할 것인지를 우리 자신에게 묻자. 그리고 자발성을 높이자. 자발성이라는 건 있으면 좋지만 성과에 직결되는 것은 아니라는 시각이 한국 기업에 뿌리 깊게 존재한다. 스피드 진단 결과는 자발성이 바로 3년 후 우리 회사 스피드에 얼마나 핵심적으로 작용할지, 또는 자발성 부족이 얼마나 치명적일지를 한눈에 보여주기 때문에 이런 시각에 충격을 줄 수 있고 변화 드라이브에 힘을 실어줄 수 있다.

워크 플랫폼 work platform 을 통해 투명성을 확보하라

마지막으로, 투명성 확보 작업을 지금부터 시작할 것을 권한다. 한국 기업들은 대체로 투명성이 부족하다. 여기서 투명성 부족이란 부정부패나 정실인사, 사내정치를 일컫는 것이 아니다. 말 그대로 눈에 잘 안 보인다는 뜻이다. 누가 어떤 일을 어떻게 진행하고 있는지 모르는 채 좁은 범위의 맡은 바 업무만 하고 있다. 이런 상태로는 3세대 스피드가 불가능하다. 3세대 스피드는 목표가 자발성을 견인하면서 그리고 자발성이 목표를 푸시하면서 발휘된다. 그런데 다른 사람의 전문성, 다른 팀의 과제, 다른 사업부의 미션에 대해 무지하다면 목표와 자발성을 연결할 방법이 없는 것이다.

한국 기업에서 일하는 외국인 직원들이 자주 하는 말이 있다. "회사에서 어떻게 하면 성공하는지, 누가 무슨 일을 하고 있는지, 앞으로 무슨 일을 하려고 하는지, '오늘 저녁때까지', '이번 주까지', 이런 데드라인 말고 장기적으로 어떤 아웃풋을 기대하느냐 하는 것이 전혀 분명하지 않다. 알려주면 참 좋을 텐데⋯⋯"라는 것이다. 알 사람은 알아낼 것이고 모르는 사람은 모른 채로 지내면 될 것이라고 생각하는 것인가? 다양한 사람과 다양한 생각이 한데 모여 시너지를 내려면 일이 어떻게 돌아가는지*를 알지 않으면 안 된다. 그뿐 아니다. 내 영역 밖에서 일어나는 일 그리고 회사의 전반적 방향성이 어떻게 돌아가는지 알지 못하면 결국 과제를 찾고 관련 리소스를 확보하는 데 있어 윗사람에게 전적으로 의존할 수밖에 없다. 그렇게 되면 자발성에 기반한 스피드는 기대하기 어려워진다.

투명성을 어떻게 확보할까? 어떻게 하면 투명성이 목표와 자발성의 연결고리가 되게 할 수 있을까? 워크 플랫폼 도입으로 시작해보라. 우리가 이 책에서 살펴본 스피드 기업들은 모두 고신뢰 작업장을 자랑한다. 목표와 권한(자발성)을 이어주는 것이 신뢰다. 그리고 그 신뢰는 투명한 워크 플랫폼에서 나온다. 워크 플랫폼은 일정 관리 프로그램이나 업무 관리 프로그램을 포함하되 여기에 한정되지 않는다. 사내 SNS 등 커뮤니케이션 프로그램이나 문서 작성 프로그램, 나아가 목표 관리 시스템까지 전사 차원에서 작동하고 모든 사람으로 하여금 접근이 가능하도록 한다. 물론 시스템을 잘 깔아두더라도

---

* 조직문화를 "이 회사에서 일이 처리되는 방식(the way things get done around here)"이라고 정의한다면[Deal, T. E. & Kennedy, A. A. (1982). *Corporate Cultures: The Rites and Rituals of Corporate Life*. Penguin Books. reissue Perseus Books (2000)], 한국 기업의 조직문화는 명시적이지 않은, 암묵적인 조직문화다. 이러한 조직문화로 인해 상하 관계가 지나치게 발달하는 것인지도 모른다.

필요한 정보를 차단하면 투명성 시스템으로 활용될 길이 없다. 하지만 모든 정보에 열려 있고 내 정보 또한 남들이 볼 수 있다면 투명성은 자연스럽게 확보될 것이다. 그리고 그것을 기반으로 자발성이 발현될 수 있을 것이다.

이 책의 앞부분에서 기술한 구글의 목표 관리 시스템 OKR Objectives and Key Results을 다시 예로 들어보자. OKR은 4~5개의 전사 목표를 출발점으로 해서 이 목표들이 사업부, 팀, 그리고 개인 목표로 배분되는 톱다운 방식인데, 여기엔 중요한 자발성 견인 요소가 하나 있다. 바로 OKR에서 개인 목표는 70%만 해내면 달성한 것으로 간주한다는 점이다. 목표를 높이 세우고 전력투구해보라는, 모든 아이디어를 짜내고 가능한 리소스를 총동원해보라는 뜻이다. 개인들은 100% 달성의 부담 없이 자신의 최대 의지치를 잡는다. 그리고는 자발성을 한껏 발휘해보는 것이다. 이러한 모습이 모든 직원에게 열려 있다. 이 회사에서는 무엇이 중요한지, 일을 처리하는 방식이 어떤지가 투명하다.

구글이 개인 목표에 대해 자발성 발휘 여지를 준다면, 3M은 아예 전사 목표치부터 자발성 확보를 전제한다. 대표적 혁신 기업인 3M은 NPVI New Product Vitality Index, 즉 최근 5년 내 출시된 제품이 회사 매출에서 차지하는 비중을 전사의 가장 중요한 지표로 삼는다. 2017년에는 NPVI 목표가 40%인데 달성이 쉽지 않아 보인다. 새로운 제품이 많이 나와 시장에서 성공해야 하기 때문인데, 이러한 상황에서 3M 리더들은 공식적 개발 과제뿐만 아니라 비공식적으로 개개인이 수행하는 과제에도 관심을 기울일 수밖에 없다. 적극적으로 찾고, 성공 가능성이 보이면 곧바로 필요한 지원을 제공한다. 분위기가 이러하니 개발자 개인도 창의와 자발성을 쏟아 신제품 아이디어를 낸다. 목표−자발성−투명성을 향한 첫발이 곧 한국 기업이 선도자 스피드로 올라서는 첫발이기도 하다는 데 독자도 동의하게 되었으리라 믿는다.

3년 내에 새로운 스피드를 장착하자

자기 책의 에필로그를 안티클라이맥스로 만들고 싶은 저자는 없을 것이다. 용두사미가 될 가능성이 약간이라도 있다면 피하려 할 것이다. 하지만 이 책을 끝내면서 나는 어쩔 수 없이, 맥 빠지는 사실 한 가지를 짚고 넘어가지 않을 수 없다. 바로 조직을 변화시킨다는 것이 결코 간단치 않은 과제라는 점이다.

　이 책에서 나는 한국 기업들, 특히 2세대 스피드로 성공한 기업들은 이제 새로운 스피드의 시대를 맞아 3세대 스피드를 장착해야 한다고 주장했다. 그리고 3세대 스피드를 획득하려면, 3가지 스피드 드라이버인 목표·권한·신뢰—다른 말로 목표, 자발성, 투명성이라고 불러도 된다—를 획기적으로 바꾸고, 또 이 예측 불허의 복잡한 사업 환경 속에서도 의사결정과 신사업 진출에서 빠를 수 있도록 스피드 토대를 넓혀야 한다고 주장했다. 이 모든 것이 곧 조직 변화를 의미한다. 그리고 조직 변화는 이끌어내기도 어렵고 완성하기도 힘든 것으로 악명이 높다.

　외환위기를 극복하고 한국 기업들이 한창 재도약을 위한 박차를 가하고 있던 2001년, 나는 한 기업을 컨설팅하고 있었다. 최종 보고서의 초안을 가지고 주요 임원들과 내용 논의와 조율을 거치던 중 한 임원이 짜증이 가득한 어조로 불만을 제기했다. "영업 목표를 달성 안 해도 된다고 하면 변화 목표에 달려들겠어요. 그런데 영업 목표로도 허덕이고 있는 마당에 무슨 여력으로 변화까지 해내라는 겁니까!" 그때 내가 정확히 어떤 대답을 했는지는 기억나지 않는다. 컨설턴트로서 당황하는 모습을 보이지 않으려고 애썼던 것 같다. 하지만 이 질문은 내게 몇 날 며칠의 고민거리를 안겨주었고 조직 연구가 도전할 만한 분야임을 다시금 각인한 중요한 계기가 되었다. 그 임원이 느꼈을 답답함에 대해 지금 대답한다면, "목표는 2가지가 아닙니다. 변화된 방식으로 영업에 임하자는 것이지 영업 따로 변화 따로 하자는 것은 결코 아닙니다"라고 말했을 것이다. 물론 이 대답이 그 임원에게 마음의 위안도, 실질적 도움도 주지 못했으리라는 것은 안다. 변화된 방식으로 영업에 임한다는 것 자체가 어렵기 때문이다. 하지만 아무리 어렵다 해도 그것이 답인 걸 어쩌랴! 조직 변화는 쉽지 않다. 특히 지금까지 하던 것을 그대로 하면서 부가적으로 변화를 이루어내고자 하면 그건 사실상 불가능하다. 절대 그렇게 하면 안 된다.

　너무나 많은 기업이 하던 일을 그대로 하면서 그 위에 어떻게든 새로운 변화를 얹어보려 한다. 비근한 예가 '목표'이다. 나는 이 책에서, 이 시대의 목표란 대형 의사결정에 의해 정해지고 강한 의지로 실행해나가는 어떤 것이 아니라, 회사의 가변적인 발전 방향성만 가진 채 아이디어를 끊임없이 실험하며 길을 찾아가는 것이라고 말했다. 그런데 3세대 스피드 쪽으로 마음을 정한 기업들조차 전자와 후자를 병행하려 한다. 마치 공부 방법을 바꾸기로 한 수험생이 이전 방법과 새로운 방법 둘 다 쓰는 것과 같다. 결과는 어떻게 될까? 피로가 극에 달할 것이며 십중팔구 시험 성적은 오히려 더 떨어질 것이다.

조직 전체, 프로세스 전반을 단번에 바꾸지 않고 단계적 변화를 선택하는 것도 가능하다. 새로운 접근법이 다소 불완전해도 무방하다. 하지만 2가지를 동시에 추진하는 것은 실패의 지름길이 될 뿐임을 명심해야 한다.

또 한 가지, 마찬가지 맥락이지만 변화를 장기간에 걸친 과정이라고 상정하지 말자. 물론 조직은 항상 변화한다. 하지만 여기서 우리가 말하는 혁신적 변화는 의도적 설계를 바탕으로 가능한 한 단기간에 리셋reset되어야 하는 변화이다. 조직 변화가 어렵기 때문에 당연히 장기적 프로세스라고 생각하는 사람이 많다. 그렇지 않다. 다시 한 번 수험생의 예를 들어보자. 공부 방법을 바꾸려는 이 수험생은 이번에는 수학에만 새 방법을 적용해보았다가 잘되면 곧바로 모든 과목의 공부법을 바꿀 수 있을 것이다. 하지만 1년 동안 점진적으로 바꾸어나가는 것은 무의미하며 비현실적이다.

변화 첫 해에 선포하고, 설득하고, 시행하라. 이 3가지를 첫 해에 모두 진행하라. 두 번째 해에는 새로운 스피드에 기반한 성과를 도출하라. 그리고 세 번째 해에는 3세대 스피드를 강점화하는 수준으로 업그레이드하라. 3년짜리 로드맵을 그리되, 가능한 한 실행에서는 2년으로 단축하겠다는 마음으로 임하라.

불가능하다고 생각하는 독자에게 이런 말을 해주고 싶다. 이미 빠른 한국 기업의 임직원 상당수는 이 길이 한국 기업이 가야 할 길이라는 것을 알고 있다고. 필요한 것은 결단이다. 결단이 미흡하거나 부족하다면 이야기가 달라질 것이다. 하지만 결단이 분명하다면 '3년 내 3세대 스피드 장착'은 충분히 가능하다. 이 자리를 빌려 분명한 결단을 내린 모든 분의 건승을 빈다.